Jack Canfield, Mark V. Hansen,
Jeanna Gabellini, Eva Gregory
Das Erfolgsprinzip

Jack Canfield
Mark V. Hansen
Jeanna Gabellini
Eva Gregory

Das Erfolgsprinzip

Gewinnen Sie das Glück:
7 Erfolgsrezepte für ein erfülltes Leben

VAK Verlags GmbH
Kirchzarten bei Freiburg

Titel der amerikanischen Originalausgabe:
Life Lessons for Mastering the Law of Attraction
© John T. Canfield and Hansen and Hansen LLC, 2008
ISBN 978-0-7573-0669-3
Deutsche Ausgabe mit freundlicher Genehmigung des
Originalverlags:
Health Communications, Inc., Deerfield Beach (Florida, USA)

Bibliografische Information der Deutschen Bibliothek
Die Deutsche Bibliothek verzeichnet diese Publikation in der
Deutschen Nationalbibliografie; detaillierte bibliografische Daten
sind im Internet über http://dnb.ddb.de abrufbar.

VAK Verlags GmbH
Eschbachstraße 5
79199 Kirchzarten
Deutschland
www.vakverlag.de

© VAK Verlags GmbH, Kirchzarten bei Freiburg 2009
Übersetzung: Karin Beeck
Lektorat: Norbert Gehlen
Umschlagdesign: Andrea Barth
Umschlaghintergrund: © Shutterstock
Foto der Brosche: © Helmut Eftimiu, München
Gesamtherstellung: Himmer AG, Augsburg
Printed in Germany
ISBN: 978-3-86731-036-9

Inhaltsverzeichnis

Einführung.. 9

Erfolgsrezept Nr. 1: Erkennen und akzeptieren, wie es funktioniert
Erste Lektion: Lassen Sie sich von Ihrer
   Begeisterung und Leidenschaft leiten............. 12
   Gestatten Sie sich, schlank zu sein!
   (Patricia Daniels)............................. 13
Zweite Lektion: Was Sie fühlen ist von gleicher
   Bedeutung wie das, was Sie denken............... 20
   Nutzen Sie jede Chance! *(Ruben Gonzales)*........ 21
Dritte Lektion: Kümmern Sie sich nicht um das Wie –
   und Ihr Traum kann Wirklichkeit werden.......... 28
   Freunde in Frankreich *(Sonia Choquette)*........ 29
Vierte Lektion: Ihre Gemütsverfassung –
   ein Schlüssel zum Erfolg........................ 35
   Wohlstand kommt von selbst – Sie müssen es nur
   zulassen *(Eva Gregory)*........................ 36
Fünfte Lektion: Behalten Sie Ihr Ziel im Auge –
   ohne sich auf ein ganz bestimmtes Ergebnis
   zu fixieren 42
   Brauner Reis *(Kristy Iris)*.................... 43

Erfolgsrezept Nr. 2: Erfolgserlebnisse der Vergangenheit als Muster nutzen
Erste Lektion: Sie stecken niemals fest............... 50
   Durch unerschütterlichen Glauben zum Erfolg
   (Idelisa Cintron)............................. 51
Zweite Lektion: Durchbrüche müssen nicht
   schmerzhaft sein................................ 57
   „Küsschen" für Mr. Castle *(Terri Elders)*....... 58
Dritte Lektion: Da, wo Sie gerade stehen, sind Sie
   genau richtig................................... 66

Der Tag, an dem mir das Geld ausging
(Amy Scott Grant) 67
Vierte Lektion: Sie haben immer die Wahl 75
   Ein allmähliches Erwachen *(Allison Sodha)* 76
Fünfte Lektion: Rufen Sie Ihre Mannschaft
   zusammen 81
   Aus einem Kellerloch in ein Haus am Meer
   (Jim Bunch) 82

Erfolgsrezept Nr. 3: Ihre Gedanken Wirklichkeit werden lassen
Erste Lektion: Nehmen Sie es nicht persönlich 90
   Durch Vergebung zum Lebensglück
   (Randy Gage) 91
Zweite Lektion: Die Energie folgt immer den
   Gedanken 99
   „Ich liebe mein Haar." *(Catherine Ripley Greene)* ... 100
Dritte Lektion: Das Glas ist halb voll 107
   Die heilende Kraft einer Intention
   (Kathleen Carroll) 108
Vierte Lektion: Loslassen heißt fließen lassen 111
   Es ist genug für alle da *(Carol Tuttle)* 112
Fünfte Lektion: Sie erteilen sich selbst die Lizenz
   zum Erfolg 119
   Solange Sie sich nicht selbst achten, können Sie das
   auch nicht von anderen erwarten *(John F. Demartini)* 120

Erfolgsrezept Nr. 4: Sich zum Handeln inspirieren lassen
Erste Lektion: Das Wesentliche zuerst! 126
   Die wundersame Reise der Familie B. *(Licia Berry)*.. 127
Zweite Lektion: Jetzt oder nie! 133
   Kostenlose Umarmungen *(Christine Brooks)* 134
Dritte Lektion: Innehalten – hinschauen – zuhören 140
   Erfolg beginnt am Küchentisch *(Jan Stringer)* 141
Vierte Lektion: Entspannen Sie sich und lassen Sie
   den Dingen ihren Lauf........................... 146

So kommen Sie vorwärts: Lehnen Sie sich zurück!
(Jeannette Maw) 147
Fünfte Lektion: Vertrauen Sie Ihrer inneren Stimme ... 153
Wie zwei Dutzend Eier meine Karriere als Immobilienmaklerin einleiteten *(Holleay Parcker)* 154

Erfolgsrezept Nr. 5: Mit kleinen Schritten eine Lawine auslösen

Erste Lektion: Ein einziger Schritt kann eine Menge
bewirken 162
Der arme Junge vom Land und der amerikanische
Traum *(Rene Godefroy)*............................ 163
Zweite Lektion: Nehmen Sie Ihr Leben selbst in die
Hand 170
Erfolg trotz Gegenwind *(Charles Marcus)* 171
Dritte Lektion: Bezahlen Sie im Voraus und
vollbringen Sie Wunder 177
Das Geheimnis der Grußkarten *(Barb Gau)* 178
Vierte Lektion: Machen Sie Ihre Angst zu Ihrem
Verbündeten 182
Initiative ergreifen – dann helfen auch andere
(Jeanna Gabellini).............................. 183
Fünfte Lektion: Machen Sie sich ein genaues Bild von
Ihrem Traum 188
Ein Geistesblitz *(Jillian Coleman Wheeler)* 189

Erfolgsrezept Nr. 6: Ihr volles Potenzial einsetzen

Erste Lektion: Leben Sie jeden Tag so, als wäre es Ihr
letzter... 196
Ein radikaler Kurswechsel *(Betty Healey)*........... 197
Zweite Lektion: Wagen Sie den Sprung in das Leben,
das Sie sich „eigentlich" wünschen................ 203
Es ist nie zu spät, der eigenen Bestimmung
zu folgen *(Patrick Snow)* 204
Dritte Lektion: Wenn Sie etwas wirklich wollen,
können Sie es auch bekommen................... 209
Die schöpferische Kraft unserer Gedanken
(Wanda Peyton)............................... 210

Vierte Lektion: Sie haben bereits alle Qualitäten,
die Sie benötigen. 217
Machen Sie eine Liste *(Hayley Foster)*. 218
Fünfte Lektion: Es geht nicht ohne die Überzeugung,
dass Sie den Erfolg verdienen. 225
Schütteln Sie den Dukatenbaum *(Jan Henrikson)*. .. 226

Erfolgsrezept Nr. 7: Fest an den Erfolg glauben
Erste Lektion: Das Geheimnis, wie Sie Großes
erreichen. 234
„Bitte fünftausend Dollar gegen den Hunger in
der Welt!" *(Dave Ellis)*. 235
Zweite Lektion: Wer gibt, gewinnt – immer 242
Das Geheimnis der Geldvermehrung *(Joe Vitale)* ... 243
Dritte Lektion: Ihre Intuition weiß alles 249
Die Kreuzfahrt am Valentinstag
(Maureen O'Shaughnessy). 150
Vierte Lektion: Lassen Sie Ihren Absichten Taten
folgen. 256
Mein Traumhaus *(Noelle Nelson)*. 257
Fünfte Lektion: Ihre innere Führung ist immer
für Sie da. 263
Vertrauen wagen *(Sharon Wilson)*. 264

Schlusswort 271

Anhang
Danksagungen 274
Quellenhinweise 276
Noch mehr „Hühnersuppe"? 278
Wie Sie andere unterstützen können. 279
Über die Autoren 281

Einführung

Vielleicht kommt Ihnen das bekannt vor: Sie denken abends beim Einschlafen frustriert an den hinter Ihnen liegenden „miesen" Tag ... und haben dann gute Chancen, dass Sie diesen Tag in Ihren Träumen nochmals erleben dürfen und dass Ihre negative Beurteilung in den nächsten Tag hineinwirkt. Richten Sie hingegen Ihre Aufmerksamkeit auf das Positive, dann können Sie beobachten, wie Ihre Stimmung steigt und wie Ihre Handlungen immer besser Ihren Wünsche und Absichten entsprechen.

Dieses Gesetz der Anziehung ist universell und extrem wirkungsvoll – wie ein Magnet, dessen Anziehungskraft *ständig* wirkt. Es besagt ja grundsätzlich, dass Ihre Energie dorthin fließt, wohin Sie Ihre Aufmerksamkeit richten, und dass Sie dadurch *mehr* davon in Ihr Leben holen – ob Sie es wollen oder nicht. Möchten Sie also die Dinge bekommen, die Sie sich wirklich wünschen, so ist eine positive Grundeinstellung unabdingbar.

Viele beginnen das Gesetz der Anziehung anzuwenden, indem sie ein *Spiel* daraus machen – sie konzentrieren sich anfangs zum Beispiel darauf, immer einen freien Parkplatz zu finden. So können auch Sie sich darin üben. Sind Sie dann so weit, dass diese Dinge immer funktionieren, so können Sie sich auf die nächstgrößeren Projekte konzentrieren. Denken dabei immer daran, positiv und offen zu bleiben, damit Sie die Dinge, die Sie haben wollen, auch *annehmen* können.

Machen Sie sich bewusst, wo Sie derzeit stehen und wohin Sie wollen, und vor allem, wie Sie sich *fühlen* wollen, nachdem Sie Ihr Ziel erreicht haben. Konzentrieren Sie sich auf Ihre positive Zukunft und „vergessen" Sie die gegenwärtige Realität – vor allem dann, wenn sie in keiner Weise dem gewünschten Ideal entspricht. Sie können lernen, wie ein Dirigent alles das zum Klingen zu bringen, was Sie an Fähigkeiten und inspirierenden Träumen für ein erfülltes Leben in sich tragen.

Es ist möglich, alles zu erreichen, was Sie sich wünschen – die Geschichten in diesem Buch zeigen das, denn es handelt sich um authentische persönliche Erfahrungen von Menschen in allen nur denkbaren Lebenssituationen, die das Gesetz der Anziehung erfolgreich angewandt, Widrigkeiten überwunden und ihre Träume verwirklicht haben.

Diese Geschichten sind so ausgewählt, dass die 7 wichtigsten Erfolgsrezepte zum Gestalten eines erfüllten Lebens deutlich erkennbar werden. Zusammen mit konkreten, praktischen Schritten, die Sie sofort umsetzen können, sollen diese Geschichten Sie dazu animieren, Ihre eigenen Träume zu verwirklichen.

Nehmen Sie sich die Freiheit, zielstrebig das zu verfolgen, was Sie sich von Herzen wünschen, und seien Sie gewiss, dass das Gesetz der Anziehung immer funktioniert. Ihre Aufgabe ist einfach nur, es zu Ihren Gunsten arbeiten zu lassen. Träumen Sie – und träumen Sie von *großen* Dingen!

Erfolgsrezept Nr. 1: Erkennen und akzeptieren, wie es funktioniert

Alle Veränderungen, die das Leben für uns vorgesehen hat,
sind in unserer Fantasie bereits angelegt;
denn die Fantasie ist unsere geistige Werkstatt,
in der die Energie unserer Gedanken in Realität
und in Wohlstand verwandelt werden kann.

NAPOLEON HILL

Erste Lektion:
Lassen Sie sich von Ihrer Begeisterung und Leidenschaft leiten

> Erst wenn wir sehen, was wir tun können,
> wissen wir auch, wer wir sind.
>
> Martha Grimes

Gestatten Sie sich, schlank zu sein!

Glauben Sie an sich selbst
und nichts kann Sie aufhalten.

Emily Guay

„Oje!", rief meine Freundin, als wir uns zum ersten Mal nach vier Monaten wieder trafen. „Du hast aber ganz schön zugenommen! Das wirst du nie wieder los, schließlich bist du in den Wechseljahren!"

Ich erschrak. Während der Wintermonate nahm ich ja normalerweise *immer* ein paar Kilo zu, aber dieses Jahr hatte ich alle Rekorde gebrochen. Ich war unglücklich mit mir und meinem Körper und befürchtete, dass meine Freundin Recht behalten würde. Gleichzeitig war ich wild entschlossen, wenn irgend möglich, zu meinem Normalgewicht zurückzufinden.

Jahrzehntelang hatte ich Freunde und Familienmitglieder bei ihrem Kampf gegen das Übergewicht beobachtet, ein ständiges Auf und Ab – das Wort vom „Jojo-Effekt" trifft es genau. Von daher kam eine Diät für mich nicht in Frage. Andererseits war ich angesichts meines eigenen Übergewichts völlig ratlos – bis ich eine Abraham-Hicks-Kassette hörte. Darin hieß es: „Sie können nicht schlank sein, wenn Sie sich dick fühlen. Sie müssen zuerst lernen, das Schlanksein zuzulassen."

Das leuchtete mir ein, denn: Ja, ich fühlte mich ganz eindeutig dick. Ich formulierte auf der Stelle die folgende, klare Aussage über das, was ich für mich anziehen wollte: „Ich entscheide mich dafür, nach Ablauf von drei Monaten das Gewicht und die Figur zu haben, die ideal für meinen Körper sind. Ich lasse jedes Übergewicht los und heiße meine schlanke Figur in meinem Leben willkommen."

Seither wiederhole ich diese Intention vor jeder Mahlzeit und vor jeder Yoga-Übung. Ich übe das Gefühl, schlank zu sein, schlank zu gehen, schlank zu stehen und meine Kleidung so perfekt zusammenzustellen, dass ich mich schön fühle. Ich *fühle*, wie es ist, das perfekte Gewicht und die perfekte Figur zu *sein*.

Ich stehe morgens um 5.30 Uhr auf und mache einen etwa fünf Kilometer langen, zügigen Spaziergang durch den Park. Diesen Gang dehne ich täglich etwas weiter aus und genieße den Duft von Magnolien-, Apfel- und Kirschblüten. Ich schwelge in den intensiven Farben und Gerüchen, dem Gesang der Vögel und dem Spiel des Lichts zwischen den Bäumen und auf dem Wasser – dem Anblick und dem Duft eines mit aller Macht hervordrängenden Frühlings. In dieser Umgebung fühle ich mich wie in einem der farbenfrohen Frühlingsbilder von Monet, ich fühle mich wie die Frühlingsfülle selbst und stehe staunend vor dieser Explosion aus Grün und Blau, aus Rosa und den zahllosen Abstufungen von Rot und Gelb, die sich alle zu vermischen scheinen und doch ihren ganz eigenen Charakter demonstrieren. Auf diesen Spaziergängen fühle ich mich ausgeglichen, erfüllt und glücklich. Ich empfinde eine tiefe Freude, ich fühle mich voller Leben und Liebe.

Fast unmerklich haben sich meine Essgewohnheiten und mein Körper verändert. Ich ernähre mich gesund, genieße jedoch nach wie vor kulinarische Köstlichkeiten wie guten Wein und Eis, wenngleich in kleineren Portionen, von denen ich jeden Schluck und jeden Bissen bewusst auskoste. Ich erinnere mich an den Aufruf, in dem die britische Regierung die Bevölkerung im Zweiten Weltkrieg aufforderte, die Butter so dünn wie möglich auf das Brot zu streichen und es mit der bebutterten Seite nach unten, zur Zunge hin, in den Mund zu schieben, weil dann die Butter intensiver schmeckt. Ich erfinde meine eigenen Varianten und: Heureka! Es funktioniert, und zwar mit allem, was ich esse. Und ich wiederhole natürlich vor und nach jeder Mahlzeit, dass ich meine schlanke Figur „an mich heranlasse".

Jeden Morgen gleich nach dem Aufstehen mache ich mein ganz persönliches Zehn-Minuten-Gymnastik-Programm: Übungen für die Bauchmuskeln auf dem Gymnastikball, aufgepeppt mit Tanzmusik, damit es mir auch Spaß macht. Das ist ein Volltreffer, denn es sorgt dafür, dass ich mich mit mir und in meinem trainierten Körper noch wohler fühle. Ich bin offen für meine schlanke Figur. Meine Furcht ist verblasst und mit ihr auch das Gefühl, dick zu sein. Ich fühle mich jetzt schlanker, trainierter und gesünder.

In der vergangenen Woche hatte ich Gelegenheit, Kleider zu tragen, in die ich vor wenigen Monaten noch nicht hineingepasst habe; diese Kleider sitzen jetzt ganz locker und ich sehe fabelhaft darin aus. Und siehe da: An dem besagten Tag hatte ich einen intensiven Flirt mit einem gut aussehenden Franzosen, der mir Komplimente zu meinem Aussehen machte – und ich habe mir dieses wunderbare Gefühl gestattet.

Aber es gibt noch mehr zu berichten! Sogar viel mehr. Ich heiße jetzt nicht nur meine schlanke Figur willkommen, sondern auch mehr Erfolg, mehr Geld, neue Freunde und Menschen, die mich unterstützen. Ein Experiment, das als Spaß begonnen hat und mir die Gewichtsabnahme erleichtern sollte, hat sich zu einer Lebenseinstellung gemausert; ich habe meinen ganz persönlichen Weg gefunden, mich selbst anzunehmen und zu lieben und mehr Freude in mein Leben zu lassen, weil ich es mir endlich gestatte, *das* Leben anzustreben, das ich mir wünsche, und es gezielt zu erschaffen. Ich habe mir selbst das Geschenk gemacht, schlank zu sein, und habe damit eine Tür in mir geöffnet, durch die die Liebe in mein Leben treten konnte.

Patricia Daniels

Anregungen und Tipps zur ersten Lektion

Nehmen Sie sich einen Augenblick Zeit und machen Sie sich Gedanken darüber, wer Sie sind und wer Sie sein wollen. Sehen Sie sich selbst in einem Jahr. Wenn Sie alles haben können, was immer Sie wollen, und wenn garantiert nichts schief gehen kann – was möchten Sie dann? Was wünschen Sie sich am meisten? Wenn Sie einst auf diesen Abschnitt Ihres Lebens zurückblicken, woran wollen Sie sich erinnern? Welche Erfahrungen möchten Sie machen? Was wollen Sie erreichen?

Legen Sie sich als Erstes ein spezielles Tagebuch oder Schreibheft zu, eines, das Ihnen gefällt und das Sie gerne in die Hand nehmen. Dies soll Ihr „Wohlfühl- und Erfolgstagebuch" werden; es wird von jetzt an bei jeder Geschichte und jeder Übung in diesem Buch zum Einsatz kommen.

Vorschläge

1. Nehmen Sie die Fragen, die Sie sich gerade beantwortet haben, als Grundlage und schreiben Sie sich selbst einen Brief, in dem Sie genau beschreiben, wo Sie *heute in einem Jahr* stehen werden. Versehen Sie den Brief mit dem heutigen Datum, stecken Sie ihn in einen Umschlag, verschließen Sie ihn und versehen Sie ihn mit dem Hinweis, dass nur Sie ihn öffnen dürfen. Legen Sie ihn dann an einen Platz, an dem Sie ihn ganz sicher in *einem* Jahr wieder finden werden. Hier ein paar Ideen von Klienten, wo man einen solchen Brief deponieren kann, damit man ihn nach einem Jahr wieder findet:

- Eine Klientin legte den Brief in eine bestimmte Schublade (ganz nach unten) und machte sich in ihrem Terminkalender für das nächste Jahr einen Vermerk unter dem entsprechenden Datum.
- Ein anderer Klient bewahrte den Brief in der Schublade auf, in der er seine Rechnungen sammelte. Hier sah er den Brief das ganze Jahr über regelmäßig und es fiel ihm leicht, sich daran zu erinnern, dass er ihn nach einem Jahr öffnen wollte.
- Eine Klientin packte den Brief zur Weihnachtsdekoration. Vor dem nächsten Weihnachtsfest würde sie die Dekoration wieder auspacken und den Brief garantiert finden.
- Eine weitere Klientin heftete den Brief an ihre Pinwand in der Küche, wo er ein Jahr gut sichtbar hängen blieb.

Das Wichtigste bei dieser Sache ist, dass Sie den Brief an einer Stelle aufbewahren, wo Sie ihn nicht vergessen und ihn im Jahr darauf garantiert wieder finden. Fangen Sie heute an. Entwerfen Sie das Leben, das Sie wirklich wollen – genau hier und genau jetzt!

2. Beginnen Sie mit einem Rückblick auf Ihr bisheriges Leben: Was wollten Sie erreichen, welche Erfahrungen wollten Sie machen? Wie ist Ihre Definition eines gelungenen und erfüllten Lebens? Was wollen Sie sein, was wollen Sie tun, was wollen Sie haben? Welche Art von Leben lässt Ihr Herz vor Freude hüpfen, wenn Sie nur daran denken? Sie können genau hier und genau jetzt die Grundlage dafür schaffen. Gehen Sie die Lektionen und Übungen in diesem Buch durch und lassen Sie sich dabei nur von Ihrer Begeisterung und Ihrer Leidenschaft leiten. Was würden Sie als Erfüllung empfinden, was wäre für Sie das größte Vergnügen? Spüren Sie dieser Frage genau nach!

Listen Sie in Ihrem Wohlfühl- und Erfolgstagebuch alle Ziele, alle Wünsche und jeden Erfolg auf, alles, was Sie in Ihrem Leben sein, tun oder haben möchten. Immer, wenn Ihnen eine Idee kommt, schreiben Sie sie so schnell wie möglich nieder, ohne sie zu analysieren, zu bewerten oder gar zu zensieren. Beginnen Sie für jede Idee eine neue Seite. Füllen Sie möglichst viele Seiten. Schreiben Sie auch solche Wünsche auf, die Ihnen unerreichbar, verrückt, vermessen oder unmöglich erscheinen. Das Entscheidende ist, dass Sie sie nicht zensieren! Ihr Ziel ist es ja, aus Ihren eingefahrenen Bahnen herauszukommen und Ihr Denken zu erweitern. Im Folgenden finden Sie ein paar Beispiele für Wünsche und Ziele, die einige unserer Klienten geäußert haben:

- Mehr Zeit in der freien Natur verbringen
- Meine eigene Radiosendung moderieren
- Jeden Monat eine Woche Urlaub nehmen und einfach nur „ich sein"
- Nur drei Tage pro Woche arbeiten
- Die beste Mutter sein, die es gibt
- Schuldenfrei sein
- Mein Drei-Millionen-Euro-Traumhaus besitzen
- Effizient kommunizieren
- Sprechunterricht nehmen und am örtlichen Theater eine Rolle bekommen
- Ein Wellnesszentrum für junge Mütter aufbauen
- Meinen eigenen Butler, Gärtner, Gourmetkoch und Einkaufsberater haben
- Eine Stiftung gründen, die Stipendien an Kinder aus sozial schwachen Familien vergibt
- Im Hauptberuf Maler sein
- In der bekanntesten und beliebtesten Fernseh-Talkshow auftreten
- Jeden Augenblick genießen
- Ein Heilmittel gegen AIDS entdecken
- Ein erfolgreicher Schriftsteller sein
- Mehr Zeit mit meinen Kindern verbringen
- An fünf Tagen pro Woche eine sportliche Aktivität betreiben

Erste Lektion

Überlegen Sie, welche Ziele von kurzfristiger und welche von langfristiger Art sind. Legen Sie fest, was Sie innerhalb der nächsten Woche, des nächsten Monats und des nächsten Jahres erreichen wollen. Dann denken Sie an Ziele, die Sie in einem Zeitraum von mindestens *fünf* Jahren erreichen wollen, und schreiben auch diese nieder. Gehen Sie mit Ihren Vorstellungen immer weiter in die Zukunft.

Noch mehr Spaß und sogar Unterstützung können Sie dabei haben, wenn Sie dieses Spiel gemeinsam mit einem Partner oder einer Freundin spielen. Jeder von Ihnen kann seine eigenen Wünsche formulieren und sie dann mit dem anderen besprechen.

Denken Sie dabei immer daran, dass es nur um solche Wünsche geht, bei denen Sie ganz außer sich geraten und die Ihr Herz höher schlagen lassen. Wie fühlen Sie sich dabei? Welche Gedanken gehen Ihnen durch den Kopf? Vielleicht denken Sie: „Dieser Wunsch wird für mich nie in Erfüllung gehen", oder: „Das soll wohl ein Witz sein!" Hören Sie auf, sich selbst mit solchen Zweifeln zu quälen! Ignorieren Sie Ihren Kopf und hören Sie auf Ihr Herz!

Sollten Sie immer noch das Problem haben, dass Ihnen keine Wünsche einfallen, dann stellen Sie sich folgende Situation vor: Sie haben gerade erfahren, dass Sie 1 Million, 5 Millionen oder 10 Millionen Euro geerbt haben! (Bestimmen Sie die Zahl selbst.) Sie sind jetzt für den Rest Ihres Lebens finanziell abgesichert und können sich aussuchen, auf welche Tätigkeit, welches Projekt oder welche berufliche Laufbahn Sie sich einlassen wollen. Was wollen Sie für den Rest Ihres Lebens sein, tun oder haben? Nehmen Sie sich mindestens fünf Minuten Zeit, so viele Wünsche wie möglich niederzuschreiben, und geben Sie jedem Wunsch eine eigene Seite in Ihrem Wohlfühl- und Erfolgstagebuch.

Wie fühlen Sie sich jetzt? Haben Sie genügend Wünsche aufgezählt, um sagen zu können, dass Sie – sollten diese in Erfüllung gehen – ein Leben leben würden, von dem die meisten Menschen nur träumen? Wenn nicht, dann machen Sie weiter. Schöpfen Sie alle Ideen und Möglichkeiten aus.

Zweite Lektion:
Was Sie fühlen ist von gleicher Bedeutung wie das, was Sie denken

Was ist der Unterschied zwischen einer Schwierigkeit und einer Chance? – Unsere Einstellung dazu.
Jede Chance birgt Schwierigkeiten in sich und jede Schwierigkeit ist auch eine Chance.

J. Sidlow Baxter

Nutzen Sie jede Chance!

Wir alle werden mit einer ganzen Reihe einmaliger Chancen konfrontiert – perfekt verkleidet als scheinbar unlösbare Probleme.
Chuck Swindoll

Chancen, Gelegenheiten, Möglichkeiten sind überall. Halten Sie einfach Ihre Augen offen und seien Sie bereit dafür. Haben Sie eine Chance erst einmal erkannt und die Entscheidung getroffen, alles zu tun, was nötig ist, um sie zu nutzen, so ist es nur noch eine Frage der Zeit, dass Sie bekommen, was Sie wollen.

Im November 1987 waren wir gerade an der Rennrodelstrecke von St. Moritz in der Schweiz angekommen. Wir wollten mit Training und Qualifikation für das Weltcuprennen am darauf folgenden Wochenende beginnen. Der internationale Weltcup der Rennrodler ist wie ein Wanderzirkus. Man trifft jede Woche dieselben Sportler auf den verschiedenen Schlittenbahnen. Normalerweise reisen wir montags an, die Trainings- und Qualifikationsrennen finden von Dienstag bis Freitag statt, an den Wochenenden werden die Wettkämpfe ausgetragen; dann reisen wir zur nächsten Rennstrecke.

Als ich bei der Rennstrecke in St. Moritz ankam, stellte ich sofort fest, dass irgendetwas anders war als sonst. Im Wettbewerb der Doppelsitzer waren nur drei Schlitten gemeldet. Das Rennen der Doppelsitzer ist ein wilder Sport, bei dem zwei Sportler auf einem Schlitten liegen. Beide lenken, aber nur der, der oben liegt, kann etwas sehen. Deshalb gibt der oben Liegende dem anderen mit seinem Körper Zeichen, wann dieser lenken soll. Es dauert Jahre, um das Vertrauen, die Kommunikationstechniken und das Zusammenspiel zu entwickeln, die notwendig sind, um als Doppelsitzer erfolgreich zu sein. Ich bin nie einen Doppelsitzer gefahren, eigentlich bin ich ein reiner Einzelfahrer – aber bei nur drei Konkurrenten: Das war die Chance meines Lebens!

Ich rannte zu meinem besten Schlittenpartner, Pablo Garcia aus Spanien, und erzählte ihm ganz aufgeregt von unserer Chance und dass sich uns nie wieder eine solche Gelegenheit bieten würde. Wir mussten einen Zweierschlitten organisieren und an dem Rennen teilnehmen. Wenn nur einer der anderen Schlitten ausfiel, würden wir eine Weltcupmedaille gewinnen!

Pablo begriff sofort, auch er erkannte die Chance. Aber: Wir mussten noch unseren Trainer überzeugen, uns an dem Rennen teilnehmen zu lassen. Wir erklärten ihm, dass die Gelegenheit zu günstig sei, um sie ungenutzt verstreichen zu lassen. Wir würden sogar das Risiko einer Verletzung auf uns nehmen. Das war uns die Sache wert. Unser Coach sagte: „Wenn ihr in dieser Stadt einen Doppelschlitten findet, dann habt ihr meinen Segen!"

In St. Moritz einen Doppelschlitten zu finden, das war die eigentliche Herausforderung. St. Moritz hat zwar eine eigene Rennstrecke, dennoch ist es keine ausgesprochene „Rennrodelstadt". Es gibt dort Bobschlitten und Skeletonschlitten (die auf dem Bauch liegend, mit dem Kopf voraus gefahren werden), Rennrodler sind jedoch ausgesprochen selten in St. Moritz. Das war uns aber egal. Wir waren entschlossen, alles zu tun, was nötig war, um es trotzdem möglich zu machen.

Die nächsten beiden Tage verbrachte ich damit, an alle Türen der Stadt zu klopfen und die Einheimischen zu fragen, ob sie einen Doppelschlitten besäßen, den sie uns leihen könnten. Ich fragte aufs Geradewohl – in einer Stadt, in der Rennrodler nicht sehr beliebt waren. In St. Moritz wird Deutsch gesprochen – ich spreche nicht Deutsch. Das machte mir aber nichts aus. Wenn man etwas wirklich will, dann zählen Fakten nicht mehr. Man *tut* es einfach. Ich klopfte also an die Türen und wiederholte einen deutschen Satz, den ich mir irgendwie gemerkt hatte: „Haben sie ein doppelsitzer rennrodeln schlitten für die weltcup renn?" – und ich hoffte, dass irgendjemand mit dem Kopf nicken würde.

Schließlich fand ich einen Mann, der einen zwanzig Jahre alten, verrosteten Rodel in seiner Scheune stehen hatte. Er erklärte sich bereit, ihn uns zu leihen. Die nächsten beiden Tage verbrachten wir damit, diesen „antiken" Schlitten renntauglich zu machen.

Am Tag des Rennens kamen alle, um mitzuerleben, wie Pablo und ich uns bei dem Versuch, ein Doppelrennen zu fahren, um Kopf und Kragen bringen würden. Und wir waren wirklich auch nahe dran. Wir fuhren wie auf Messers Schneide, immer in der Gefahr umzukippen, aber wir schafften es, das Rennen durchzustehen. Wir erreichten den vierten Platz und erhielten tatsächlich eine Weltcupmedaille. (Wir hatten nie zuvor eine Medaille für einen vierten Platz gesehen, normalerweise gibt es Medaillen nur für die Plätze eins bis drei.) Unser Bild erschien in der Zeitung; das Beste an der ganzen Sache war jedoch, dass wir für diesen vierten Platz so viele Punkte in der Weltcup-Gesamtwertung erhielten, dass wir am Ende der Saison auf dem vierzehnten Platz der Weltrangliste der Doppelsitzer landeten!

In der darauf folgenden Woche verbreitete sich die Nachricht, dass Pablo und ich den vierten Platz in einem Weltcuprennen gemacht hatten, wie ein Lauffeuer im „Rodelzirkus". Einige der Sportler, die in St. Moritz *nicht* angetreten waren, erfuhren, was wir geschafft hatten, taten unseren Sieg jedoch ab, indem sie behaupteten, wir hätten eben Glück gehabt. Pablo und ich erklärten ihnen, dass das nichts mit Glück zu tun gehabt hatte, sondern dass wir einfach eine Möglichkeit gesehen und die Entscheidung getroffen hatten, alles zu tun, was nötig war, um zu gewinnen. Wir hatten unser Glück selbst herbeigeführt.

Ich garantiere Ihnen, liebe Leser, wenn Sie sich diese Einstellung zu eigen machen – wenn Sie sich ein Ziel setzen und alles dafür tun – dann werden Sie eine Menge Spaß im Leben haben. Die Leute werden staunen, was Sie erreichen. Springen Sie einfach, dann erscheint auch das Netz. Ganz sicher!

Ruben Gonzalez

Anregungen und Tipps zur zweiten Lektion

Sie sind nun dabei herauszufinden, welche Art von Leben Sie wirklich führen wollen – welche Gedanken kommen Ihnen dabei? Welche Fragen tauchen auf? Welche Zweifel schleichen sich ein? An diesem Punkt blocken die meisten von uns ihre Träume ab – ohne sich bewusst zu machen, was sie da eigentlich tun. Unbewusst lassen wir uns von unseren Denkmustern und Überzeugungen davon abhalten, die Chancen, die sich uns bieten, zu ergreifen und uns das zu nehmen, was wir in unserem Leben wirklich haben wollen. Solche Denkmuster sind beispielsweise die folgenden:
- Ich habe Angst.
- Ich weiß nicht, wie ich das machen soll.
- Ich brauche zuerst mehr Geld, dann kann ich …
- Was ist, wenn ich mein Geld in diese Sache stecke und es nicht klappt?

Kommt Ihnen das bekannt vor? Blicken Sie auf Ihr bisheriges Leben zurück und denken Sie an all die Gelegenheiten oder Situationen, die sich *nicht* nach Ihren Wünschen und Vorstellungen entwickelt haben. Schauen Sie sich an, wo Sie sich schwer getan haben und welche Gedanken und Gefühle diese Erinnerungen bei Ihnen auslösen. Sind diese Gedanken und Gefühle positiv oder negativ? Wahrscheinlich eher negativ – vielleicht sind bzw. waren Sie ängstlich, traurig, wütend, frustriert, verzweifelt, aufgeregt oder einfach resigniert.

Nun blicken Sie noch einmal auf Ihr bisheriges Leben zurück und denken Sie diesmal an Erfolge und glückliche Fügungen, an Situationen, in denen Ihnen einfach alles in den Schoß gefallen ist, wo alles leicht ging, oder denken Sie an Zeiten, in denen Sie glücklich waren. Welche Gedanken und Gefühle kommen Ihnen dabei? Sie stellen sicher fest, dass es sich leicht, mühelos, aufregend, angenehm, freudig, liebevoll, friedlich oder natürlich anfühlte und Ihnen Spaß machte – oder dass es vielleicht einfach keine Probleme gab. Vielleicht liefen die Dinge so reibungslos ab, dass Sie nicht einmal nach dem Warum fragten.

All dies weist auf das universelle Gesetz der Anziehung hin, das, genau wie ein Magnet, immer funktioniert. Es spielt keine Rolle, *worauf* Sie sich in Ihrem Leben konzentrieren (!) und ob Sie es wollen oder nicht – Sie werden es bekommen. Die Energie folgt immer unserer *Aufmerksamkeit* und wir ziehen mehr von *dem* an, auf das wir unsere Aufmerksamkeit richten.

Haben Sie das Gesetz der Anziehung (und wie es in Ihrem Leben wirkt) erst einmal verstanden, so können Sie damit beginnen, jeden einschränkenden Gedanken, jede Überzeugung, von der Sie sich zurückhalten lassen, bewusst und gezielt zu verändern. Die gute Nachricht ist, dass Sie das selbst in der Hand haben.

Scheint ziemlich einfach zu sein? Ist es auch! – Scheint zu schön, um wahr zu sein? Nun ja. Machen Sie sich klar, worauf Sie mit *dieser* Frage Ihren Fokus richten. Drehen Sie sie herum, formulieren Sie sie positiv!

- Schritt 1: Machen Sie sich die Beschränkungen in Ihren Gedanken und Überzeugungen bereits in dem Augenblick bewusst, in dem sie auftauchen.

- Schritt 2: Ändern Sie diese Gedanken so, dass sie das zum Ausdruck bringen, was Sie tatsächlich wollen, und nicht das, was Sie *nicht* wollen.

Beispiel:

Die „Was-ich-*nicht*-will-Mentalität": Mein Freund hat mich verlassen. Es gibt keine anderen Männer in dieser Stadt. Ich werde keinen Partner finden. Ich werde als alte Jungfer enden.

Die „Was-ich-*will*-Mentalität": Er ist nicht der einzige Mann in dieser Stadt. Ich habe bereits einige wunderbare Männer kennengelernt. Einer ist genau in diesem Augenblick auf der Suche nach mir.

Vorschläge

1. Nehmen Sie Ihr Wohlfühl- und Erfolgstagebuch zur Hand und sehen Sie sich nochmals die Wünsche an, die Sie bereits aufgeschrieben haben. Nun erstellen Sie eine Liste aller einschränkenden Gedanken und Gefühle, die Ihnen zu diesen Wünschen einfallen. Machen Sie sich bewusst, dass es sich dabei lediglich um Denkgewohnheiten handelt, denen Sie bis zum gegenwärtigen Augenblick ausgeliefert waren. Denn nur das ist es, was eine Gewohnheit ausmacht: Es sind *nur Gedanken*, um die wir ständig kreisen.

Beispiele:
- Meine früheren Entscheidungen waren selten gut.
- Ich finde nie genügend Zeit, all das zu tun, was ich tun müsste, um meine Ziele zu erreichen.
- Ich habe Angst vor Fehlschlägen.

2. Nun ersetzen Sie diese Einschränkungen durch eine Liste mit Gedanken, die Ihnen dabei helfen, der Mensch zu sein, der Sie wirklich sind und sein wollen. Formulieren Sie bewusst solche Gedanken, die das unterstützen, was Sie in Ihrem Leben haben wollen. Gehen Sie Ihr Tagebuch genau

durch und notieren Sie für jede einschränkende Überzeugung, die Sie gefunden haben, einen neuen Gedanken, der das unterstützt, was Sie sich wünschen.
Beispiele:
- Alle meine Wünsche können Wirklichkeit werden; ich brauche meinen Fokus nur ganz bewusst auf das zu richten, was ich haben will.
- Ich entscheide mich jetzt dafür, die Zeit aufzubringen, die nötig ist, damit ich meine Wünsche und Ziele erreichen kann.
- Fehler sind Gelegenheiten zu lernen und klarer zu erkennen, was ich wirklich will.

3. Machen Sie sich bewusst, dass Ihre einschränkenden Überzeugungen und Gedanken wahrscheinlich einer guten Absicht entspringen. Zum Beispiel:
- Einschränkende Überzeugung: „Veränderungen sind riskant und sollten vermieden werden."
- Positive Absicht: „Lieber auf der sicheren Seite bleiben!"

Lassen Sie Ihre einschränkenden Überzeugungen jetzt los, und zwar so:
- Verbrennen Sie die Liste Ihrer einschränkenden Überzeugungen. Oder:
- Zerreißen Sie die Liste Ihrer einschränkenden Überzeugungen in kleine Schnipsel und werfen Sie sie in den Müll.

- _____

- _____

Füllen Sie die leeren Zeilen aus. Was fällt Ihnen dazu noch ein, was passt zu Ihnen? Wie möchten Sie vorgehen?

Dritte Lektion:
Kümmern Sie sich nicht um das Wie – und Ihr Traum kann Wirklichkeit werden

Wirkliche Größe zeigt sich darin,
einfach weiterzumachen, selbst wenn wir erkennen,
dass uns die Hinweisschilder in unserem Leben
in eine falsche Richtung gelenkt haben.

Nido Qubein

Freunde in Frankreich

Manche Menschen schaffen sich ihre eigenen Chancen und Möglichkeiten; andere gehen dorthin, wo sich die besten Gelegenheiten bieten; wieder andere erkennen ihre Chancen selbst dann nicht, wenn sie ihnen auf einem Silbertablett serviert werden.
                                            Walter P. Chrysler

Ich habe mein Leben lang davon geträumt, nach Südfrankreich zu reisen, und diese Fantasien haben im Innersten meiner Seele immer die tiefsten und wärmsten Empfindungen wachgerufen. Je intensiver ich mir vorstellte, dorthin zu gelangen, umso stärker wurde der Drang, diesen Wunsch umzusetzen.

Während meiner beruflichen Tätigkeit als Flugbegleiterin traf ich einen Kollegen, der während seiner Ausbildung in Aix-en-Provence gelebt hatte. Ich erzählte ihm von meinem Traum und er schrieb mir den Namen seiner damaligen Gastfamilie auf einen Zettel. Sein Aufenthalt dort lag zwar schon acht Jahre zurück; dennoch schlug er mir vor, diese Familie anzurufen – und ich solle doch Grüße von ihm ausrichten, falls ich tatsächlich dorthin gehen sollte.

Dieses Stückchen Papier wirkte wie ein Katalysator für meinen Traum. In dem Augenblick, in dem ich es in der Hand hielt, war mir klar, dass ich es einfach tun *musste*: Ich musste nach Südfrankreich reisen. Ich stellte mir vor, dass ich bei der Gastfamilie meines Kollegen ein Zimmer mieten und dort so lange leben würde, wie ich es mir leisten konnte. Die Bilder, die ich mir vorstellte, waren berauschend: Lavendelfelder, der Duft der berühmten „Kräuter der Provence", Rotwein, Käse und Baguettes ...

Ich wusste, ich musste dorthin; ich wollte aber nicht allein fahren. Deshalb beschloss ich, meine beste Freundin Heidi davon zu überzeugen, mit mir zu kommen.

„Heidi, komm mit", beschwor ich sie. „Ich habe Bekannte dort, bei denen wir wohnen können. Es wird bestimmt ein tolles Erlebnis!" Das war nicht gelogen. Ich hatte dieses Stückchen Papier und es fühlte sich einfach freundlich an.

Ich malte Heidi alles in den schönsten Farben aus und beschwor unsere Freundschaft – letzten Endes war es dann gar nicht so schwer, sie zu überzeugen. Ich nahm Urlaub und zwei Monate später konnte es schon losgehen. Ich hatte in der Schule Französisch gelernt und versicherte Heidi, dass ich mich verständigen konnte (allerdings mehr schlecht als recht – aber das spielte keine Rolle). Meine Fantasie war angefüllt mit den rosigsten Bildern von Freunden und einer herrlichen Zeit und ich hatte das Gefühl, dass ich genug wusste, um mich zurechtzufinden. Wir packten unsere Koffer und brachen auf, jede von uns mit 500 Dollar in der Tasche – damals ein kleines Vermögen für uns.

Wir ließen uns von einer romantischen und abenteuerlichen Fantasiewelle davontragen – bis wir nach Paris kamen. Paris war teuer, unpersönlich und „erschlagend". Wir beschlossen, nach nur einem Tag abzureisen. „In den Süden, wo das schöne Leben wartet!", sangen wir und bestiegen den Zug am Gare de Lyon.

Auf halber Strecke zwischen Lyon und Marseille fragte Heidi, die inzwischen unter einem ernsthaften Kulturschock und außerdem unter der Zeitverschiebung litt, nach meinen Freunden. Nun war ich in echten Schwierigkeiten. Ich beichtete ihr, dass ich sie selbst noch nie gesehen hätte, versicherte ihr aber, dass es keinen Grund zur Beunruhigung gebe. Meine Freundin war entsetzt.

Für den Rest der Strecke klammerte ich mich an meine Vorstellungen, setzte mich auf die andere Seite des Zugabteils und suchte in meinem Führer nach einem billigen Hotel in Marseille. Wir erreichten Marseille um Mitternacht und nahmen ein Taxi zum Hotel Martini, das ich ausgesucht hatte und das zur einfachsten Kategorie gehörte. So war es dann auch: eine etwas heruntergekommene Absteige, zwei Straßen vom Bahnhof entfernt. Dem Verhungern nahe und angewidert von unserem Hotel steckten wir unser Geld ein und zogen los, um ein Restaurant zu suchen.

Drei Straßen vom Hotel entfernt wurden wir Zeugen einer Straßenschlacht zwischen den örtlichen Drogendealern. Wir hatten sie überrascht und sie gingen mir ihren Messern auf uns los. Wir rannten schreiend um unser Leben. Als wir völlig außer Atem in die Straße zu unserem Hotel einbogen, standen wir unvermittelt im Scheinwerferlicht eines Polizeiautos. Drei Polizisten sprangen heraus. „Arretez-vous! (Halt! Stehen bleiben!)", riefen sie und richteten ihre Pistolen auf uns.

Wir waren erst seit dreißig Minuten in Marseille und wurden schon für Drogenabhängige oder Prostituierte gehalten und auf den Rücksitz des Polizeiautos verfrachtet. Das war zwar nicht das, was ich mir vorgestellt hatte, aber ein Abenteuer war es allemal. Heidi stand unter Schock. Mir muss es ähnlich ergangen sein, denn ich fing an zu lachen. Das Ganze überstieg mittlerweile sogar *meine* Vorstellungskraft.

Heidi verlangte von mir, dass ich erklären solle, wer wir waren, dass wir uns verlaufen hatten, dass wir Angst hatten und Hunger hatten und und und … Ich musste schließlich eingestehen, dass meine Französischkenntnisse dafür nicht ausreichten. Nach einigen weiteren angstvollen Minuten schaffte ich es schließlich, auf Französisch zu sagen, dass wir uns verlaufen hatten. Die Polizisten berieten sich wild gestikulierend miteinander, die Pistolen noch immer auf uns gerichtet, schauten abwechselnd uns und ihre Kollegen an und dann … steckten sie die Pistolen weg.

Einer der Polizisten fragte in gebrochenem Englisch: „Amerikanerinnen, oder? Verlaufen? Ihr braucht ein Zimmer? Ja?" – „Ja, ja!", schrien wir. „Oui, oui!" Eifrig nickten wir mit den Köpfen. Er hatte Mitleid mit uns. Er argumentierte noch ein paar Minuten leidenschaftlich und engagiert mit seinen Kollegen und sagte dann: „Machen Sie sich keine Sorgen. Ich helfe Ihnen."

Wir wurden in die Sicherheit eines wunderschönen Landhauses in Aix gebracht, genau dorthin, wohin es uns eigentlich gezogen hatte. Die Großmutter des Polizisten empfing uns mit offenen Armen, gab uns zu essen und bot uns ein wunderbares Zimmer an, mit Aussicht auf die Lavendelfelder, die ich in meinen Träumen so oft gesehen hatte.

„Siehst du, Heidi", sagte ich kurz vor dem Einschlafen in meinem gemütlichen Bett, nach dieser Kräfte zehrenden Feuerprobe, die 36 Stunden gedauert hatte. „Habe ich dir nicht gesagt, dass wir in Südfrankreich Freunde haben!" Tatsächlich hatten wir so gute Freunde gefunden, dass ich schließlich ein halbes Jahr lang mietfrei in Aix-en-Provence lebte.

Sonia Choquette

Anregungen und Tipps zur dritten Lektion

Haben Sie die bisherigen Kapitel der Reihe nach durchgelesen, so haben Sie an dieser Stelle sicher bereits Klarheit über Ihre Wünsche – kleine wie große – gewonnen. Sie haben außerdem die negativen Gedanken und Gefühle aufgespürt, die immer im Gefolge dieser Wünsche und Träume auftauchen. Sie haben sie positiv formuliert und in Ihrem Wohlfühl- und Erfolgstagebuch notiert. Gut gemacht!

Achten Sie nun einmal genau darauf, ob Sie immer noch dazu neigen, sich mit dem Wie zu befassen: „Wie stelle ich es an, damit dies oder jenes Wirklichkeit wird? Wie bringe ich dies oder jenes zustande?" Was fällt Ihnen dabei auf? Was passiert, wenn Sie sich mit dem Wie beschäftigen? Fühlt sich Ihr Ziel oder Ihr Traum dann unrealistisch an? Ertappen Sie sich dabei, dass Sie den Traum ein wenig kleiner machen wollen, damit Sie sich ein Wie vorstellen können? Oder sind Sie sogar nahe daran, ihn aufzugeben, weil Sie sich überhaupt nicht vorstellen können, wie es funktionieren könnte? Genau das passiert nämlich meistens, wenn wir versuchen herauszufinden, *wie* wir das erreichen können, was wir uns wünschen.

Wenn Sie Ihr Augenmerk an dieser Stelle ausschließlich auf das Wie richten, so halten Sie damit den Prozess an, mit dem Sie sich auf die Verwirklichung Ihrer Träume zubewegen. Dieses Wie schränkt Sie ein, weil Sie in Ihrem bereits *vorhandenen* Wissens- und Erfahrungsschatz nach der Lösung suchen und dadurch nicht mehr offen sind für Möglichkeiten, die *außerhalb* dieses Rahmens auf Sie warten. Sie müssen willens sein, das Wie einfach zu vergessen. Konzentrieren Sie sich stattdessen auf die anderen W-Wörter, also: Was? Wo? Wer? Wann? Das Wie wird sich später von selbst ergeben.

Gehen Sie vielleicht in ein Restaurant und bestellen einfach „irgendetwas zu essen"? Oder bestellen Sie genau das, was Sie wollen? Natürlich bestellen Sie ein ganz bestimmtes Gericht! Sie studieren die Speisekarte und antworten ganz detailliert auf Nachfragen des Kellners, wie etwa: „Möchten Sie den Fisch gegrillt oder gebraten? Möchten Sie Salat dazu? Dieselbe Genauigkeit benötigen Sie für Ihre Träume. Je spezifischer Sie diese ausgestalten (und je mehr Sie sich dabei wohl fühlen), umso besser für Sie.

Stellen Sie allerdings fest, dass Ihnen all die Einzelheiten irgendwann *kein* gutes Gefühl mehr vermitteln, so gehen Sie einfach einen kleinen Schritt zurück, bis Sie sich wieder wohl fühlen, etwa so: „Ich will bis Ende dieses Jahres 50.000 Euro verdient haben, damit ich mich auf meine künstlerischen Neigungen konzentrieren kann."

Wie fühlt sich diese Aussage an? Fühlen Sie sich dabei wohler? Dann richten Sie Ihr Augenmerk mehr auf *allgemeinere* Aspekte. Vergessen Sie trotzdem nicht, sich Ihre Träume immer in allen möglichen Einzelheiten vorzustellen – solange Sie sich dabei wohl fühlen.

Vorschläge

Nehmen Sie Ihr Wohlfühl- und Erfolgstagebuch zur Hand und listen Sie alle Ihre Träume, Ziele und Wünsche auf. Erweitern Sie diese Wünsche dadurch, dass Sie im Zusammenhang damit nach dem Was, dem Wann, dem Wo und dem Wer fragen.

Haben Sie alle Details beschrieben, so achten Sie als Nächstes auf die *Gefühle*, die jetzt bei dem Gedanken an Ihre Wünsche auftauchen. Denken Sie daran, dass Sie das Wie loslassen sollen. Richten Sie Ihren Fokus ausschließlich auf Was, Wann, Wo und Wer. Nehmen Sie jedes negative oder zweifelnde Gefühl wahr und verwandeln Sie dann diese Gedanken bewusst und gezielt so, dass Sie sich besser anfühlen.

Nun fragen Sie sich bei jedem Wunsch, warum Sie genau das haben wollen. Wägen Sie immer genau ab zwischen dem, was Sie wollen, und dem, was Sie *nicht* wollen.

Vierte Lektion:
Ihre Gemütsverfassung – ein Schlüssel zum Erfolg

Fülle ist nicht etwas, das wir erwerben können.
Fülle ist etwas, in das wir uns einklinken.

Wayne Dyer

Wohlstand kommt von selbst – Sie müssen es nur zulassen

Die Menschen, die in dieser Welt vorwärtskommen, sind die, die aufstehen und nach den Bedingungen Ausschau halten, die sie haben wollen – und wenn sie sie nicht finden, machen sie sie selbst.
George Bernard Shaw

Ich wusste, dass das Problem – und folglich auch die Lösung – größer waren als ich selbst. Es war einfach gigantisch – nicht so sehr, was seine Komplexität anging, es war vielmehr eine Frage des Begreifens.

Mein Lebenspartner Robin und ich betreiben gemeinsam eine Softwarefirma in Kalifornien und diese Firma verschlang Geld wie das berüchtigte Fass ohne Boden. Seit mehr als fünf Jahren waren wir auf der Suche nach Kapitalgebern, die es uns ermöglichen würden, unser fantastisches Softwareprogramm zu starten, das bereits patentiert war – ohne Erfolg. Wir entließen einige Mitarbeiter, verzichteten auf unser eigenes Gehalt, damit wir das Kernteam weiter beschäftigen konnten – die Moral war auf dem Tiefpunkt, wenn sie überhaupt noch existierte. Unsere Kreditgeber versuchten uns persönlich zu belangen, ebenso die Firma. Unser Stresslevel war unbeschreiblich hoch.

Irgendwann stolperte ich über ein universelles Gesetz, das sich „Gesetz der Anziehung" nannte. Ich hatte mich zwar bereits mit metaphysischen Phänomenen befasst und fand das extrem faszinierend – all das spielte sich jedoch nur auf intellektueller Ebene ab. Ich begriff einfach nicht, wie ich es in meinem eigenen Leben anwenden konnte. Im Grunde genommen besagt dieses Gesetz ja, dass wir immer von *dem* mehr bekommen, worauf wir unsere Aufmerksamkeit richten, egal ob wir es wollen oder nicht. *Jetzt* verstand ich jedoch, dass es dabei allein um die *Emotion* geht, um die emotionale Ladung, mit der wir uns auf etwas konzentrieren; die *Emotion* ist es, die wie ein Magnet mehr vom selben anzieht. Jeder kann sich vorstellen, worauf mein Fokus in den vergangenen fünf Jahren gerichtet war: „Wir haben nicht genügend Mittel. Wir können die Gehälter nicht bezahlen. Wir werden unsere Firma verlieren ..." Ich hatte mich genau auf das konzentriert, was ich in meinem Leben *nicht* haben wollte.

Meine Gedanken kreisen ständig um das, was in meinem Leben fehlte, und diese Gedanken waren *mit extrem negativen Gefühlen belegt*. In mir brodelte eine Suppe aus Emotionen, die mehr von dem anzogen, was ich nicht haben wollte. Und ich hatte das bis zur letzten Stufe durchgezogen. Jeder in der Firma war auf diese Schwingung eingestiegen und das Ganze hatte ein gigantisches Ausmaß angenommen.

Nachdem ich das Prinzip verstanden hatte, beschloss ich, dass ich keine Zeit damit verlieren durfte, das Konzept den Mitarbeitern in der Firma zu erklären. Ich wollte die Energie in der Firma dadurch verändern, dass ich unsere *Emotionen* veränderte; dazu erfand ich ein Spiel, an dem die ganze Firma beteiligt war: Dafür wurde ein riesiges Plakat aufgehängt, auf dem unser „Wohlstandskonto" geführt wurde. Alle in der Firma spielten dieses Spiel als eine Mannschaft und es funktionierte folgendermaßen: Am Tag 1 wurden 10.000 Dollar auf das Konto eingezahlt und jeder Mitarbeiter musste seinen Vorschlag auf das Plakat schreiben, wofür das Geld ausgegeben werden sollte. An jedem weiteren Tag wurde die Einzahlung um 1.000 Dollar aufgestockt; am Tag 2 wurden also 11.000 Dollar eingezahlt, 12.000 Dollar am dritten Tag und so weiter ...

Bereits nach kurzer Zeit stellte ich überrascht fest, wie großzügig die Menschen waren. Da niemand Angst haben musste, dass das Geld nicht reichen würde, tätigten die Mitarbeiter der einzelnen Abteilungen neben den eigenen auch Einkäufe für Kollegen aus anderen Abteilungen. Auf unserem fiktiven Wohlstandskonto kam ein gewaltiger Geldfluss in Gang und wir hatten zum ersten Mal seit Langem wirklich Spaß. Ziel des Spiels war es, unseren Fokus auf etwas zu lenken, womit wir uns wohler fühlen würden, etwas, was besser war als das, was wir bereits seit langer Zeit fühlten. Es funktionierte. Die Energie in der gesamten Firma veränderte sich und viele von uns kamen wieder gerne zur Arbeit.

Die Lektion, die wir dabei gelernt haben, ist, dass das Universum nicht weiß, ob das, worauf wir uns konzentrieren, Wirklichkeit oder Fantasie ist. Es nimmt einfach nur den Kern dessen auf, worauf wir unsere Energie und unsere Gedanken richten, und geht davon aus, dass es sich dabei um Realität handelt. Die Übung mit dem Wohlstandskonto zeigte mir, dass ungeachtet dessen, wofür ich mein Geld an einem bestimmten Tag ausgab, am nächsten Tag auf jeden Fall mehr auf dem Konto sein würde. Dadurch gelang es mir, nicht mehr ausschließlich an Mangel zu denken und mit dem Mangel zu leben, denn das Geld floss ja immer im Überfluss.

Innerhalb von neun Monaten nach dem Start der Übung mit dem Wohlstandskonto erhielten wir das Angebot, die Firma zu verkaufen – mit allem, was dazu gehörte. Wir hatten vorher immer von einem Monat ohne Gehalt zum nächsten Monat ohne Gehalt gelebt (da Robin und ich uns nicht jeden Monat ein Gehalt gezahlt hatten) – und konnten jetzt unsere Firma erfolgreich für einen guten Preis weiterverkaufen. Warum? Weil wir mental gut aufgestellt und deshalb in der Lage waren, die Gelegenheit als solche zu erkennen und sie zu nutzen.

Das Gesetz der Anziehung kennenzulernen und selbst zu erleben, wie es funktioniert, war der Wendepunkt in meinem Leben, der wirklich alles verändert hat. Ich lernte, dass der Unterschied zwischen dem Gefühl von Hoffnung und dem Gefühl von Angst den Unterschied zwischen Erfolg und Misserfolg ausmacht. Angst ist kein gutes Gefühl und kein guter Ratgeber. Mithilfe des Wohlstandskontos hatte ich einen Weg gefunden, mich auf Gedanken einzulassen, die mir halfen, mich wohler zu fühlen; sie waren der Schlüssel zu einer grundlegenden Veränderung. Wenn wir die Wahl haben, ob wir uns gut oder schlecht fühlen wollen, wie werden wir uns logischerweise entscheiden? Die Entscheidung scheint einfach zu sein, obwohl sie uns nicht unbedingt leicht fallen muss, weil sie von unserem Glaubenssystem abhängt und davon, worauf wir uns die ganze Zeit konzentriert haben. Und dennoch kann es tatsächlich genau so einfach und leicht sein. Ich hatte nur den alten Automatismus, mit dem ich immer an die Dinge herangegangen war, ausschalten und einen neuen Weg einschlagen müssen.

Eva Gregory

Anregungen und Tipps zur vierten Lektion

Warum fällt es vielen Menschen so schwer zu glauben, dass genügend Fülle für alle vorhanden ist? Viele von uns wurden darauf konditioniert, zu glauben, dass nur einige wenige Auserwählte ihre persönlichen und finanziellen Ziele wirklich erreichen könnten. Wie sonst wäre die Redensart entstanden: „Das wäre zu schön, um wahr zu sein"? Halten wir nicht genau deshalb Fülle und Überfluss für etwas, was zu schön ist, um wahr werden zu können? In Wahrheit beginnt und endet die Fülle bei *uns*, bei unseren Gedanken, unseren Überzeugungen und unseren Handlungen. Die Fülle oder auch der Mangel, die wir in unserem Leben erfahren, hängen ganz unmittelbar von uns und unseren Überzeugungen ab.

Fülle ist überall. Sie ist wie ein Wasserfall, wie ein steter Strom, der nie versiegt – es sei denn, wir greifen ein. Fülle gehorcht denselben Gesetzen. Sie schenkt sich jedem, der sich Wachheit und Offenheit bewahrt und nichts tut, was das Fließen stört. Fallen Ihnen vielleicht noch weitere Beispiele für Fülle ein außer dem Wasserfall? Wie steht es mit der Luft, die wir atmen? Oder mit den Wahlmöglichkeiten, die wir haben? Auch diese sind im Überfluss vorhanden.

Fehlt Ihnen in Ihrem Leben die Fülle? Welche Gemütsverfassung und Einstellung haben Sie denn gegenwärtig? Denken Sie ständig an all die Dinge, die Sie gerne hätten, die Ihnen aber fehlen? Falls dies zutrifft, so *verlängern* Sie damit nur das Gefühl des Mangels und verdrängen die Fülle immer weiter aus Ihrer Realität.

Formulieren Sie für sich selbst positive Aussagen, die mit „Ich bin ..." beginnen. Schaffen Sie sich damit Affirmationen, die Ihren Glauben an Ihre eigene Fähigkeit zum Ausdruck bringen, das zu sein, zu tun oder zu haben, was Sie sich vom Leben wünschen.

Vorschläge

Besorgen Sie sich Karteikarten und formulieren Sie vier oder fünf Sätze, die mit „Ich bin ..." beginnen. Lesen Sie diese Sätze zweimal täglich – einmal, bevor Sie zu Bett gehen, und einmal jeden Morgen gleich nach dem Aufstehen. Beginnen Sie jede Ihrer Affirmationen mit „Ich bin froh und dankbar, dass ..."
Beispiele:
- Ich bin froh und dankbar, dass Geld mir leicht und mühelos zufließt.
- Ich bin froh und dankbar, dass ich in allem, was ich tue, über die Maßen erfolgreich bin.
- Ich bin froh und dankbar, dass ich die Fülle mit offenen Armen willkommen heiße und dass die Fülle mit offenen Armen zu mir kommt.

Natürlich sollten Sie diese Affirmationen nicht einfach nur so ablesen, sondern mit Überzeugung und mit Nachdruck aussprechen. Spüren Sie, wie Ihnen daraus Energie zufließt? Glauben Sie, was Sie sagen? Fällt es Ihnen zunächst noch schwer, sie wirklich zu akzeptieren? Dann lassen Sie sich einfach ein wenig Zeit, aber machen Sie trotzdem mit der Übung weiter. Es dauert in der Regel etwa drei bis vier Wochen, bis eine Handlung zur Gewohnheit wird und eine Überzeugung fest verankert ist. Die Affirmationen werden im Laufe der Zeit für Sie zur Realität werden und Sie werden plötzlich erkennen, dass Sie überall von Fülle umgeben sind.

Halten Sie nicht länger an der Überzeugung fest, dass es von irgendetwas nicht genug gäbe. Es gibt genug, mehr als genug für uns alle. Es bedarf nur einer kleinen Bemühung Ihrerseits, um Ihren Gemütszustand vom Gefühl des Mangels auf das Empfinden von Fülle umzuschalten. Finden Sie nicht auch, dass Ihnen das zusteht?

Fünfte Lektion:
Behalten Sie Ihr Ziel im Auge – ohne sich auf ein ganz bestimmtes Ergebnis zu fixieren

Großes entsteht nicht durch Krafteinsatz,
sondern durch Ausdauer und Beharrlichkeit.

Dr. Samuel Johnson

Brauner Reis

Es geht nicht darum, unsere Ziele oder unsere Wünsche aufzugeben. Es geht darum, unsere Fixierung auf ein ganz bestimmtes Ergebnis aufzugeben.
                    Deepak Chopra

Ich esse gern Sushi, ich liebe es. An einem kalten, ungemütlichen Apriltag machte ich mich deshalb auf zum Supermarkt um die Ecke, um mir für mein Mittagessen mein geliebtes Sushi zu kaufen. Ich betrachtete mir die Angebote und fragte dann den Sushi-Koch, ob es auch Sushi mit braunem Reis gebe.

Er schaute mich ärgerlich an und blaffte: „Kein brauner Reis, nur weißer." Hmmm. Er schien ziemlich schlechte Laune zu haben. Das empfand ich als Herausforderung. Da war noch etwas anderes. Etwas, was mich in meinem tiefsten Inneren irritierte. Tief in mir fühlte ich mich aufgerufen, meinem neuen Freund zu einer gewissen Freude an dem nicht vorhandenen braunen Reis zu verhelfen. Da gab es eine Verbindung.

Ich antwortete deshalb, „Also gut, vielleicht gibt es ja morgen ... braunen Reis!?" – Er knurrte zurück: „Kein brauner Reis, weißer Reis."

Ich zuckte mit den Schultern, lächelte und antwortete: „Okay. Man darf ja wohl trotzdem hoffen, vielleicht gibt es ja morgen doch braunen Reis." Ich ging weiter, gefesselt von dem, was ich da in Gang gesetzt hatte. Tief unten braute sich etwas zusammen.

Ein paar Tage später: „Gibt es heute vielleicht ... braunen Reis?" – „Kein brauner Reis." – „In Ordnung, dann gibt's ja vielleicht morgen ... braunen Reis?"

Als der Frühling allmählich in den Sommer überging – was war das? Könnte das die Andeutung eines Lächelns gewesen sein? „Kein brauner Reis." – „In Ordnung, dann vielleicht morgen ... brauner Reis?" – Aber dann, in der Woche darauf, immer noch kein brauner Reis.

In der folgenden Woche – es war bereits Mitte Juni, die Blumen blühten – erblühte auch ein kleines Lachen auf dem Gesicht meines Sushi-Kochs, als er mir ein weiteres Mal die Auskunft gab: „Kein brauner Reis."

Ich lachte zurück: „In Ordnung, dann vielleicht morgen ... brauner Reis?" Und ich gab es endgültig auf, den braunen Reis mit aller Gewalt herbeizwingen zu wollen.

Wir setzten unseren gewohnten „Schlagabtausch" bis Juli fort. Einmal nahm er sich die Zeit, mir zu erklären, dass er nur *einen* Topf zum Reiskochen habe und dass es ihm deshalb einfach nicht möglich sei, zwei Sorten Reis anzubieten. Ich erwiderte, dass ich mir gut vorstellen könne, dass in unserem Viertel, das etwas alternativ angehaucht war, vielleicht noch mehr Menschen braunen Reis bevorzugten.

Ich bemerkte, dass eine Frau unser Gespräch verfolgte, und wandte mich sofort mit der Frage an sie, ob sie auch gerne Sushi mit braunem Reis essen würde. Sie blickte etwas befremdet von einem zum anderen, nickte dann und ging zu den Regalen mit den Getränken. Ich schaute wieder meinen Sushi-Freund an, schmunzelte und sagte: „Vielleicht gibt es ja morgen braunen Reis." Schließlich lachte er laut, zuckte mit den Schultern und erwiderte: „Kein brauner Reis."

Ich lachte auch und ging mit meinem Sushi auf weißem Reis nach Hause. Ich wollte gar keinen braunen Reis mehr haben, ich spielte das Spiel nur noch um des Spaßes willen. Hätte ich gern Sushi mit braunem Reis? Ja. Würde ich weiterhin bei meinem Freund Sushi auf weißem Reis kaufen? Natürlich.

Dann, mitten im Juli, als die Klimaanlage des Supermarkts eine wahre Wohltat war, gerade, als ich zu meinem üblichen Satz ansetzen wollte: „Haben Sie auch Sushi mit …", – halt! Was war das? Ja, Sie haben es erraten – da standen sie: ganze Schüsseln voller Sushi auf wunderbar cremigem, braunem Reis. Ich machte einen Luftsprung und rief: „Brauner Reis!" Mein Freund schaute mich mit einem schiefen Grinsen an und gab zu: „Brauner Reis, gestern zum ersten Mal, war sofort ausverkauft."

In dem Augenblick, in dem ich den braunen Reis sah, wusste ich mit jeder Faser meines Körpers, dass alles, was ich mir wünsche, und alles, was *Sie* sich wünschen, genauso einfach wahr werden kann, wie es das Beispiel vom braunen Reis gezeigt hat: durch unerschütterliches Festhalten an dem Wunsch nach braunen Reis und durch den unerschütterlichen Glauben daran, dass es möglich ist. Ich bin davon überzeugt, dass dies immer funktioniert, wenn wir nicht zwanghaft auf ein bestimmtes Ergebnis fixiert sind, es nicht mit aller Gewalt erzwingen wollen. Die Realisierung dieses Wunsches dauerte vier Monate und bekam Woche für Woche einen neuen Impuls. Und jetzt gab es braunen Reis – die Erfüllung meines Wunsches, zudem noch verbunden mit höheren Umsätzen für meinen Freund!

Was ist *Ihr* brauner Reis? Was wünschen *Sie* sich? Sprechen Sie darüber, denken Sie daran und lassen Sie es dann los! Überlassen Sie es dem Universum, Ihnen Ihren braunen Reis zu besorgen. Sie haben ihn sich verdient!

Kristy Iris

Anregungen und Tipps zur fünften Lektion

Was tun Sie, wenn auf Ihrem Weg zur Realisierung Ihrer Träume plötzlich ein Hindernis auftaucht? Dort, wo Sie stehen, haben Sie bereits ein gutes Stück des Weges hinter sich, und doch: Wenn Sie zum Horizont blicken, scheinen Ihre Träume noch in weiter Ferne zu liegen. Dies ist nicht der Augenblick, um aufzugeben! Dies ist der Augenblick, in dem Ihre Ausdauer und Beharrlichkeit Sie weiter voranbringen können. Damit bleibt Ihr fester Wille weiter auf Ihren Traum gerichtet – ohne dass Sie auf das Ergebnis fixiert sind.

Anstatt ständig nach vorne zu schauen und zu erkennen, wie weit Sie vielleicht noch gehen müssen, bis Ihre Träume Wirklichkeit werden, drehen Sie sich doch einmal um. Blicken Sie zurück und erkennen Sie, wie weit Sie bereits gekommen sind!

Natürlich gibt es Augenblicke, in denen es sinnvoll ist, etwas aufzugeben. Häufig machen wir jedoch den Fehler, dass wir viel zu früh aufgeben. Ein Kollege von uns sagt immer so schön: „Dass die Suppe nicht brodelt, das heißt noch lange nicht, dass sie nicht kocht."

Wenn Sie feststellen, dass Sie mit einem Ziel oder einem Problem sozusagen gegen eine Wand gelaufen sind, oder wenn es nicht nach Ihren Vorstellungen läuft, so drehen Sie das Problem doch einfach um und machen eine Frage oder eine Forderung an andere daraus, anstatt einfach aufzugeben oder die Sache fallen zu lassen. Dies könnte etwa so aussehen:

- *Problem:* „Ich bin im Moment zu sehr beschäftigt, um mich auf meine Träume zu konzentrieren."
- *Frage:* „Wie kann ich jeden Tag oder jede Woche wenigstens ein bisschen Zeit für mich reservieren, damit ich mich auf meine Ziele und Träume konzentrieren kann?"

- *Forderung:* „Ich hätte gerne täglich dreißig Minuten ungestörte Zeit für mich selbst, damit ich mich auf meine Ziele und Träume konzentrieren kann."

Haben Sie das Gefühl, dass Ihnen in Bezug auf ein bestimmtes Ziel oder einen bestimmten Traum die Luft auszugehen droht, dann schauen Sie sich doch einmal an, was sich bereits verändert hat. Sieht es so aus, als hätten Sie sich schon eine Weile auf diesen Bereich konzentriert und immer noch keine Ergebnisse gesehen? Ist das Ziel, ist der Traum klar genug? Vielleicht ist der Brocken zu groß und Sie können ihn nicht auf einmal verdauen. Wie wäre es, ihn in kleinere Stücke aufzuteilen?

Vielleicht haben Sie ja auch schon geraume Zeit mit einem bestimmten Ziel oder einem bestimmten Traum gespielt und brauchen jetzt einfach eine Pause? Lassen Sie einen Augenblick von diesem Projekt ab, lassen Sie es einfach los.

Eine Chiropraktikerin hatte sich zum Ziel gesetzt, jeden Monat dreißig neue Patienten zu gewinnen. Sie begann sich damit auseinanderzusetzen, welche Schritte dafür notwendig wären, fühlte sich jedoch nach kurzer Zeit von all den professionellen Marketingstrategien und Vorschlägen völlig überwältigt; sie kam zu einer unserer Veranstaltungen, völlig ohne Inspiration, und war nahe daran, aufzugeben.

Wir schlugen ihr vor, sich nicht nur eine Pause von Ihrem geschäftlichen Ziel zu gönnen, sondern sich eine generelle Auszeit zu nehmen. Dazu braucht man Mut. Ihre einzige Verpflichtung bestand darin, sich eine Woche freizunehmen und nur das zu tun, was sie wirklich tun wollte: am Strand liegen, Zeit mit Wellness verbringen, ins Kino gehen, mit guten Freunden ausgehen und alles, was ihr sonst noch einfiel.

Sie griff den Vorschlag tatsächlich auf und nahm eine Woche frei. Noch vor unserem nächsten Treffen rief sie an und erzählte uns, dass sie einige hervorragende Ideen habe, wie sie mithilfe einer Assistentin ein System einrichten könne, das nicht sehr teuer sei. Innerhalb eines Monats hatte sie ihre dreißig neuen Patienten und diese kamen noch dazu in der Weihnachtszeit, in der das Geschäft normalerweise eher ruhig war.

Anstatt aufzugeben, hatte sie aufgehört, ein bestimmtes Ergebnis erzwingen zu wollen. Sie hatte sich eine Pause gegönnt, die sie dringend gebraucht hatte; dabei hatte sie jedoch nicht Ihre Absicht aus den Augen verloren, ihr Geschäft auszuweiten. Dadurch waren ihr viele gute Ideen und Möglichkeiten eingefallen und sie hatte erkannt, dass viele der Aktionen, die ihr zuvor für den Erfolg ihres Vorhabens notwendig erschienen, im Grunde überflüssig waren.

Vorschläge

1. Nehmen Sie Ihr Wohlstands- und Erfolgstagebuch zur Hand und beschreiben Sie ein Ziel oder einen Traum, dessen Verwirklichung von einem oder mehreren Hindernissen verhindert wird.
2. Entscheiden Sie, ob der Traum oder das Ziel in kleinere Abschnitte unterteilt werden muss.
3. Drehen Sie das Hindernis so um, dass eine Frage und/oder eine Forderung daraus wird, die Sie weiter voranbringen.
4. Gehen Sie nacheinander nochmals alle Ihre Träume und Ziele durch und stellen Sie sich folgende Frage: „Von welchem Traum oder welchem Ziel fühle ich mich jetzt so stark inspiriert, dass ich mich darauf konzentrieren will?" Arbeiten Sie dann eine Zeitlang damit.
5. Zollen Sie sich selbst Anerkennung und Lob für den Fortschritt und die Veränderungen, die Sie in Ihrem Leben bereits erreicht haben, und feiern Sie!

Erfolgsrezept Nr. 2: Erfolgserlebnisse der Vergangenheit als Muster nutzen

Ich habe die Erfahrung gemacht,
dass Erfolg sich nicht so sehr daran messen lässt,
wie weit jemand es im Leben gebracht hat,
sondern daran, welche Hindernisse
er auf dem Weg dorthin überwunden hat.

BOOKER T. WASHINGTON

Erste Lektion:
Sie stecken niemals fest

Niemand erleidet einen Burnout,
weil er seine Probleme gelöst hat.
Vielmehr können wir *deshalb* nicht mehr,
weil wir *immer wieder* versucht haben,
dieselben Probleme zu lösen.

Das Problem beim Namen zu nennen
bedeutet bereits, die Lösung zu beschreiben.
Finden Sie heraus,
welches die wirklichen Probleme auf Ihrem Weg sind,
und setzen Sie sich damit auseinander.

Susan Scott

Durch unerschütterlichen Glauben zum Erfolg

Es ist ganz allein unsere Verantwortung, dafür zu sorgen, dass unser Leben sich so entwickelt, wie wir es uns wünschen. Niemand anders kann das für uns tun. Die Kraft, unser Leben zu ändern, liegt in uns selbst.

Heidi Baer

Nach der Scheidung von meinem ersten Mann lebten wir fünf Jahre lang in einem gemieteten Haus. Wir hatten zwei Kinder im Teenageralter und ein Kleinkind. Unser großes Schlafzimmer diente als Schlafzimmer für uns und für den Kleinen und als Büro – alles in einem Raum.

Mit meinem ersten Mann hatte ich ein Leben in wirtschaftlichem Überfluss geführt, Geld hatte keine Rolle gespielt, aber ich war nicht glücklich gewesen. Nach der Scheidung erhielt ich eine großzügige Abfindung und ein Haus; ich befand mich zu dieser Zeit allerdings emotional in einem desolaten Zustand und verkaufte deshalb das Haus, gab einen Teil des Geldes aus und überließ 120.000 Dollar jemandem, dem ich restlos vertraute, zum Anlegen.

Ein Jahr lang lief alles wirklich gut, ich erhielt regelmäßig Schecks mit den Zinsen und ich war davon überzeugt, eine gute Entscheidung getroffen zu haben – doch dann wurden die Schecks plötzlich nicht mehr eingelöst und damit begann die Phase der Ausflüchte und Entschuldigungen. Wegen der Ereignisse vom 11. September 2001 hatte die Regierung angeblich die Konten eingefroren und das Programm war auf Privatinvestoren beschränkt worden. Den Investoren wurde versichert, dass sie ihr Geld zurückerhalten würden und dass alles in Ordnung sei.

Zu diesem Zeitpunkt hatte ich wieder geheiratet. Mein Mann und ich schwankten zwischen Hoffnung und

Verzweiflung; wir wussten nicht, was wir glauben sollten. Trotz all dieser Ausflüchte und Entschuldigungen glaubte ich immer noch an die Frau, bei der ich mein Geld angelegt hatte. Die Lügerei ging zwei Jahre lang weiter.

Schließlich erhielten wir ein Schreiben der Staatsanwaltschaft, in dem wir darüber informiert wurden, dass die Firma, in die wir investiert hatten, ein betrügerisches Unternehmen gewesen sei und dass wir unser ganzes Geld verloren hätten.

Dieses Geld war als Anzahlung für ein neues Haus und für das Studium meiner Kinder vorgesehen gewesen. Wir hatten alles verloren und kamen jeden Monat nur knapp über die Runden. Es brach mir das Herz, als mir schließlich klar wurde, dass tatsächlich nichts mehr übrig war. Ich musste die Verantwortung für meine Fehlentscheidung tragen und begann jede Hoffnung zu verlieren. Darüber hinaus mussten wir Insolvenz beantragen. Ich hatte wirklich das Gefühl, dass unser Leben finanziell ruiniert war. Ich fragte mich immer wieder, wie ich nur so weit vom Kurs hatte abkommen können. Wir mussten ganz von vorne anfangen, ich war Anfang vierzig und hatte zwei Kinder, die in Kürze zum College gehen sollten.

Viele Jahre zuvor hatte ich einmal ein kleines Buch gelesen, in dem es darum ging, wie man reich wird (*Die Wissenschaft des Reichwerdens* von W. Wattles, abgedruckt in: A. Bruce, *Die Secret-Story*, Kirchzarten: VAK, 2008); ich hatte jedoch lange nicht mehr daran gedacht. In diesem Augenblick wurde mir klar, dass ich die Zukunftssicherung meiner Familie verloren hatte und dass dieses Buch mir als letzte Hoffnung blieb: Ich musste das, was darin empfohlen wurde, sozusagen mit religiöser Überzeugung in die Tat umsetzen. Meine spirituelle Suche begann wieder mit einer Vergeltung.

Ich ging in mich und griff begierig alles auf, was mir Hoffnung gab, einen weiteren Tag zu überstehen. Ich schrieb meine Ziele auf, gestaltete Poster mit meinen Visionen, ich visualisierte alles, was ich mir für meine Familie und für mich wünschte. Ich wurde sogar aktiv und begann nach Häusern Ausschau zu halten, die uns einen sicheren Hafen in einer angenehmen Umgebung mit vielen Kindern bieten könnten.

Mein Mann und ich überprüften unsere Finanzen und alle Banken und Immobilienmakler bestätigten uns, dass wir die Häuser, für die wir uns interessierten, nicht bezahlen könnten. Unser Einkommen reichte dafür nicht aus und außerdem stand noch unsere Insolvenz zu Buche. Ich gab trotzdem nicht auf. Ich richtete weiterhin meinen Fokus darauf und hielt gleichzeitig nach Menschen Ausschau, die in seelischer wie materieller Hinsicht Hilfe bieten könnten.

Eines Tages stieß ich auf die Internetseite von Steve Pavlina, der Vorträge über persönliche Entwicklung hielt und das „1-Million-Dollar-Experiment" lanciert hatte. Die Grundannahme war die, dass wir alle miteinander verbunden sind und dass unsere Wünsche und Vorstellungen Wirklichkeit werden könnten, wenn wir es schafften, an ein und demselben Wunsch zum Wohle aller Beteiligten festzuhalten. Ich bezahlte meine Teilnehmergebühr und trug mich für das Experiment ein. Ich schrieb meine Wünsche nieder und wiederholte sie bei jeder Gelegenheit.

Das Wunder geschah vierundzwanzig Stunden nach meiner Eintragung. Mein 82-jähriger Vater kam zu Besuch (ich stamme aus einer armen Familie und habe ihn nie um Geld gebeten) und verkündete, dass er uns 35.000 Dollar schenken wolle! Unsere Stimmung hob sich und in uns keimte wieder etwas von der Hoffnung, die wir schon so lange verloren hatten.

Ich sah sofort die Liste mit den Häusern durch, auf der Suche nach einem, das wir uns jetzt vielleicht würden leisten können. Aber wieder bekamen wir von den Maklern und Banken die Auskunft, dass wir unmöglich ein so großes Haus finanzieren könnten. Ich gab jedoch nicht auf und suchte weiter.

Eines Abends ging ich wieder einmal die Häuserliste durch – dieses Mal fand ich einen Eintrag, der anders war als alle anderen, die ich bisher gesehen hatte. Darin stand: „Für 4.500 Dollar pro Monat können Sie ein Haus Ihr Eigen nennen, das eine Million wert ist." Das hörte sich verdächtig an; ich war jedoch einigermaßen vertraut mit kreativem Finanzmanagement und entschloss mich, den Agenten anzurufen. Wir waren offen und ehrlich zu ihm, wir erklärten ihm, dass wir uns in einer Insolvenz befanden und nur einen geringen Betrag für Zinsen und Tilgung zur Verfügung hatten. Es stellte sich heraus, dass die Eigentümer das Haus als Investition gekauft hatten, die Preise am Immobilienmarkt jedoch zu dieser Zeit stark sanken und die Eigentümer sich damit abgefunden hatten, das Haus ohne Gewinn wieder zu verkaufen. Der Agent bot uns seine Partnerschaft an. Wir sollten lediglich den Kredit mit einer Hypothek absichern und eine Anzahlung von 25.000 Dollar leisten – er würde die Hypothek bedienen. Da wir in der Vergangenheit schlechte Erfahrungen gemacht hatten, holten wir den Rat eines Anwalts ein, ließen den Agenten überprüfen und fanden heraus, dass alles legal und auf einem guten Weg war.

Ich bin froh und dankbar, mitteilen zu können, dass wir jetzt unser „Millionen-Dollar-Experiment" *bewohnen*, in dem jeder von uns sein Zimmer und ich ein Büro habe, dass wir in einer Gegend wohnen, in der es mindestens zwei Dutzend Jungs im Alter meines Sohnes gibt, mit denen er spielen kann, und dass wir ausgesprochen nette Nachbarn haben. All dies geschah in einem Zeitraum von dreißig Tagen nach meinem Beitritt zum „1-Million-Dollar-Experiment". Es ist wirklich ein Wunder geschehen!

Idelisa Cintron

Anregungen und Tipps zur ersten Lektion

Gibt es in Ihrem Leben einen Bereich, in dem Sie festgefahren zu sein meinen? Vielleicht ist das Wort feststecken ja auch eine Untertreibung. Vielleicht hält das Problem Sie ja auch schon viel zu lange nachts wach und es will einfach nicht verschwinden. Sie fühlen sich hilflos. Sie sehen keinen Ausweg. Jede Lösung, die Ihnen einfällt, scheint einen riesigen Haken zu haben. Dass es Geschäfte geben soll, bei denen beide Partner gewinnen, kommt Ihnen wie ein lächerliches Märchen vor ... – Okay, genug Trübsal geblasen!

Haben Sie Ihr Problem wirklich satt? Wie groß ist Ihr Wille, es noch einmal auf eine völlig neue Weise anzugehen und an der Sache dranzubleiben, bis sich das gewünschte Ergebnis einstellt? Sind Sie schon an dem Punkt, an dem Sie sich etwa so fühlen: „Ich hab's so satt, es kotzt mich so an, ich will nichts mehr davon wissen!"? Dann sind Sie bereit.

Und hier noch ein kleines Geheimnis, das Sie kennen müssen: Sie stecken niemals fest. Es ist allein Ihre *Wahrnehmung* der Dinge, die Sie entweder weiter vorwärtsbringt oder Sie auf der Stelle treten lässt. Schon allein diese Beobachtung wird Ihre Zuversicht steigern, dass es Hoffnung gibt. Sie werden sich sofort besser fühlen, wenn Sie diese Beobachtung akzeptieren. Sie müssen nur *offen sein für Veränderung!*

Vorschläge

Gibt es einen Bereich in Ihrem Leben, mit dem Sie sich nicht mehr beschäftigen wollen? Nehmen Sie Ihr Wohlstands- und Erfolgstagebuch und beschreiben Sie diesen Bereich ganz genau. Vielleicht hat jemand bei Ihnen den „Alarmknopf" gedrückt, Ihren wunden Punkt getroffen oder Sie zur Weißglut gebracht? Es ist jetzt an der Zeit, das Problem beim Namen zu nennen und zu entscheiden, ob Sie bereit sind für etwas Anderes. Fragen Sie sich, was wirklich an Ihnen nagt. Machen Sie eine Liste aller Begleitumstände, aller Menschen und Dinge, die Ihnen ständig Stress bereiten. Bemühen Sie sich, das wirkliche Problem zu benennen, nicht nur die Nebeneffekte: etwa so:

- *Nebeneffekt:* Ich bin überfordert, ich erhalte einfach zu viele E-Mails, ich kann sie unmöglich alle bearbeiten. Selbst wenn ich meine Freizeit mit meiner Familie verbringe, fühle ich mich von all der Arbeit und den E-Mails in meinem Posteingang gestresst, sodass ich meine Freizeit und meine Familie nicht genießen kann.
- *Wirkliches Problem:* Mein Tagesablauf ist nicht klar strukturiert, deshalb gerate ich in Stress und fühle mich überfordert. Ich *reagiere* ständig auf äußere Umstände und Impulse, anstatt mir selbst einen Terminplan und eine Struktur zu erarbeiten, die mich entlasten.

Beschreiben Sie nun für jedes *Problem*, das Sie in Ihrem Wohlstands- und Erfolgstagebuch aufgelistet haben, die ideale *Lösung*. Ideal bedeutet, dass jeder Aspekt der Lösung Ihnen ein gutes Gefühl vermittelt.

Nun ist es an der Zeit, zu jedem Problem eine bewusste *Entscheidung* zu treffen. Sind Sie bereit, eine wirkliche, grundlegende Veränderung zu akzeptieren? Sie sind in diesem Augenblick *nicht* dabei herauszufinden, *wie* Sie das Problem lösen könnten. Sie sollen lediglich entscheiden, ob Sie Ja oder Nein zu Ihrem Leben sagen. Es ist völlig in Ordnung, wenn Sie noch nicht bereit dafür sind, bei einigen oder auch bei allen Ihren Problemen voranzukommen. Sie haben den Schlüssel selbst in der Hand, einfach dadurch, dass Sie eine Entscheidung treffen, anstatt das hinzunehmen, was Sie bekommen, wenn Sie nichts entscheiden.

Zweite Lektion:
Durchbrüche müssen gar nicht schmerzhaft sein

> Ich könnte jeden Augenblick damit anfangen,
> ein besserer Mensch zu sein ...
> Aber für welchen Augenblick
> soll ich mich nur entscheiden?
>
> Ashleigh Brilliant

„Küsschen" für Mr. Castle

*„Gib mir einen Kuss, auf den ich meinen Traum
bauen kann, und meine Fantasie
wird auf diesem Kuss wachsen und gedeihen."*
Louis Armstrong

Im Alter von zwölf Jahren hatte ich mich der allgemein gängigen Meinung angeschlossen, dass Mathematik und Naturwissenschaften nichts für Mädchen seien. Meine Schulzeugnisse aus dieser Zeit liefern einen beeindruckenden Beweis für diese These.

Sogar meine Eltern pflegten den Mythos, dass Mädchen mit den Feinheiten von Algebra und Geometrie nichts anfangen und auch in anderen wissenschaftlichen Bereichen nicht erfolgreich sein könnten. Anfang der 1950er-Jahre erhielten wir ein Empfehlungsschreiben meiner Schule, in dem mir aufgrund meiner Leistungen zu einem Ingenieurstudium geraten wurde. „Das muss ein Irrtum sein", sagte mein Vater und warf den Brief in den Papierkorb. „Die haben sicher gedacht, du wärest ein Junge."

Am Ende der nächsten Klasse hatte ich mir dann ein Ziel gesetzt. Meine Englischlehrerin hatte mir in mein Poesiealbum einen englischen Reim geschrieben: „Gut, besser, am besten. Du solltest niemals rasten, bis das Gute besser ist und das Bessere am besten." Seit dieser Zeit tat ich alles, um eine glatte Eins zu bekommen, damit wollte ich ihr imponieren. Aber wie konnte ich in meinem Pflichtfach Naturwissenschaften zu einer glatten Eins kommen? Noch dazu, wenn dieses Fach im kommenden Schuljahr von Mr. Castle unterrichtet werden würde, dessen anspruchsvolle Projekte bei den Schülern berühmt und gleichzeitig berüchtigt waren.

Er verlangte für jedes Projekt eine Forschungsarbeit, eine bildhafte Darstellung des Projekts und einen mündlichen Vortrag. Im Rahmen des Schuljahresprojekts durfte jeder Schüler das Thema frei wählen. Für mich war Wissenschaft gleichbedeutend mit Maschinen. Teströhren! Elektrizität! Ich betrachtete die neuen Fernsehgeräte in den Schaufenstern mit Faszination und Abscheu zugleich. Für mich war das reine Zauberei. Und mein Vater, seines Zeichens Automechaniker, wischte sich regelmäßig mit einem resignierten Seufzen seine schmierigen Hände ab, nachdem er wieder einmal vergeblich versucht hatte, mich dafür zu interessieren, wie der Motor unseres Autos funktionierte.

„Gewöhnlich machen einige Schüler chemische Experimente", schlug Mr. Castle vor, als er mit unserer Klasse Projektbeispiele besprach. Ich sah sofort heftige Explosionen vor mir, deren Druckwellen uns aus den Fenstern katapultieren würden, ohne vorherige „Trockenübung", die uns davor schützen würde.

„Einige bevorzugen ein Projekt aus dem Bereich Biologie, sie haben verschiedene Blätter gesammelt, katalogisiert und den botanischen Kategorien zugeordnet", berichtete unser Lehrer weiter. Ich konnte keine Buche von einer Eiche unterscheiden, geschweige denn eine Spezies und ihre Unterkategorien.

Nach dem Unterricht ging ich zum Lehrer und erklärte ihm, dass ich keine Vorstellung habe, welches Thema ich wählen solle, und dass ich panische Angst habe, vor anderen Menschen zu sprechen, und dass meine Eltern die Meinung verträten, dass Naturwissenschaften sowieso nichts für Mädchen sei.

Mr. Castle hob die Hand, um meinem Redeschwall Einhalt zu gebieten. „Nein! Jeder kann gut in Naturwissenschaften sein", sagte er. „Alles, was du dafür brauchst, ist Neugier. Sei einfach nur neugierig! Überlege dir etwas, was dir gefällt, woran du Interesse hast, und forsche daran. Es ist egal, was es ist, du wirst feststellen, dass es immer in irgendeiner Form mit Naturwissenschaft zu tun hat. Vergiss, dass du Angst hast, vor anderen Menschen zu stehen und zu sprechen. Wenn du von etwas begeistert bist und diese Begeisterung nach außen bringst, dann werden auch deine Zuhörer begeistert sein."

Was ich außer meiner Familie und meiner Englischlehrerin am meisten liebte, war Akrobatik, Jonglieren und Stepptanz – ich sah jedoch keine Verbindung zu einer Naturwissenschaft. Außerdem las ich mit Begeisterung Science-Fiction-Romane, aber auch hier konnte ich keinen Bezug zu einer Naturwissenschaft entdecken.

Dann fiel mir meine Lieblingsschokolade ein: „Hersheys Küsschen" hießen diese süßen Dinger und sie waren in kleine, glitzernde Tütchen verpackt. Später fand ich heraus, dass es sie seit 1907 gab; während meiner Kindheit waren sie jedoch durch kriegsbedingte Rationierungsmaßnahmen verschwunden gewesen. Sie kamen wieder auf den Markt, als ich in die höhere Schule kam, und ich war aufs Neue begeistert. Ich war total vernarrt in diese Süßigkeit, ging jedoch äußerst sparsam damit um, weil ich – wie alle zu dieser Zeit – davon überzeugt war, dass Schokolade Pickel verursache.

Ich hatte also etwas gefunden, was ich liebte, und beschloss, Mr. Castles Rat zu befolgen und diese Süßigkeit zu erforschen. Damals gab es noch kein Internet; Forschen bedeutete deshalb, Enzyklopädien zu wälzen. Glücklicherweise hatte ich das Wahlpflichtfach Bibliothekswesen belegt und so nutzte ich jede Minute, in der ich keine Bücher zu katalogisieren und einzusortieren hatte, um über die Geschichte der Schokolade zu lesen, beginnend bei den Mayas und Azteken, die sie aus der Kakaobohne gewonnen hatten. Ich lernte die chemischen Verbindungen kennen, die die Schokolade enthält, und dass ihre wichtigste organische Pflanzenbasis in der Struktur dem Koffein ähnelt – was für die aufmunternde Wirkung verantwortlich ist. Ich vertiefte mich in Details davon, wie Chemiker und Biologen die Qualität der Schokolade im Laufe der Jahre immer weiter verbessern konnten, indem sie immer neue und bessere Kakaopflanzen züchteten.

Den Bereich der Botanik deckte ich dadurch ab, dass ich die Zugehörigkeit der Kakaopflanze innerhalb des Pflanzenreichs bestimmte. Für die Physiologie analysierte ich den Gehalt der Schokolade an Nährstoffen (wie Fette, Zucker, Kohlehydrate und Proteine) und ich zeigte, wie unser Körper Nahrung in Energie umwandelt. Mir fehlten noch Informationen zur Farbe und so schrieb ich an die Herstellerfirma und bat um detaillierte Produktinformationen. Wenige Tage vor meinem Präsentationstermin erhielt ich Poster und Fotografien zu diesem Thema. Aus Pappe bastelte ich eine transportable Präsentationsfläche, dann ging ich die ganze Sache im Geist nochmals durch.

„Sprecht die Sinne an", hatte unsere Englischlehrerin immer wieder betont, als wir kreatives Schreiben durchgenommen hatten. Die Sinne Sehen und Hören würde ich auf jeden Fall abdecken, da ich ja zu meinen Mitschülern sprechen würde. Was aber war mit Schmecken, Riechen und Tasten? Die Antwort kam mir augenblicklich. Dafür brauchte ich die Schokolade!

Für drei Stunden Babysitten würde ich zwei Tüten der geliebten Süßigkeit kaufen können, also huschte ich schnell zur Nachbarin und fragte sie, ob sie am Wochenende einen Babysitter bräuchte. Ich wusste, dass sie gern ins Kino ging und dass ein Film mit ihrer Lieblingsschauspielerin Bette Davis lief. Sie ließ sich auf das „Geschäft" ein und ich verdiente genug Geld, um für jeden in der Klasse eines von „Hersheys Küsschen" kaufen zu können.

Am Tag meiner Präsentation betrat ich das Klassenzimmer voller Zuversicht und warf Mr. Castle ein verschmitztes

Lächeln zu. Nach einer schier endlosen Zeit, in der andere Schüler ihre Themen präsentierten, war ich endlich an der Reihe. Ich ging nach vorne, rollte meine Poster aus und stellte meine Präsentationstafel auf.

Ich zog die erste Tüte „Küsschen" aus meiner Tasche und begann sie auszuteilen; gleichzeitig erklärte ich die chemische Zusammensetzung von Schokolade. Niemand neckte mich, indem er mich „Küsschen" genannt hätte – das war meine größte Befürchtung gewesen. Im Gegenteil: Alle Augen waren auf mich gerichtet, als ich die zweite Tüte hervorzog. „Schmeckt und riecht die wunderbare Schokolade; fühlt, wie dünn und glatt die Verpackung ist", forderte ich meine Mitschüler auf. „Das ist Naturwissenschaft. Ihr braucht einfach nur neugierig zu sein!" Mr. Castle wandte den Blick ab, er konnte sich ein Schmunzeln nicht verkneifen.

Ich bekam die glatte Eins, die ich mir so sehr gewünscht hatte, und meine geliebte Englischlehrerin nahm mich ganz fest in den Arm und beglückwünschte mich. Meine Eltern schüttelten den Kopf und waren sich einig, dass bei dieser Eins irgendetwas nicht mit rechten Dingen zugegangen sein musste.

Ich habe später zwar weder Biologie noch Chemie studiert, aber ich habe meine Angst vor den Naturwissenschaften überwunden und ich habe kein Problem mehr damit, vor anderen Menschen zu sprechen. Selbst die Mathematik hat ihren Schrecken für mich verloren. Meine Neugier ist mir geblieben und hat mir bei meiner Arbeit als Journalistin und Sozialarbeiterin schon häufig weitergeholfen. Ich kann ohne eine Spur von Angst vor einer Gruppe Menschen sprechen. Für die Abschlussarbeit am Ende meiner Berufsausbildung habe ich eine Analyse von statistischem Material angefertigt und heute mache ich meine Steuererklärung selbst.

Terri Elders

Anregungen und Tipps zur zweiten Lektion

Ein einfacher Wechsel des Blickwinkels kann der entscheidende Moment im Leben sein. Wenn Sie es schaffen, sich selbst oder eine bestimmte Situation von einer ganz anderen Seite zu betrachten, so kann Ihnen das Möglichkeiten eröffnen, die anders nicht vorstellbar gewesen wären.

Es ist *leicht*, sich eine Vorstellung davon zu machen, wie *schwierig* eine Aufgabe, ein Vorhaben oder ein Ziel sein kann. Wie wäre es, wenn Sie sich einfach fragten, wie Sie die Sache so drehen könnten, dass sie Ihnen Spaß machte? Drastische Veränderungen im Leben müssen nicht unbedingt besonders dramatisch ablaufen und auch nicht mit Sorge und Frustration einhergehen. Es ist nicht nötig, dass die Dinge erst zum Schreckgespenst werden, bevor Sie etwas unternehmen. Sie müssen nur bereit sein und den Wunsch haben, Ihren Blickwinkel zu verändern.

Waren Sie zum Beispiel immer schon davon überzeugt, dass es zu schwierig, zu teuer oder zu zeitaufwendig wäre, den privaten Pilotenschein zu machen, dann werden Sie es wahrscheinlich niemals versuchen. Auf Ihrer geistigen Liste der Dinge, die Sie im Leben erreichen wollen, werden Sie diesen Wunsch wahrscheinlich ersatzlos streichen. Nun stellen Sie sich aber einmal vor, ein Pilot würde Sie zu einem Rundflug über die Bucht von San Francisco einladen und Sie würden die Einladung annehmen: Es ist ein wunderbarer Tag ohne Turbulenzen. Sie sehen von weit oben aus der Vogelperspektive die *Golden Gate Bridge*, die Insel Alcatraz mit ihrem berühmten Gefängnis, die Wolkenkratzer und alle anderen Sehenswürdigkeiten. Dann fordert der Pilot Sie auf, das Steuer zu übernehmen und das Flugzeug allein zu fliegen. Sie tun es mit einer Mischung aus Angst und Begeisterung. Mit etwas Anleitung Ihres Kopiloten gelingt Ihnen ein recht gutes Debut als Pilot.

Diese Erfahrung lässt Sie Ihre bisherige Einstellung zum Fliegen überdenken. Sie haben sich gefühlt, als hätten Sie Flügel. Dieser Flug hat Sie süchtig gemacht. Sie wollen mehr davon. Sie erwägen nun doch, den Pilotenschein zu machen. Dieses Erlebnis weckt den Wunsch in Ihnen, es doch Wirklichkeit werden zu lassen. Sie sind bereit, sich das theoretische Wissen anzueignen, und im Laufe der Ausbildung fühlen Sie sich immer stärker.

In diesem Beispiel war der entscheidende Augenblick der, in dem Sie den Steuerknüppel in die Hand nahmen. Dadurch veränderte sich augenblicklich Ihre Einstellung zum Fliegen. Das Ergebnis ist, dass Sie aktiv geworden sind. Sie hatten immer schon alle Fähigkeiten, die man braucht, um die Fluglizenz zu erwerben; Sie hatten sich vorher jedoch immer nur auf alle Gründe fokussiert, die *dagegensprachen*.

Solche entscheidenden Momente werden in Ihren geistigen Archiven gespeichert, damit Sie in anderen, zukünftigen Situationen darauf zurückgreifen können. Diese Momente erinnern Sie daran, wie stark, intelligent, vielseitig und liebenswert Sie sind. Sollten Sie zwischendurch vielleicht wieder vergessen, was Sie schon an erstaunlichen Dingen geleistet haben, dann gehen Sie einfach zu einem solchen Augenblick zurück und erinnern Sie sich daran, wie Sie Ihr Ziel verfolgten – auch wenn jeder Sie für verrückt hielt – und wie Sie sich den Preis geholt haben (oder was auch immer).

Denken Sie an vergangene Herausforderungen und wie Sie damit umgegangen sind. Denken Sie daran, wie Sie es geschafft haben. Was haben Sie damals gedacht und was haben Sie getan, um diese Herausforderungen zu meistern? Die Gedankenmuster, die Ihnen damals geholfen haben, könnten Ihnen auch in der gegenwärtigen Situation von Nutzen sein.

Die Erfahrungen mögen sehr verschieden sein, der dreistufige Ablauf ist jedoch immer derselbe: Entscheiden Sie, was Sie wollen – richten Sie Ihre Aufmerksamkeit so darauf, dass Sie sich damit wohl fühlen – und vertrauen Sie Ihrer inneren Führung, dass Sie die Schritte tun, die Sie an Ihr Ziel bringen.

> **Vorschläge**
>
> Welches sind die entscheidenden Momente, die Ihr Leben verändert haben? Schreiben Sie mindestens zehn Ereignisse in Ihr Wohlstands- und Erfolgstagebuch, die Ihrem Leben eine Wende hin zu mehr Erfüllung gegeben haben. Blicken Sie auf Ihr Leben zurück und haben Sie Achtung vor allem, was Sie getan haben. Freuen Sie sich darüber! Durchleben Sie all diese Augenblicke nochmals; erinnern Sie sich so lebhaft daran, wie Ihre fünf Sinne es Ihnen ermöglichen.
> Machen Sie sich als Nächstes die Gedankenmuster und Handlungsweisen bewusst, die Ihnen in jedem dieser Augenblicke von Nutzen waren. Diese Informationen sind Ihre Wegweiser, die Sie zur Verwirklichung künftiger Wünsche führen werden.

Dritte Lektion:
Da, wo Sie gerade stehen, sind Sie genau richtig

Wir sehen die Dinge nicht so, wie sie sind,
sondern so, wie *wir* sind.

Aus dem Talmud

Der Tag, an dem mir das Geld ausging

Ich war niemals arm, höchstens pleite.
Arm sein ist eine Geisteshaltung.
Pleite sein ist ein vorübergehender Zustand.
                                    Mike Todd

Als mir das Geld ausging, war ich einunddreißig Jahre alt. Vorher war es mir ergangen, wie es vielen Menschen hin und wieder ergeht, wenn sie plötzlich befürchten müssen, dass sämtliche finanziellen Ressourcen versiegen könnten. Zum Glück schaffen es die meisten Menschen aus eigener Kraft, wieder aus solchen Situationen herauszukommen, oder sie schaffen es immer ganz knapp von Monat zu Monat. Ich nicht – ich schaffte es tatsächlich, mich von jeder Geldquelle, von jeder nur erdenklichen Möglichkeit, an Geld zu kommen, abzuschneiden. Es war eine deprimierende Phase in meinem Leben, die mich an den Rand des Nervenzusammenbruchs brachte.

Mein lieber Mann (ein Workaholic, der einfach immer arbeiten musste) und ich waren beide selbstständig und die Geschäfte liefen miserabel. Wir brachten einfach nichts zustande und konnten nur zusehen, wie unser Bankkonto immer weiter schrumpfte, bis wir schließlich vor dem Nichts standen. Wir reizten alle unsere Kreditkarten bis ans Limit aus und erhielten schließlich mehr Anrufe von Gläubigern als von Freunden.

Wir versuchten, uns bei jedem unserer Bekannten Geld zu leihen. Meine Eltern hatten uns bereits mit 5.000 Dollar unter die Arme gegriffen und der Termin, für den wir die Rückzahlung vereinbart hatten, rückte unaufhaltsam näher; er schwebte bedrohlich über uns, wie eine dunkle Wolke.

Kurz zuvor hatte ich davon gehört, dass es unsere Gedanken seien, die unsere Realität erschufen, und dass ich meine Welt vollständig verändern könne, indem ich einfach meine Gedanken veränderte. Dennoch musste ich weiter mit ansehen, wie unser Konto immer mehr ins Soll abglitt.

Negatives Denken ist wie ein glitschiger Abhang. Wie abschüssig er tatsächlich war, wurde mir jedoch erst an dem verhängnisvollen Tag klar, als das Unvorstellbare Wirklichkeit wurde. An diesem Tag musste ich zur Kenntnis nehmen, dass wir alle Quellen für Darlehen, Kredite und persönliche Leihgaben ausgeschöpft hatten; auf unserem Konto befanden sich noch genau dreizehn Cent und in unseren Brieftaschen sieben Dollar in bar – da gab ich auf. („Aufgeben" ist allerdings nicht ganz der richtige Ausdruck, ich sollte besser sagen: Ich ergab mich.)

In unserer Vorratskammer fand ich noch einige Konserven, unser Überleben war für eine weitere Woche gesichert. Mit sieben Dollar konnten wir nun wirklich nichts mehr bewegen – also überredete ich meinen Mann, den gesamten Betrag am darauf folgenden Sonntag der Kollekte der Kirche zukommen zu lassen. Das war mir jetzt auch egal.

Wenn ich ganz aufrichtig bin, muss ich gestehen, dass meine Gründe nicht ganz selbstlos waren. Diese unglaubliche Angst, wirklich völlig mittellos dazustehen, verursachte bei mir einen so gewaltigen Stress, dass ich es einfach nicht mehr aushielt. Ich dachte, wenn ich die letzten sieben Dollar gleich loswerden würde, bräuchte ich das Unvermeidliche nicht noch weiter hinauszuschieben und könnte es einfach hinter mich bringen.

An dem Tag, an dem wir das Geld der Kirche spenden wollten, fand ich beim Anziehen einen Zwanzig-Dollar-Schein in meiner Hosentasche. Ich war überrascht und amüsiert, blieb aber bei meiner Überzeugung, dass die Situation hoffnungslos sei und ein weiterer Geldschein keinen

Unterschied mache; wir konnten den Berg an Rechnungen, der sich aufgetürmt hatte, ja trotzdem nicht bezahlen. Ich beschloss daher, diesen Schein ebenfalls in die Kollekte der Kirche zu geben.

Diesen Sonntag werde ich nie im Leben vergessen. In dem Augenblick, in dem ich unser letztes Geld in den Spendenkorb legte, überkam mich eine tiefe Erleichterung. Erleichterung! Damit hatte ich nun wirklich nicht gerechnet. Vielleicht das Bemerkenswerteste dabei war das Gefühl, dass ich mir nun keine Sorgen mehr zu machen brauchte, ob uns nun das Geld ausgehen würde oder nicht – es war passiert.

Und doch, ich lebte noch! Ich atmete noch. Ich war immer noch mit demselben Mann verheiratet. Meine Tochter lachte immer noch. An diesem Tag gingen wir nach dem Gottesdienst nach Hause und kochten uns Makkaroni mit Käse. In dieser Nacht schlief ich besser als in den vergangenen Monaten. Deshalb hätte mich das, was in der darauf folgenden Woche geschah, eigentlich nicht überraschen dürfen; das tat es aber doch:

Innerhalb der nächsten vier Tage holten wir mehr als 10.000 Dollar herein. Ein Freund erbot sich spontan, uns zinsfrei 4.000 Dollar zu leihen, die wir erst zurückzuzahlen brauchten, wenn wir dazu in der Lage wären. Und weiter: Zu einem früheren Zeitpunkt hatten wir uns das Wohnrecht an einer Ferienwohnung gekauft. Wenn Sie schon einmal versucht haben, ein solches Recht wieder zu *verkaufen*, dann wissen Sie, dass Sie genauso gut versuchen könnten, ein sinkendes Schiff mit einem durchlöcherten Becher leerzuschöpfen. Nun aber verkauften wir dieses Wohnrecht innerhalb weniger Tage über eine kostenlose Annonce im Internet.

In den nächsten vier Monaten holten wir weitere 50.000 Dollar in unser Leben, wir zogen sie regelrecht an. Verkaufserlöse aus bereits angebahnten Geschäften flossen herein und ich begann sozusagen aus dem Nichts mit einer Tätigkeit als Werbetexterin, bei der mir keinerlei Kosten entstanden.

Innerhalb dieses Jahres machten wir mehr Geld, als wir jemals zuvor in einem Jahr verdient hatten. Unsere bereits laufenden Geschäfte gediehen weiter und ich lernte, meine Produkte über das Internet zu vermarkten. Ich fühlte mich von unserem Erfolg völlig überrumpelt und das Tollste daran ist, dass diese Produkte, die ich online anzubieten begann, nach wie vor Geld einbringen, ohne dass ich weiter etwas dafür müsste.

Wenn ich heute einmal nicht voller Begeisterung bin, so brauche ich nur zurückzublicken und mich an den schwarzen Tag zu erinnern, an dem mir das Geld ausging. Ich weiß jetzt, dass ich mein Wohlergehen selbst in der Hand habe – ich brauche nur mein Denken zu verändern und schaffe damit eine sichtbare und spürbare Veränderung meiner Realität.

Amy Scott Grant

Anregungen und Tipps zur dritten Lektion

Der erste Schritt ist, sich zu ergeben, sich geschlagen zu geben. Das heißt nicht, dass Sie die weiße Fahne hervorholen, über Ihrem Kopf schwenken und aufgeben sollen. *Überlassen* Sie sich stattdessen dem Augenblick. Schauen Sie sich um und öffnen Sie sich der gegenwärtigen Situation. Nehmen Sie an, was ist. Akzeptieren Sie, dass Sie genau da sind, wo Sie sind – zumindest für den Augenblick. Nicht für immer, nur gerade jetzt.

Wenn Ihnen das Wasser bis zum Hals steht, atmen Sie tief durch die Nase ein und durch den Mund wieder aus. Wiederholen Sie dies einige Male ganz bewusst. Dann ist es nämlich Zeit, sich zu entspannen. Natürlich mag es Ihnen angesichts des ganzen Stresses in Ihrem Leben so vorkommen, als hätten Sie keine Chance, sich zu entspannen. Wenn Sie es aber schaffen, locker zu werden und ganz im Augenblick zu sein, so wird Ihnen das helfen, klarer zu denken. Erst wenn Sie aufhören, Widerstand zu leisten, Dinge zu verleugnen oder zu verdrängen, erst dann kann auch Ihr innerer Dialog zur Ruhe kommen. Es ist wahnsinnig anstrengend, gegen das Leben zu kämpfen. Hören Sie auf damit, nehmen Sie sich eine Auszeit. Lassen Sie Gedanken zu, die sich *nicht* um Ihre Probleme drehen. Gedanken sind manchmal wie eine Schallplatte mit einem Kratzer – es wird immer dieselbe Stelle wiederholt. Wir hören immer wieder denselben Refrain desselben Liedes.

Atmen Sie tief ein und halten Sie so lange Ruhe, bis Sie Ihren Körper wieder wahrnehmen, dann stimmt die Richtung wieder. Ihr Körper kann Ihnen viel über Ihr geistiges und emotionales Befinden verraten: Ziehen Sie ständig Ihre Schultern hoch? Haben Sie häufig Magenschmerzen? Ist Ihr Kiefer verspannt, sind die Zähne zusammengebissen? All dies sind Warnsignale, dass Ihre Gedanken und Handlungen nicht mit Ihren Wünschen und Ihrem Glück in Einklang stehen.

Sind Sie schon lange auf das konzentriert, was in Ihrem Leben *nicht* funktioniert, dann haben Sie vielleicht bereits chronische Schmerzen oder eine chronische Erkrankung entwickelt. Ihr Körper sendet Warnsignale aus, die Ihnen sagen sollen, dass Sie mit dem, was Sie gerade tun, aufhören und auf das achten sollen, was Sie fühlen. Was wollen Sie wirklich? Wie würden Sie sich wohler fühlen? Was würden Sie gerne als Nächstes tun, damit es Ihnen gut geht?

Wenn Sie also Ihr Leben so akzeptieren, wie es im Augenblick ist, wenn Sie atmen und ganz im Hier und Jetzt sind – was kommt dann als Nächstes? Sie müssen lernen, dazu zu stehen.

Sie bekommen das (Unangenehme), was Sie gerade haben, weil Sie Ihre Aufmerksamkeit auf das *Problem* und auf das gerichtet haben, was *nicht* funktioniert.

Übernehmen Sie die volle *Verantwortung* für alles, was Ihr Leben ausmacht, und für jede einzelne Situation – nur so nehmen Sie das Steuer wieder in die Hand und holen sich Ihre ganze Kraft zurück. Sie haben sich selbst in diese Situationen hineinmanövriert, sei es durch Versagen oder dadurch, dass Sie nicht auf Ihre innere Stimme gehört haben (manchmal auch Bauchgefühl genannt).

Die gute Nachricht ist, dass Sie jede Situation umdrehen können, egal wie dunkel es um sie zu sein scheint oder wie tief Sie im Schlamassel sitzen. Sie haben nur die Aufgabe, präsent zu sein. Sie befinden Sie an einem Punkt A und bereiten sich darauf vor, einen Schritt vorwärts zu Punkt B zu machen.

Vielleicht erscheint es Ihnen zunächst schwer vorstellbar, aber: Es spielt keine Rolle, an *welchem* Punkt Sie im Augenblick stehen – hier sind Sie auf jeden Fall genau richtig. Vielleicht fragen Sie sich jetzt, wie Sie hier genau richtig sein können, wenn Sie sich so schrecklich fühlen? Es *ist* einfach so. Die Dinge und Menschen, die in Ihrem derzeitigen Leben eine Rolle spielen und Ihre Wünsche behindern, *helfen* Ihnen in Wirklichkeit, Ihren Kurs zu korrigieren. Sie machen Ihnen klar, dass Sie sich von dem entfernen, was Sie wirklich wollen, anstatt es anzuziehen. Gäbe es diese Gegensätze nicht, so gäbe es auch keine neuen Wünsche.

Schauen Sie sich unsere Technologien an: Sie entwickeln sich in rasantem Tempo weiter. Ein Produkt kommt auf den Markt, die Menschen benutzen es und sofort werden

Forderungen und Vorschläge laut, wie es verbessert werden könnte ... Mit Ihrem Leben verhält es sich ähnlich. Jede Entscheidung, die Sie getroffen haben, hat Sie zum nächsten Schritt geführt. Es gibt keine richtigen oder falschen Gedanken, Gefühle oder Handlungen. Das, worauf Sie sich konzentrieren, muss sich erhebend oder inspirierend anfühlen und Ihnen Freude bereiten, nur darauf kommt es an. Sich selbst wegen irgendetwas negativ zu beurteilen, das ist so wie Salz in eine Wunde zu streuen. Sie verstärken den Schmerz an einer Stelle, die sowieso schon wehtut. Das bringt nichts und schafft ein Gefühl von Verzweiflung.

Wenn Sie in Ihrem Leben in die Knie gegangen sind, drehen Sie sich einfach um und setzen sich auf Ihren Allerwertesten. Nehmen Sie sich so viel Zeit, wie Sie brauchen, um Ihre Gedanken zu sammeln und die Verbindung mit dem Strom des Wohlgefühls wieder herzustellen. Sind Sie dann bereit aufzustehen, dann tun Sie es ganz bewusst. Vielleicht fallen Sie nochmals, aber was soll's? Das gehört dazu. Da sind sicher einige Schlaglöcher in der Straße; das spielt aber keine Rolle, wichtig ist nur, wie Sie darauf reagieren.

Geben Sie sich selbst die Erlaubnis, genau an der Stelle zu sein, an der Sie gerade sind. Wie es mit Ihren Beziehungen, Ihrer Familie, Ihren Finanzen, Ihrer Gesundheit oder dem Ausgleich in Ihrem Leben auch aussehen mag – akzeptieren Sie einfach, dass es so ist, wie es ist, und dass es so in Ordnung ist. Hören Sie auf, ständig zu vergleichen oder sich selbst zu kritisieren.

Vorschläge

Sie lernen jetzt eine gute Möglichkeit kennen, mit Ihrem Leben Frieden zu schließen, auch wenn die Verwirklichung Ihrer Träume in weiter Ferne zu liegen scheint. Gehen Sie in Gedanken alle Bereiche Ihres Lebens durch, die Sie negativ beurteilen. Schreiben Sie es auf, dann ist es leichter.

- Haben Sie dauerhaft ein negatives Urteil oder Schuldgefühl wegen Ihrer finanziellen Situation? Haben Sie Schulden?
- Sind Sie von Ihrem Partner / Ihrer Partnerin enttäuscht (oder enttäuscht, weil Sie *niemanden* haben)? Was ist mit Ihrer Familie?
- Haben Sie es satt, alles satt zu haben? Schreiben Sie jede Situation auf, die an Ihren Nerven zerrt und die Sie gerne verändern würden.

Nun wählen Sie ein Thema aus, das Sie gerne loslassen würden. Stellen Sie sich vor, Sie hielten alle negativen Gedanken zu diesem Thema in der Hand. Sie können sie jetzt aus einem anderen Winkel betrachten. Atmen Sie tief ein und durch den Mund wieder aus. Stellen Sie sich vor, all diese Gedanken zu einem Knäuel von der Größe einer Orange zusammenzuknüllen.

Atmen Sie weiter. Sie werden sich jetzt zunehmend zentrierter fühlen. Stellen Sie sich nun ein paar Fragen zu diesem Gedankenknäuel, das Sie da in der Hand halten. Woraus besteht es? Hat es eine bestimmte Oberfläche? Wie fühlt sie sich an? Ist das Knäuel leicht oder schwer? Welche Farbe hat es?

Entscheiden Sie nun, was Sie damit machen wollen. Es ist Ihr Gedankenknäuel und Sie entscheiden über sein Schicksal. Sie können es einfach fallen lassen, es verbrennen oder es auflösen. Sie können es auf die Größe eines Stecknadelkopfes zusammenschrumpfen lassen. Sie können es ins Meer werfen. Wenn Sie es zum Verschwinden gebracht haben – gut! Wie fühlen Sie sich jetzt, wenn Sie an das Thema oder Problem denken? Atmen Sie weiter ein und aus. Denken Sie daran: Sie sind größer als dieses „Etwas". Diese Gedanken sagen nichts über Sie aus. Machen Sie so weiter, lassen Sie die negativen Gedanken zu diesem Thema einen nach dem anderen los.

Vierte Lektion:
Sie haben immer die Wahl

Was wir tun, das tun wir aus freien Stücken.
Das gilt für alles.

Man könnte einwenden, dass man das eine
oder andere tun musste, oder dazu gezwungen war,
in Wahrheit jedoch tun wir alles, was wir tun,
weil wir uns so entschieden haben.

Nur wir selbst sind in der Lage,
für uns zu entscheiden.

W. Clement Stone

Ein allmähliches Erwachen

*Freiheit entspringt somit aus der ureigenen menschlichen
Fähigkeit, die es uns ermöglicht zu entscheiden,
wie wir unser Leben ausrichten wollen:
Entweder verbinden wir uns mit unseren Begehrlichkeiten
und unserem Ego oder wir verbinden uns mit dem Licht,
das unser aller Leben erleuchtet ...*
Sri Madhava Ashish

Vor zwei Jahren hatte ich viele Wünsche und Träume. Ich wünschte mir eine glückliche Ehe, finanzielle Unabhängigkeit, einen gesünderen Körper und mein eigenes Geschäft. Von außen betrachtet schien mein Leben perfekt zu sein. Ich war vierundzwanzig Jahre alt, lebte in einem schönen Haus, hatte ein schönes Auto und machte viele Reisen. Aber in meinem Inneren schrie ich nach Veränderung. Meine Ehe war dabei, in die Brüche zu gehen. Ich hatte starkes Übergewicht. Ich hasste meinen Beruf und wir hatten Schulden. Es war jedoch undenkbar für mich, diese „Missstände" laut auszusprechen, denn das hätte bedeutet, Fehler einzugestehen. Und ich, Allison Marie, würde Fehler niemals zugeben.

Und dann reiste ich mit meinem Mann Laurel nach Indien. Diese Reise zum goldenen Dreieck war lediglich als Urlaub geplant, doch sie veränderte mein Leben von Grund auf.

Es begann in dem Augenblick, als wir in Delhi landeten. Mein Gepäck war verloren gegangen und als wir im Hotel ankamen, erfuhren wir, dass unser Zimmer noch nicht hergerichtet war. Manche Chancen kommen eben als Unglück getarnt daher.

Unser Unglück: Wir hatten kein Hotelzimmer und mussten drei Stunden in der Hotellobby warten, bis unser

Zimmer bereit war. Wir hatten Hunger, wir waren müde und litten unter der Zeitverschiebung.

Unsere Chance: Unser Reiseleiter vor Ort, ein junger Mann namens Parth, war so freundlich, mit uns in der Hotellobby zu warten und sich mit uns zu unterhalten, bis um fünf Uhr morgens unser Zimmer endlich bereit war.

Wir verabschiedeten uns voneinander. Im Aufzug wandte ich mich plötzlich an meinen Partner und sagte: „Ich will ihn nicht gehen lassen." Später erfuhr ich, dass Parth beim Verlassen des Hotels dasselbe zu seinem Begleiter sagte: „Ich wünschte, ich müsste sie nicht verlassen."

Zwei Tage später musste ich mich innerhalb von zwei Stunden neunmal übergeben, woraufhin Laurel einen Arzt rief. Die Diagnose: Lebensmittelvergiftung. Es kam mir völlig surreal vor, aber ich lag in einem Hotelzimmer mit der besten Aussicht auf das *Taj Mahal*, hatte eine Infusionsnadel im Arm und eine Krankenschwester hielt mir den Kopf, wenn ich in den Eimer spuckte. Diese elende Situation war aber auch von einer ungeheuren Klarheit begleitet. Ich hatte das Gefühl, dass ich außer dem Abendessen vom Vortag noch etwas anderes loswurde, nämlich meine Vergangenheit. Meine Mutter ist bis heute davon überzeugt, dass nicht das Gericht, das ich am Vorabend gegessen hatte, für meine Übelkeit verantwortlich war, sondern dass ich *emotionales* Gift von mir gab.

Danach hatte sich meine Wahrnehmung der Realität völlig verändert. Ich wachte auf und schrie laut hinaus, was ich mir vom Leben wünschte und was ich sein wollte. Ich wollte einfach alles haben und mir wurde zum ersten Mal wirklich klar, dass ich alles haben konnte, dass ich es mir in Zusammenarbeit mit dem Universum tatsächlich erschaffen konnte. Also tat ich es.

Ich hatte alles klar vor Augen: eine glückliche und leidenschaftliche Beziehung, mein eigenes Geschäft, keine

Schulden. Ich sah die glückliche Allison vor mir, die ich einmal gewesen war und die unter meiner derzeitigen Identität verborgen war. Und ich wurde aktiv: Ich reichte die Scheidung ein, zog an einen anderen Ort, weit weg von meinem früheren Wohnort, und zahlte mithilfe meiner Eltern meine Schulden zurück. Es war die Zeit mit den meisten Ängsten und der größten Erfüllung in meinem Leben.

Und dann war da noch Parth ... Nach achtzehn Monaten mit E-Mails, täglichen Telefonaten, drei weiteren Reisen nach Indien und einem Heiratsantrag zog er von Indien zu mir. Wir heirateten im Februar 2007. Er besitzt alle Eigenschaften, die ich mir von einem idealen Partner erträumt habe, seine Liebe ist tief und bedingungslos.

Das Leben gestaltet sich so, wie du es dir wünschst – du musst nur daran glauben. Mir selbst war nicht klar gewesen, dass ich das Gesetz der Anziehung praktiziert hatte, bis meine Familie ganz begeistert von dem Film *The Secret – Das Geheimnis* berichtete. „Sieh ihn dir an", sagte meine Mutter. „Er wird dein Leben verändern."

Und so war es auch gekommen. Seit meiner ersten Reise nach Indien habe ich wieder zu bedingungsloser Liebe gefunden, ich habe meine eigene Firma gegründet, ich arbeite als freie Journalistin, ich bin körperlich wieder gesund und bin auf dem Weg zu finanzieller Freiheit. Ironie des Schicksals: Nichts ist genau so gekommen, wie ich es mir vorgestellt habe, aber ich habe daran geglaubt und das war genug.

Allison Sodha

Anregungen und Tipps zur vierten Lektion

Egal, welcher Bereich Ihres Lebens für Sie die Herausforderung bereithält – nur Sie können die Entscheidung treffen, etwas zu verändern. Ein Ergebnis ganz bewusst und gezielt zu wählen ist etwas anderes, als sich nur zu *wünschen*, dass sich etwas verändern möge. Es besteht ein großer Unterschied zwischen Wollen, Wünschen, Hoffen und Träumen einerseits und dem gezielten Auswählen eines Traums und dem Geltendmachen des Anspruchs, dass er Wirklichkeit wird, andererseits.

Sie müssen sich dazu entschließen, auf dem Fahrersitz Platz zu nehmen. Wenn Sie ein Eis möchten, müssen Sie sich auch die Geschmacksrichtung auswählen und die Bestellung aufgeben. Die Wahl zu treffen heißt aktiv zu werden. Es ist ein innerer Prozess, der sich in Ihrer Haltung und Ihren Handlungen manifestiert. Sie können damit fortfahren, sich Ihr Traumhaus auf dem Hügel mit dem herrlichen Blick aufs Wasser zu *wünschen* – oder Sie können die *Entscheidung* treffen, es jetzt zu bekommen. Entscheiden Sie sich jetzt dafür, dann sind Sie sehr klar – es gehört Ihnen!

Halten Sie es für möglich, dass Sie ein bestimmtes Ziel erreichen können, so denken und handeln Sie anders, als wenn Sie glauben festzustecken. Vielleicht fühlen Sie sich dann so inspiriert, dass Sie Ihren Immobilienmakler anrufen. Sie erläutern ihm genau, was Sie wollen. Sie wollen nicht einfach irgendein Haus kaufen und einziehen. Sie suchen sich das Haus aus, das Sie wirklich wollen. Sie suchen sich kein Haus aus, das Sie komplett umgestalten müssen, damit es Ihnen gefällt (– es sei denn, Sie lieben solche Projekte). Sie suchen sich das Haus aus, das Ihnen *jetzt* gefällt.

Geben Sie sich mit nichts weniger als dem zufrieden, was Sie wirklich wollen. Damit bringen Sie zum Ausdruck, was Sie sich selbst wert sind.

Sind Sie dagegen davon überzeugt, dass etwas unerreichbar ist oder außerhalb Ihrer Möglichkeiten liegt, so werden Sie wahrscheinlich nicht sehr viel Energie und Ressourcen einsetzen, um es zu erreichen. Entscheiden Sie jedoch, dass ein Wunsch realisierbar ist, und sind Sie bereit, das auch anzunehmen, was Sie sich wünschen, dann wird Ihnen das Universum helfen, damit Sie es mit Leichtigkeit erreichen können.

Vorschläge

Was suchen Sie sich aus, was beanspruchen Sie *heute* für sich? Wie wollen Sie sich fühlen?

Nehmen Sie sich fünf Minuten Zeit und lassen Sie das, was Sie sich ausgesucht haben, wie einen Film vor Ihrem inneren Auge ablaufen.

Schließen Sie die Augen, atmen Sie mehrmals tief ein und aus, entspannen Sie sich und stellen Sie die Verbindung zu Ihrem Herzen her.

Stellen Sie sich vor, Sie säßen vor einem zwei Meter breiten Bildschirm. Lassen Sie nun die Szene, die Sie sich ausgesucht haben, vor sich ablaufen. Hören Sie auf die Geräusche. Findet ein Gespräch statt? Mit wem? Wie sieht die Szene aus? Wo findet sie statt? Sehen Sie froh und ausgeglichen aus oder durchleben Sie andere Gefühle?

Betreten Sie jetzt selbst die Szene. Spielen Sie in dem Film mit. Achten Sie darauf, wie Sie sich fühlen. Spüren Sie, wie die Szene für Sie real wird, und genießen Sie sie. Nehmen Sie sich ein paar Minuten Zeit und seien Sie wirklich dort. Dann beenden Sie die Szene.

Diese Art des Visualisierens schafft eine Menge Bewegung hin zu Ihren Wünschen. Auch wenn Sie es vielleicht nicht wirklich sehen können – Sie nehmen die Schwingung auf. Dies ist wahrscheinlich das Wichtigste, was Sie heute tun können, um zu Erfüllung und Freude zu gelangen.

Fünfte Lektion:
Rufen Sie Ihre Mannschaft zusammen!

„Netzwerker" kombinieren ihre eigenen Anstrengungen
mit denen anderer Menschen
und erzielen so die größten Erfolge.

Stephen Covey

Aus einem Kellerloch in ein Haus am Meer

Hinter jeder Ecke warten große Augenblicke auf uns.
                                    Richard M. DeVos

Solange ich zurückdenken kann, wollte ich den Menschen immer helfen, das zu sein, was sie sein wollen, das zu tun, was sie tun wollen, und zu dem zu kommen, was sie sich im Leben wirklich wünschen. Ich habe Bücher gelesen, mir verschiedenste Methoden angeeignet und Tausende Vorträge mit den einflussreichsten Experten für persönliche Entwicklung veranstaltet. Als mein eigenes Leben in Stücke brach, war ich zutiefst erschüttert. Wie hatte mir das passieren können?

Ich hatte meinen Traum gelebt, hatte die ganze Welt bereist und dem Leben vieler Menschen eine Wendung zum Besseren gegeben. Nach einigen Jahren fühlte sich jedoch irgendetwas nicht mehr richtig an. Und dieses Gefühl wurde immer stärker. Es war wie ein ständiges Jucken und wollte nicht aufhören.

Als ich es schließlich schaffte, lange genug innezuhalten und genauer hinzusehen, erkannte ich, dass sich das Leben der Menschen, mit denen ich in Berührung gekommen war, nicht wirklich verändert hatte, zumindest nicht langfristig. Natürlich erhielten diese Menschen in meinen Seminaren tolle Inspirationen und sie konnten sich die Dinge, die sie auf den Weg bringen wollten, sehr genau vorstellen ... – in dem Augenblick jedoch, in dem sie wieder nach Hause zu ihren Familien, zu ihren Jobs und ihren Beziehungen gingen, wurden sie auch wieder zu der Person, die sie schon immer gewesen waren. Unsere „Seminare, die Ihr Leben verändern", veränderten überhaupt nichts. Und als ich mir diese Tatsache schließlich eingestand, war ich am Boden zerstört. Der Sinn meines Lebens löste sich einfach in Luft auf.

Fünfte Lektion

Das Gefühl, etwas Konstruktives zu leisten, entglitt mir und ich verlor den Glauben an den Grundpfeiler meines Lebensentwurfs, nämlich dass jeder von uns aus seinem Leben ein Meisterstück machen und zu der Person werden kann, die er oder sie wirklich sein will. Als ich diese Überzeugung verloren hatte, war nichts mehr übrig. Die glühende Begeisterung, die mich so lange angetrieben hatte, existierte einfach nicht mehr. Gebrochenen Herzens und völlig desillusioniert stellte ich meine Vorträge ein.

Viele Menschen haben in einem solchen Augenblick nur noch den Wunsch, sich in ein Loch zu verkriechen und sich vor der ganzen Welt zu verstecken; genauso fühlte ich mich und genau das tat ich auch. Da ich aber jahrelang in der ganzen Welt unterwegs gewesen war, hatte ich nun keinen heimatlichen Hafen, in dem ich hätte vor Anker gehen können, und darüber hinaus hatte ich mich nicht richtig um meine Finanzen gekümmert. Ich kratzte zusammen, was ich an Geld aufbringen konnte, und mietete die einzige Wohnung, die ich mir leisten konnte, im Untergeschoss eines Hauses, dessen Eigentümer ich nicht kannte.

Es war ein Bombenkeller, im wahrsten Sinne des Wortes – eine steile Treppe führte in einen dunklen Raum ohne Fenster oder andere natürliche Lichtquelle und mit einer Röhre nach draußen, die die Versorgung mit Frischluft sicherstellte. Der Raum war dunkel, muffig und es drangen keinerlei Geräusche hinein – der perfekte Ort für jemanden, der so verstört war wie ich. Ich war orientierungslos, deprimiert und fühlte mich völlig verloren. Wie sollte es jetzt bloß weitergehen?

Ich hatte keinen Job, keine Ersparnisse und keine Möglichkeit, meine wachsenden Kreditkartenverpflichtungen zu bezahlen. Meine Familie lebte auf der anderen Seite des Landes und meine Freunde waren in der ganzen Welt verstreut. Zum ersten Mal in meinem Leben konnte ich mich für nichts begeistern und hatte keine Vision mehr.

Aber selbst in diesem erdrückenden Meer aus Dunkelheit stieß ich doch auf einen kleinen Lichtschimmer. In meiner tiefen Verzweiflung schlug ich im trüben Licht einer nackten Glühbirne mein Exemplar der *Gespräche mit Gott* von Neale Donald Walsch auf. Ich saß die ganze Nacht und las ein Kapitel nach dem anderen. Dieses Buch erinnerte mich daran, dass mein Leben sehr wohl einen Sinn hatte, auch wenn ich im Augenblick nicht erkennen konnte, welcher Weg mich dorthin führen würde. Es erinnerte mich daran, dass Gott darauf wartete, dass ich den nächsten Schritt unternehmen würde, und dass er mir helfen würde, wieder auf den rechten Weg zurückzufinden. Es war Zeit, in meinem Leben ein neues Kapitel aufzuschlagen.

Innerhalb einer Woche hatte ich meinen Durchbruch: Ich erkannte schließlich, warum diese Seminare für persönliches Wachstum, die „Leben verändern" sollten, nicht funktionierten. Die Menschen brauchten Begleitung und Unterstützung, um ein Konzept aus dem Seminarraum in ihrem Leben umzusetzen. Sie brauchten Hilfe, um diese Konzepte im Alltag anzuwenden und in ihr Leben zu integrieren.

Ich setzte diese Erkenntnis zunächst bei mir selbst um. Es war an der Zeit zuzugeben, dass ich bei weitem nicht so viel wusste, wie ich geglaubt hatte, und dass es ja auch gar nicht nötig war, alles selbst zu wissen. Nach allem, was ich in den Jahren als Motivationstrainer gelernt hatte, war im Grunde klar, dass jetzt ich derjenige war, der Hilfe brauchte, um wieder in die richtige Richtung zu kommen. Große Dinge sind nicht im Alleingang zu schaffen und schließlich hatte ich das Gefühl, dass ich etwas Großes vorhatte.

Also engagierte ich trotz meiner engen finanziellen Situation einen spirituellen Coach, der mir helfen sollte, meine Verbindung mit dem Sinn meines Lebens wieder herzustellen und meine persönliche Basis wieder aufzubauen. Eine der ersten Aufgaben, die er mir stellte, war die, mir den

Traum von meinem idealen Leben auszumalen. Was wollte ich erschaffen? In dem Loch, in dem ich zu dieser Zeit wohnte, war ich zwar meilenweit davon entfernt, dennoch konnte ich mich in einem wunderschönen Haus am Strand, in einem tollen Sportwagen und mit der idealen Partnerin an meiner Seite sehen. Und wie sollte die Arbeit aussehen, die ich tun wollte?

Nach einer gewissen Zeit erkannte ich, dass ich meine alte Leidenschaft nicht mehr zum Leben erwecken wollte, sondern dass sich in mir etwas Neues zu entwickeln begann. Zwar wollte ich noch immer Menschen dabei helfen, ihr Leben zu verändern, doch wollte ich nun das gängige Modell von der persönlichen Entwicklung so umgestalten, dass es auch wirklich funktionieren würde.

Mit dieser neu gewonnenen Klarheit buchte ich einen Flug nach Washington und spazierte ins Büro eines großen Unternehmens. An diesem Tag gewann ich meinen ersten Klienten und damit begann sich alles zu verändern. Das ganze Universum stand mir zur Seite und unterstützte mich auf meinem neuen Weg. Nach einem quälend langen Jahr im Dunkel meines Bombenkellers baute ich innerhalb von drei Monaten ein Coachingsystem auf, das einen sechsstelligen Betrag abwarf.

Einen Monat später mietete ich ein Haus direkt am Strand; es hatte eine Glaswand, die über zwei Stockwerke reichte und einen atemberaubenden Blick auf den Pazifik freigab. Stundenlang habe ich von da die Delfine, Wale und Surfer zweihundert Meter unter mir beobachtet. Es dauerte etwas länger, aber nicht viel länger, und ich hatte auch mein Porsche-Cabrio und die Partnerin meiner Träume.

Endlich ist mein äußeres Leben in perfekter Harmonie mit meinen inneren Bestrebungen und ich begrüße jeden neuen Tag mit tiefster Dankbarkeit.

Jim Bunch

Anregungen und Tipps zur fünften Lektion

Wollen Sie wirklich etwas verändern und sind fest dazu entschlossen, dann rufen Sie Ihre Mannschaft zusammen. Jeder von uns hat eine Mannschaft, vielleicht sogar mehr als eine. Vielleicht haben Sie ein Team in Ihrem Beruf und ein anderes für spirituelle Angelegenheiten oder auch eines für Spaß und Vergnügen. Wollen Sie einen Bereich Ihres Lebens oder vielleicht sogar Ihr ganzes Leben deutlich verändern, so werden Sie sich dabei leichter tun, wenn Sie Unterstützung haben.

Bereitet Ihnen das Wort „Unterstützung" Bauchschmerzen, weil Sie nicht wollen, dass jemand Sie für schwach hält, so denken Sie nochmals darüber nach. Robert Kiyosaki schreibt in seinem Buch *The Cashflow Quadrant* über Menschen, die hart arbeiten und nicht vorankommen, und warum andere weniger arbeiten und dennoch finanzielle Unabhängigkeit genießen. Er zeigt auf, dass die Selbstständigen (nicht alle, aber die meisten) der am härtesten arbeitende Teil der Bevölkerung sind, weil sie alles selbst machen müssen. Sie beginnen ein neues Geschäft und denken, dass dies ihnen mehr Freiheit verschaffen wird – stattdessen kann es sich zu einer Fessel entwickeln.

Wirklich erfolgreiche Geschäftsleute schaffen sich Netzwerke mit anderen Menschen, die es ihnen ermöglichen, bestimmte Ressourcen an Zeit, Geld und Arbeitskraft gemeinsam zu nutzen. Sie nutzen bereits etablierte Systeme, um Geschäfte anzubahnen und Profite zu machen. Kompetente Führungskräfte setzen sich mit ihren Teams zusammen und diskutieren neue Ideen; so erhalten sie Anregungen von den anderen. Sie delegieren bestimmte Aufgaben und schaffen so Systeme, die für mehr Fluss und weniger Reibungsverluste sorgen.

Die Disziplin „Lebenskampf" existiert nicht und es werden auch keine Medaillen dafür vergeben. Auf diesem Feld sind weder Ruhm noch Ehre zu ernten. Umgeben Sie sich mit Menschen, in deren Gegenwart Sie sich wohl fühlen und die Ihnen helfen, sich auf das zu konzentrieren, was Sie sich wünschen. Lassen Sie sich nicht mit Menschen ein, die immer nur davon reden, wie schlecht alles ist, Sie werden sonst garantiert mit in diese Abwärtsspirale hineingezogen. Natürlich gehört es auch zum Leben, hin und wieder über etwas Schmerzliches zu reden; bleiben Sie jedoch nicht zu lange auf dieser Spur, sonst werden Sie mehr davon erzeugen.

Geben Sie mehr von Ihrer Energie in Dinge, die Sie wirklich wollen, und in Lösungen, die Sie Ihren Zielen näher bringen. Überlegen Sie, wer in Ihrer Mannschaft Sie dabei unterstützen kann, Ihr Denken und Ihre Situation zum Positiven zu wenden. Die Teammitglieder selbst brauchen sich dessen nicht bewusst zu sein. Sie brauchen Sie nur dabei zu unterstützen, dass Sie Ihr Ziel im Auge behalten, und Sie immer wieder darin zu bestärken, dass Sie es schaffen können.

Die Mitglieder Ihrer Mannschaft sorgen dafür, dass Sie im Spiel bleiben. Auch wenn Sie nicht täglich Kontakt mit ihnen haben, ist es einfach gut zu wissen, dass es Menschen gibt, die an Sie glauben. Sie haben ganz bestimmt Mitglieder in Ihrem Team, die Sie bezüglich bestimmter Strategien beraten können. Greifen Sie jedoch nur die Ratschläge auf, die in Resonanz mit ihrer Seele stehen, egal, wie die Umstände auch sein mögen.

Es ist möglich, dass Sie diese Menschen persönlich kennen; das muss aber nicht sein. Es kann sich um Freunde, Familienmitglieder oder Kollegen handeln. Manche geben

Ihnen ihren Rat vielleicht kostenlos, andere müssen Sie dafür bezahlen. Sie erfüllen jedoch alle eine spezifische Aufgabe.

Sollten Sie mit Menschen zusammenarbeiten, die Sie schon seit vielen Jahren kennen, so behalten Sie immer Ihre gemeinsame Geschichte im Hinterkopf. Menschen, die Sie gut und schon sehr lange kennen, meinen es zwar sicherlich gut mit Ihnen, sie könnten Sie jedoch aufgrund dieses Wissens für ein Opfer Ihrer Vergangenheit halten. Aus diesem Grund sind objektive Mannschaftsmitglieder von unschätzbarem Wert, denn ihr Bild von Ihnen ist nicht mit dem Wissen um die Vergangenheit belastet.

Wenn Sie Ihre Teammitglieder um etwas bitten, was Sie haben wollen, so seien Sie sehr klar und spezifisch. Haben Sie eine Bitte geäußert, überzeugen Sie sich davon, dass der andere wirklich ja gesagt hat. Sie entwerfen Ihre Allianzen und Bündnisse auf eine neue und wirkungsvolle Weise. Diese neue Art des gemeinsamen Handelns fordert von jedem Beteiligten eine gewisse Übung. Von einigen Teammitgliedern werden Sie genau das bekommen, was Sie verlangt haben, andere müssen immer wieder daran erinnert werden. Es liegt in Ihrer Hand, zu bekommen, was Sie brauchen.

Vorschläge

Nehmen Sie Ihr Wohlfühl- und Erfolgstagebuch zur Hand und beantworten Sie folgende Fragen:
- Wer gehört zu meinem Team?
- Welche Rollen sollen diese Menschen für mich spielen?
- Wie sollen diese Menschen mich unterstützen?
- Zwinge ich irgendjemanden dazu, in meinem Team mitzuspielen? Wenn ja, warum?
- Wen könnte ich sonst noch ansprechen, der vielleicht besser zu mir passt?

Erfolgsrezept Nr. 3: Ihre Gedanken Wirklichkeit werden lassen

> Am Anfang steht ein Gedanke;
> dieser Gedanke wird in Ideen und Pläne umgesetzt;
> dann folgt die Umwandlung der Pläne in Realität.
> Der Anfang liegt also immer in unserer Fantasie.
>
> NAPOLEON HILL

Erste Lektion:
Nehmen Sie es nicht persönlich

Die Einstellung ist eine Widerspiegelung der Persönlichkeit und unsere Welt spiegelt unsere Einstellung.

Earl Nightingale

Durch Vergebung zum Lebensglück

*Im Leben werden uns viele Schmerzen
und harte Prüfungen begegnen,
an denen wir nichts ändern können.
Wir sollten vielmehr zulassen, dass sie uns verändern.*

Ron Lee Davis

Ich kam im Aufwachraum wieder zu mir, ein Arzt beugte sich über mich und erklärte mir, dass es ein hartes Stück Arbeit gewesen sei, das Geschoss in meinem Körper zu finden, aber dass sie es schließlich hätten entfernen können. Nebenbei informierte er mich darüber, dass sie mir – da sie sowieso schon in meinem Bauchraum hätten arbeiten müssen – gleich noch den Blinddarm entfernt hätten.

„Wie bitte", fragte ich, „warum haben Sie das getan? Der Einschuss ist doch auf der anderen Seite!" – „Oh, das macht man eben so", erhielt ich zur Antwort. „Immer, wenn wir jemandem den Bauch aufschneiden müssen, nehmen wir den Blinddarm auch gleich heraus, das ist eine Art Vorsichtsmaßnahme. So kann er später keine Probleme machen, Sie brauchen ihn ja nicht."

Das erschien mir unglaublich. Ich konnte mir einfach nicht vorstellen, dass jemand so arrogant und anmaßend sein konnte zu glauben, er wisse besser als der liebe Gott, welche Organe mein Körper brauchte und welche überflüssig waren.

Einige Tage später verließ ich die Klinik mit einer großen Portion Wut im Bauch. Zu allem Übel heilte die Operationsnarbe nicht gut. Die Nähte gingen wieder auf und die Wunde blutete stark.

Eine Woche später hatte die Wunde sich entzündet und ich musste wieder ins Krankenhaus. Die Schmerzen waren unerträglich, egal, ob ich stand, saß oder lag; ich konnte keine Position finden, die mir Erleichterung verschafft hätte.

Monate vergingen und mir ging es immer schlechter anstatt besser. Ich wachte jede Nacht vier- bis fünfmal auf und war schweißgebadet. Ich hatte keine Energie, mein Körper schien nur mit dem Kampf gegen die Infektion beschäftigt zu sein. Ich ging täglich zum Arzt und er nahm alle möglichen Untersuchungen vor. Wir fanden keine Ursache für die Infektion. Schließlich war auch mein Arzt völlig ratlos.

Wir überlegten, dass ich mich auf einer meiner Reisen vielleicht mit einer Tropenkrankheit infiziert haben könnte; also ging ich zu einem Spezialisten für Tropenkrankheiten. Ergebnis: Nichts. Ich ging zum Hals-Nasen-Ohren-Arzt: Nichts. Ich suchte andere Spezialisten auf – es kam nichts dabei heraus.

Irgendwann hatte ich eine Eingebung. Ich bat meinen Arzt, mich zu röntgen, denn ich hatte den Verdacht, dass die Ärzte im Krankenhaus das gesuchte Geschoss gar nicht entfernt hatten. „Sparen Sie Ihr Geld", antwortete mein Arzt, „die sind zwar alle verrückt in dem Krankenhaus, aber so verrückt nun auch wieder nicht."

Schließlich ging ich zu einem Spezialisten für innere Krankheiten. Er schlug sofort vor, mich einmal komplett zu röntgen. Bei der Vorbereitung sah die Krankenschwester meine Narbe und fragte mich nach deren Ursache. Ich erzählte ihr von dem Eingriff wegen der Schussverletzung und sie machte ihre Arbeit. Etwa zwanzig Minuten später kam sie zu mir und hielt meine Röntgenbilder ins Licht. „Ich kann deutlich sehen, dass das Geschoss noch in Ihrem Körper ist. Haben die das vielleicht nicht entfernt, weil es so nahe an der Wirbelsäule liegt?"

Sicher können Sie sich vorstellen, wie schockiert ich war. Dann überkam mich kalte Wut. Ich war seit Monaten krank. Ich hatte keine Krankenversicherung und musste meine gesamten Ersparnisse für Arzthonorare und Spezialuntersuchungen ausgeben. Ich konnte mich gar nicht mehr daran erinnern, wann ich zum letzten Mal wirklich gut geschlafen hatte. Und dieser Arzt hatte doch tatsächlich behauptet, sie hätten das Geschoss entfernt! Wie hatte er mich so belügen können?

Ich war völlig perplex und wusste nicht, wohin ich mich wenden sollte. Dann engagierte ich Rechtsanwälte, die auf ärztliche Kunstfehler spezialisiert waren. Das roch stark nach einer außergerichtlichen Einigung in Millionenhöhe.

Zu diesem Zeitpunkt hatte ich jedoch bereits das Buch *The Dynamic Laws of Prosperity* von Catherine Ponder für mich entdeckt und ich tat, was ich immer tat, wenn ich Führung benötigte: Ich schloss einfach die Augen, ließ die Buchseiten durch meine Finger gleiten und steckte irgendwo einen Finger dazwischen, um die für mich passende Passage zu finden: Da ging es um *Vergebung*. Dieser Abschnitt des Buches handelte tatsächlich von Situationen, in denen man einen Prozess führt. Die Autorin schrieb, dass wir jemandem nicht verzeihen könnten, wenn wir ihn verklagten, und dass wir nicht mehr offen sein könnten für den uns zustehenden Anteil an Wohlstand, wenn wir an Gefühlen von Zorn und Rache festhielten. Ich sah vor meinem geistigen Auge, wie meine Millionen Dollars sich in Luft auflösten.

Intuitiv wusste ich, dass die Autorin die Wahrheit sagte. Ich meditierte etwa dreißig Minuten lang über die Situation. Ich machte mir nochmals klar, dass die Ärzte mir aus irgendeinem Grund den Blinddarm herausgenommen und das Geschoss in meinem Körper gelassen hatten. Sie hatten aber auch mein Leben gerettet: Ich war in einen Raubüberfall geraten, war angeschossen worden und mit hohem Blutverlust im Krankenhaus eingetroffen. Mein Puls war kaum noch tastbar, mein Herz hatte beinahe aufgehört zu schlagen. Hätte niemand eingegriffen, so wäre ich gestorben. Ich erkannte, dass sie mit den ihnen zur Verfügung stehenden Mitteln ihr Bestes getan hatten.

Ich schrieb eine Affirmation der Vergebung dreizehn Mal auf ein Blatt Papier und legte es in meine Bibel, damit ich täglich damit beten konnte. Ich ließ meine Wut los und sah die Ärzte und das OP-Team im Licht Gottes. Dann geschah etwas schier Unglaubliches: In dieser Nacht schlief ich zum ersten Mal wieder tief und fest, ohne einmal aufzuwachen. Kurz darauf unterzog ich mich einer weiteren Operation, in der das Geschoss schließlich aus meinem Körper entfernt wurde. Meine Gesundheit begann sich jedoch bereits von dem Tag an dramatisch zu verbessern, an dem ich den Ärzten vergeben hatte. Inzwischen bin ich achtundvierzig Jahre alt und so gesund, wie ich es seit meinem zwanzigsten Lebensjahr nicht mehr war.

Ich hatte verstanden, dass wir die Fülle nicht in unser Leben lassen, wenn wir nicht vergeben können. Die Liebe kann nicht zu uns kommen, wenn wir an unserer Rache festhalten. Klammern wir uns an unserer Wut fest, so bleiben wir immer das *Opfer* – in unserem Geist ist dann kein Platz für den *Sieger*, der wir sein möchten.

Und ich sage Ihnen, was ich noch gelernt habe: Der erste Mensch, dem Sie vergeben müssen, sind Sie selbst! Ich weiß nicht, warum es vielen Menschen so schwer fällt, sich selbst zu vergeben. Auch ich hatte Schwierigkeiten damit. Aber ich habe es geschafft zu begreifen, dass es keine Rolle spielt, für wie schlecht ich mich selbst halte, denn ich habe einen Schöpfer, der mir schon längst vergeben hat. Da wusste ich, dass ich mir selbst vergeben und mit meinem Leben weitermachen musste, sonst würde ich in meinem Leben weiterhin Elend, Beschränkung und Mangel manifestieren.

Nachdem mir dies gelungen war, begann sich auch in anderen Bereichen meines Lebens Erfolg zu manifestieren. Ich hörte auf, in meinen Beziehungen ein negatives, schädliches Muster zu leben, das ich mein Leben lang gepflegt hatte. Ich begann Menschen anzuziehen, die Freude und Sinn in mein Leben brachten. Ich habe meine Bestimmung gefunden und mache eine Arbeit, die ich wirklich liebe. Und ich habe ständigen Geldmangel gegen ein Millionenvermögen eingetauscht.

Meine Arbeit am Thema Erfolg und Wohlstand hat mich allerdings auch grundlegende Regeln gelehrt, nach denen man leben sollte. Fragen mich Menschen um Rat, deren Erfolg blockiert ist, so empfehle ich ihnen Folgendes:

1. Vergeben Sie im Geiste jedem, mit dem Sie kein Einvernehmen haben.
2. Bitten Sie im Geiste darum, dass Ihnen *die* Menschen vergeben mögen, denen Sie in der Vergangenheit Unrecht getan, über die Sie Klatsch verbreitet, gegen die Sie einen Prozess geführt haben oder mit denen Sie aus anderen Gründen in Unfrieden sind.
3. Falls Sie sich selbst Fehler oder Versagen vorzuwerfen haben, dann vergeben Sie sich selbst.

Haben Sie diese drei Schritte geschafft, so liegt die goldene Straße des Erfolgs frei vor Ihnen.

Randy Gage

Anregungen und Tipps zur ersten Lektion

Haben Sie manchmal das Gefühl, als hätte sich alles gegen Sie verschworen und jeder würde auf Ihnen herumhacken? Freunde, Familienmitglieder, Kollegen, sogar Fremde? Sie „wissen" genau, dass alle nur über *Sie* reden, selbst wenn sie nur allgemeine Bemerkungen machen. Glauben diese

Menschen denn wirklich, dass sie sich einfach über Sie lustig machen können? Selbst wildfremde Menschen scheinen extra einen Umweg in Kauf zu nehmen, nur um Ihnen an diesem Tag Schwierigkeiten zu bereiten. Im Supermarkt werden Sie ständig von Einkaufswagen angerempelt und andere Menschen schneiden Ihnen scheinbar achtlos den Weg ab.

Kennen Sie das? Dann stellen Sie sich einmal die folgende Frage: Ist tatsächlich jeder unterwegs, nur um Ihnen das Leben schwer zu machen? Oder liegt es vielleicht doch an Ihnen, dass Sie das *Gefühl* haben, alle Menschen führten etwas gegen Sie im Schilde? Kann es sein, dass diese Menschen einfach ihr Leben leben und dass die Dinge, die ihnen passieren, eben einfach passieren? Vielleicht machen die Menschen wirklich nur allgemeine Bemerkungen – aber *Sie* nehmen sie persönlich.

Hier ein Beispiel: Fred fährt in seinem windschnittigen, tiefer gelegten Sportwagen von der Arbeit nach Hause. Er hat einen schrecklichen Arbeitstag hinter sich und will nur noch nach Hause, um sich zu entspannen. Als seine Autobahnausfahrt in Sicht kommt, muss er von der mittleren Fahrspur auf die rechte wechseln, also setzt er seinen Blinker, findet eine Lücke in der Autoschlange und will gerade die Spur wechseln, als sein Hintermann in diese Lücke schießt. Fred ist außer sich. Er findet einige sehr „gewählte" Bezeichnungen für diesen Menschen und kocht für den Rest des Weges vor Wut. Er ist davon überzeugt, dass der Fahrer hinter ihm dies mit der Absicht getan hat, ihn zu provozieren.

In Wahrheit hat der Fahrer hinter ihm Freds Blinker nicht gesehen. Er kannte den Weg nicht genau und fragte seine Frau, ob dies denn die richtige Ausfahrt sei. Sie erkannte im letzten Augenblick, dass sie schon fast bei der Ausfahrt waren, und sagte ihm, er solle sich so schnell wie möglich rechts einordnen. Er war nicht unterwegs, um Fred „eins auszuwischen". Er hatte Fred noch nie gesehen. So wird dieselbe Situation von zwei Menschen völlig unterschiedlich wahrgenommen.

An einem anderen Tag, früher in dieser Woche, war direkt vor Freds Wagen ein Tier auf die Straße gesprungen. Das Tier war gegen das Auto geprallt, herumgewirbelt worden und wieder im Wald verschwunden. Und erst gestern, als Fred nach einem langen Arbeitstag in seine Garageneinfahrt einbog, hörte er das vertraute Geräusch, das entsteht, wenn der Boden eines Autos über den Asphalt schleift. Fred hatte wirklich keine gute Woche – seltsam ist jedoch, dass er über die beiden früheren Ereignisse zwar nicht gerade erfreut war, dass er aber weder dem Tier noch dem Asphalt die Schuld dafür gab. Er kam nicht auf die Idee, dass das Tier ihm hatte eins auswischen wollen. Hätte jemand eine solche Vermutung geäußert, so hätte er sie wahrscheinlich als Unsinn abgetan. Er kam nicht auf den Gedanken, *diese* beiden Situationen persönlich zu nehmen – dennoch war er fest davon überzeugt, dass der andere Autofahrer in der ersten Szene es auf ihn ganz persönlich abgesehen hatte. Reagiert er deshalb so, weil es sich hier um einen Menschen und nicht um ein Tier oder eine Sache handelt? Wahrscheinlich. In diesem Fall sollte er an einem Perspektivenwechsel arbeiten.

Was könnte ein solcher Wechsel des Blickwinkels bei Fred bewirken? Zunächst einmal hätte er keine schlechte Laune mehr, nachdem er von einem anderen Auto geschnitten worden war. Es würde ihm auch helfen, abzuschalten und sich zu entspannen. Wütend und kampflustig zu sein, das verbraucht eine Menge Energie. Sicher hätte Fred auch häufiger etwas zu lachen. Hören Sie auf, Dinge persönlich zu nehmen, und Sie erkennen, dass jede Situation auch ihre komische Seite hat.

Ein Wechsel des Blickwinkels könnte Freds Leben deutlich verändern. Wie ist das bei Ihnen? Was würde sich bei *Ihnen* verändern, wenn Sie die Menschen aus einem anderen Blickwinkel heraus betrachten können? Kann es sein, dass diese Ihnen ebenso wenig etwas Böses wollen wie das Wild oder der Asphalt in Freds Fall? So unterschiedlich die Situationen sein können, so unterschiedlich können auch die Emotionen und Beweggründe sein, die im Spiel sind; vielleicht geht es um Toleranz, um Akzeptanz oder vielleicht auch um Vergebung?

Vorschläge

1. Schreiben Sie in die oberste Zeile einer leeren Seite in Ihrem Wohlstands- und Erfolgstagebuch den Namen einer Person, gegen die Sie in letzter Zeit Groll gehegt haben.
2. Beschreiben Sie die Perspektive, aus der Sie diese Situation im Augenblick betrachten.
3. Fragen Sie sich als Nächstes, aus welchem *anderen* Blickwinkel Sie diese Situation noch betrachten könnten und ob Sie sich damit wohler fühlen würden.
4. Beschreiben Sie mindestens sechs unterschiedliche Betrachtungsweisen!
5. Lesen Sie alle Betrachtungsweisen nochmals durch und überlegen Sie, welche davon sich am besten anfühlt.
6. Spüren Sie jetzt auch nur ein klein wenig Erleichterung, so haben Sie Ihre Arbeit gut gemacht.

Sollten Sie wieder einmal in eine Situation geraten, in der Sie so ähnlich reagieren wie Fred, so versuchen Sie einige andere Blickwinkel einzunehmen; nehmen Sie es als Übung, um den Blickwinkel zu finden, der am besten für Sie ist – also den, der Ihnen hilft, die Situation einfach abzuhaken und es nicht persönlich zu nehmen. Sie werden sich wundern, wie leicht Sie Ihre Lebensqualität verbessern können, indem Sie einfach nur Ihre Perspektive wechseln.

Zweite Lektion:
Die Energie folgt immer den Gedanken

Wagen Sie es, sich selbst als eine Fülle an Möglichkeiten zu sehen, spielen Sie mit dem, was Ihnen gegeben ist, und machen Sie das Beste daraus.

Henry Emerson Fosdick

„Ich liebe mein Haar."

Egal, welches Spiel wir spielen, wir sollten immer daran denken, dass 90 Prozent des Erfolgs von den Schultern aufwärts stattfindet.
　　　　　　　　　　Milfred „Deacon" Palmer

Ich wurde mit einer Gaumenspalte geboren. Dabei handelt es sich um eine Missbildung des Gesichts, von der Gaumenplatte, Oberlippe und Nase betroffen sind. Bis zu meinem fünften Lebensjahr war ich bereits viermal operiert worden. Während meiner gesamten Grundschulzeit durchlief ich diverse Sprachtherapien, Zahnbehandlungen, Kieferregulierungen, Beratungen von Spezialisten, weitere Zahnbehandlungen, neue Zahnspangen, eine plastische Operation der Nase, wieder Zahnbehandlungen, zeitweise mit Außenbögen, Kappen auf meinen Zähnen und noch mehr Kappen auf meinen Zähnen – vielleicht können Sie sich wenigstens annähernd vorstellen, was ich durchgemacht habe.

Dann erfuhr ich, dass es erneut Probleme gab. Das bedeutete, dass ich weitere, zahllose Stunden in Zahnarztpraxen würde verbringen müssen und dass wieder viele Tausend Dollar fällig werden würden, die ich nicht hatte. Diese Behandlungen waren physisch und psychisch enorm belastend. Es war jedes Mal so, als würde mich alle Kraft, mit der ich meine Kindheit irgendwie gemeistert hatte, plötzlich verlassen und ich wäre auf dieses verängstigte, verletzliche Kind reduziert, das zu sein ich mir nie erlaubt hatte.

In meiner Kindheit hatten mir meine Eltern immer eingeredet, dass ich im Umgang mit diesen Problemen Stärke und Tapferkeit zeigen müsse. Die Ärzte unterstützten meine Eltern in ihrer Überzeugung, dass ich stark gemacht werden müsse: „Alle Kinder werden sich über Ihre Tochter lustig machen. Sie müssen Ihr beibringen, stark zu sein." So lautete ihre Botschaft an meine Eltern. „Seien Sie ein bisschen strenger und härter mit ihr als mit Ihren anderen Kindern. Auch die Welt wird ein wenig härter mit ihr umspringen, also sorgen Sie dafür, dass sie stark ist." Das waren die üblichen Ratschläge.

Meine Eltern machten das hervorragend. Ich war extrovertiert, freundlich, unterhaltsam. Ich hatte viele Freunde; ich war beliebt. Ich benahm mich, als wäre ich nicht anders als alle anderen Kinder. Ich war stark. Als mich irgendwann eine Klassenkameradin, die mich nicht näher kannte, fragte, warum denn meine Nase so seltsam aussähe, erzählte ich ihr eine haarsträubende Geschichte von einem schrecklichen Autounfall. Zu dieser Zeit klang das für mich viel interessanter als zu sagen: „Ich bin so zur Welt gekommen." Sie hätten ihr Gesicht sehen müssen, als ich ihr dieses Lügenmärchen auftischte!

Als mein heimlicher Schwarm, einer der süßesten Jungs in unserer Klasse, sich vor allen anderen Kindern über mich lustig machte, lachte ich ihm ins Gesicht und ging heim, wo ich mich bei meinen Eltern ausweinte, weil meine Gefühle so sehr verletzt waren. Ich erinnere mich noch genau, dass mein Vater sagte, dass dieser Junge ja wohl ein sehr schwaches Bild abgeben würde, wenn er sich mir gegenüber so verhielt. „Aber er ist doch der stärkste Junge in unserer Klasse", erwiderte ich darauf. Ich hatte sehr genau verstanden, was er meinte, aber es war leichter, so zu tun, als wüsste ich es nicht, denn so konnte ich weiter stark bleiben.

Im Großen und Ganzen habe ich trotzdem alles gut überstanden. Ich wuchs auf, meine Zähne waren irgendwann fertig gerichtet, meine Nase hatte ihre endgültige Form erhalten, ich musste nicht mehr zum Sprechunterricht und war glücklich. Ich hatte eine Familie, die mich liebte, und viele Freunde und lebte mein Leben. Ich zog nach Kalifornien, ging dort zum College, schloss mein Studium mit einem

Doktortitel ab, eröffnete meine Praxis als Chiropraktikerin, heiratete einen wundervollen Mann und war eine sehr glückliche Frau. Und ich war immer noch – stark.

Bis zu dem Tag, an dem ich aus dem Mund meines Zahnarztes die gefürchteten Worte vernahm: „Cathy, du hast ein Problem." Da weinte ich. Das war der erste Einbruch für mich. Ich wusste, dass sich etwas verändert hatte; ich hatte noch nie zuvor beim Zahnarzt geweint.

Ich nahm mich zusammen, zwang mich, so zu tun, als wäre alles in Ordnung, und vereinbarte einen Beratungstermin bei einem Spezialisten. Ich wusste zwar, dass ich Angst vor dem hatte, was mir bevorstand; dennoch musste ich darauf vertrauen, dass es zu meinem Besten war und dass ich Unterstützung und Führung erhalten würde. Dann begann etwas Faszinierendes:

Zwei oder drei Wochen, nachdem ich meine Hiobsbotschaft erhalten hatte, kam eine Frau zu mir in die Praxis, die ich bereits seit einiger Zeit kannte. Ich fand es interessant, dass gerade diese Frau zu mir gekommen war, denn ich wusste, dass sie seit vielen Jahren Patientin bei einem sehr anerkannten Kollegen war. Sie erklärte mir, dass sie jemanden suche, der ihren Bedürfnissen auf andere Weise gerecht würde. Ich begann meine Beratung und erlebte eine Überraschung.

Diese Frau erzählte mir, dass sie sich zu einer ganzen Reihe komplizierter zahnärztlicher Behandlungen entschlossen habe, die sie in der Vergangenheit nicht hatte in Angriff nehmen können, weil es sie emotional zu sehr belastet hätte. Als junge Frau hatte sie ein Trauma erlitten, das ihren Mund betraf, und jedes Mal, wenn sie sich Hilfe holen wollte, brach diese emotionale Wunde wieder auf und es fehlte ihr die Kraft, die Sache zu Ende zu bringen. Jetzt hatte sie das Gefühl, stark genug zu sein, und sie hatte sich darauf eingestellt, mit der Prozedur zu beginnen. Das Wichtigste an ihrer

Geschichte war die Begeisterung, mit der sie mir berichtete! Sie sagte, sie könne es kaum erwarten, mit den Behandlungen zu beginnen.

Ich war, gelinde gesagt, erstaunt! Ich selbst hatte gerade erst zu der Überzeugung gefunden, dass alles in meinem Interesse sein würde und dass ich durch diese Erfahrung geleitet werden und die notwendige Unterstützung erhalten würde. Und jetzt saß der Beweis für all meine Affirmationen leibhaftig vor mir, und das nach nur drei Wochen!

Ich musste herausfinden, was ihr Geheimnis war. Wir kannten uns ja schon seit einiger Zeit und sie war mir sympathisch, deshalb erzählte ich ihr, dass in meinem Leben eine ähnliche Erfahrung anstand. Im Gegensatz zu ihr, gestand ich, sei ich allerdings nicht begeistert. Die Wahrheit sei, dass mich die ganze Sache emotional stark belaste und ich ihr nichts Positives abgewinnen könne!

„Da hab' ich was für Sie!", sagte sie. Sie kam am selben Tag nochmals in meine Praxis und brachte mir Lynn Grabhorns Buch *Excuse Me, Your Life Is Waiting*. Sie empfahl mir, Kapitel 12 zu lesen. „In dreißig Tagen zum Durchbruch" hieß es. Ich konnte es kaum erwarten, nach Hause zu kommen und zu lesen …

Kapitel 12 beschreibt eine Technik, die sich Flip Switching nannte. Dabei handelt es sich um eine Technik, die es uns ermöglicht, emotionale Belastungen aus Erfahrungen, Ängsten, Phobien und immer wiederkehrenden Problemen dauerhaft aufzulösen. Ich ging sofort zu dem Teil über, in dem die Autorin die Theorie und ihre eigenen Erfahrungen mit der Methode erläuterte, und machte mich an die Arbeit.

„Machen Sie eine Liste mit dreißig Dingen, die Sie an sich selbst mögen", war die erste Aufgabe. Das kann ich, dachte ich bei mir.

„Die nächsten dreißig Tage wählen Sie täglich eine der Positionen auf Ihrer Liste, von der Sie sich angezogen fühlen.

Dies ist dann Ihre Affirmation für diesen Tag." Das klang leicht.

„Jedes Mal, wenn in Ihren Gedanken eine Emotion auftaucht, die mit Ihrem Thema oder Problem zu tun hat, ersetzen Sie diesen Gedanken mit der Affirmation dieses Tages aus der Liste der dreißig Dinge, die Sie an sich selbst mögen. Am Ende der dreißig Tage werden Sie emotional frei sein."

Wirklich? Nur dreißig Tage und ich wäre mehr als dreißig Jahre emotionaler Schmerzen los? „Das glaub' ich nicht!"

Ich setzte mich hin und schrieb dreißig Minuten lang fieberhaft. Dann hatte ich meine Liste fertig und der erste Punkt lautete: „Ich liebe mein Haar."

Am nächsten Morgen begann ich nach dem Aufwachen, Lynns Anweisungen umzusetzen. Mein Beratungstermin sollte in einer Woche sein. Die bevorstehende Zahnbehandlung begleitete mich ständig in meinen Gedanken, zusammen mit den vertrauten Gefährten, nämlich Angst, Furcht, Traurigkeit und Kummer ... „Ich liebe mein Haar!"

Am ersten Tag muss ich diese Affirmation ungefähr fünftausend Mal wiederholt haben. Es war anstrengend, aber: Ich liebe mein Haar! Am zweiten Tag suchte ich mir eine neue Affirmation aus, aber gegen Mittag hatte ich sie wieder vergessen, also ging ich, den Anweisungen der Autorin folgend, zum ersten Tag zurück: Ich liebe mein Haar. Ich bemerkte, dass ich am zweiten Tag ein geringeres Bedürfnis nach einer Affirmation verspürte. Konnte es sein, dass diese Methode wirklich funktionierte, und noch dazu so schnell?

Tag 3: Es wird allmählich leichter.

Tag 4: Ich liebe mein Haar so sehr!

Tag 5: Ich habe das schönste Haar auf der ganzen Welt, verflixt noch mal!

Schließlich kam der Tag meines Beratungstermins. Ich ging zur Anmeldung und wurde liebevoll willkommen geheißen. Ich nahm Platz und füllte den Patientenfragebogen aus, dabei fragte mich eine andere Patientin im Wartezimmer, ob ich einen Termin bei Dr. Paul hätte. Ich sagte Ja. Daraufhin erzählte sie mir, was für ein wunderbarer Zahnarzt er sei und wie glücklich und zufrieden ich mit seiner Arbeit sein würde, dass er ein Perfektionist, aber auch für jeden Spaß zu haben sei und dass ich mich über diese Erfahrung freuen würde. Ich war etwas überrascht!

Ich bin sehr glücklich berichten zu können, dass diese Erfahrung mehr als erfreulich war. Dr. Paul war wirklich wunderbar. Ich konnte mit ihm ganz offen über meine Ängste und die emotionalen Schmerzen sprechen, die sich in mir angesammelt hatten, weil ich so viele Jahre hatte stark sein müssen. Er hörte mir zu und er verstand mich! Mit seiner Hilfe und Ermutigung und nicht zuletzt mithilfe dieser wunderbaren Methode Flip Switching, war ich endlich frei. Sie hätten mein Lächeln sehen sollen!

Catherine Ripley Greene

Anregungen und Tipps zur zweiten Lektion

Was schätzen Sie: Wie viel Zeit verbringen Sie mit Gedanken an *positive* Dinge oder Ereignisse und wie häufig denken Sie an *Negatives*? Wie viel Zeit haben Sie schon damit verbracht, über Tage zu sprechen, die alles andere als gelungen waren, über Partner, die alles andere als perfekt waren, und über Mitarbeiter, die nie perfekt sein können? Tippen Sie auf ein Verhältnis von 50 zu 50, 20 zu 80 oder 80 zu 20 (Positives zu Negativem)? Ein „Durchschnittsmensch" verbringt ziemlich viel Zeit damit, über Negatives nachzudenken und zu sprechen, Positives kommt dabei deutlich zu kurz. Erkennen Sie, welche

Gefahr von diesem Zeitvertreib ausgeht? Zweifel, Ängste, negative Überzeugungen und Zermürbung sind nur ein paar Beispiele. Praktizieren auch Sie ein Negativprogramm? Kein Grund zur Sorge! Es gibt Hoffnung, denn dieses Programm lässt sich verändern.

Negativität kann sich in jeden Aspekt des Lebens einschleichen und die Oberhand gewinnen. Lassen Sie es keine Minute lang einfach so weiterlaufen. Polieren Sie Ihr Denken auf! Richten Sie Ihren Fokus auf das Positive, verändern Sie Ihre Umgebung, suchen Sie sich neue Freunde und seien Sie willens, alle Veränderungen vorzunehmen, die für eine Kehrtwendung um 180 Grad notwendig sind.

Verbannen Sie negative Gedanken und einen negativen Fokus aus Ihrem Leben, so können Sie die Gegenwart wieder in die Hand nehmen und sie selbst gestalten. Stellen Sie sich vor, wie Sie *mehr* stressfreie Zeit mit Ihrer Familie verbringen, wie Sie mit mehr Selbstvertrauen hinausgehen und neue Freunde finden oder wie Sie mit einer neuen Idee mehr Geld verdienen. Unsere Einstellung ist unsere Visitenkarte. Es ist leichter, erfolgreich zu sein, wenn man dafür *offen* ist. Erscheint es Ihnen also nötig, dann machen Sie einen Hausputz in Ihrem Leben und gestalten Sie Ihre Vision von der Zukunft völlig neu. Probieren Sie es einfach aus, nur so zum Spaß!

Vorschläge

Schenken Sie einen Monat lang positiven Handlungen, positiven Gedanken und positiven Menschen Ihre ungeteilte Aufmerksamkeit. Geschieht etwas Großartiges, so notieren Sie es in Ihrem Wohlstands- und Erfolgstagebuch und gehen Sie Ihre Liste regelmäßig wieder durch. Öffnen Sie die Schleusentore für das Positive!

Dritte Lektion:
Das Glas ist halb voll

Ärgern Sie sich nicht über das, was Sie *nicht* haben –
damit lassen Sie das, was Sie *haben*,
brachliegen oder vertun es sogar.

Ken S. Keyes jr.
(Handbook to Higher Consciousness)

Die heilende Kraft einer Intention

Unsere Intention erschafft unsere Realität.
                                Wayne Dyer

So sehr ich mich auch bemühte, mein Knie ließ sich nicht beugen. Im März war ich beim Überqueren der Straße von einem Auto erfasst worden, seither waren viele Monate vergangen. Die Bänder in meinem Knie waren gerissen, eine Operation war nötig; mein Bein war außerdem gebrochen und ich musste acht Wochen lang einen Gipsverband tragen. Als der Gips entfernt und die Operationswunde verheilt war, lag ich Abend für Abend bäuchlings auf der Liege in der Praxis meines Orthopäden und versuchte mit der Hilfe meines Mannes, mein Knie zu beugen – ohne Erfolg. Das Bein war so steif wie ein Brett. Ich musste mit einer Krücke gehen.

Im August empfahl mir mein Arzt ein Verfahren, bei dem das Knie unter Narkose mit Gewalt gebeugt werden würde. „Dieses Verfahren ist natürlich sehr schmerzhaft", sagte der Arzt. „Sie werden danach lange Zeit an Krücken gehen müssen und dennoch wird sich Ihr Knie wahrscheinlich nie mehr so weit beugen lassen, dass Sie Treppen steigen können, ohne Ihr verletztes Bein nachzuziehen."

Ein Freund machte mir den Vorschlag, dass ich mir doch einfach einen Gegenentwurf zu der Vorhersage des Arztes ausdenken könnte. Dies war mehr nach meinem Geschmack und so befolgte ich seinen Rat. Als ich vor dem Operationssaal auf meinen Eingriff wartete, beschrieb ich meinem Mann haarklein, wie der Arzt freudig erregt aus dem OP kommen und rufen würde: „Es ist nicht zu glauben, das Bein hat sich wieder vollständig beugen lassen!" Anschließend, so erzählte ich weiter, würde ich ganz ohne

Schmerzen aus der Narkose erwachen und verkünden, dass ich keine Krücken mehr bräuchte.

Etwa zehn Minuten, bevor ich in den OP geholt werden sollte, blickte ich zu meinem Mann auf und sagte: „Weißt du was? Ich glaube kein Wort von dem, was ich da erzählt habe." – „Oh", antwortete er, „und was glaubst du dann?"

„Ich glaube, dass es genau so sein wird, wie der Arzt gesagt hat. Es wird sehr wehtun und ich werde lange Zeit an Krücken gehen müssen. Und selbst dann wird sich das Bein nie mehr so weit beugen lassen, dass ich Treppen steigen kann, ohne das Bein nachzuziehen", sagte ich.

„In Ordnung", sagte mein Mann heiter. „Und jetzt noch mal die andere Version, bitte!" In diesem Augenblick geschah etwas sehr Seltsames mit meinem Bewusstsein. Ich hatte erwartet, dass mein Mann der realistischen Erwartung des Arztes zustimmen würde. Da er das nicht tat, empfand ich zunächst totale Irritation, dann Leere und dann einfach nur Offenheit. Ich kehrte innerlich zu der positiven Geschichte zurück.

Nach dem Eingriff kam der Arzt aus dem OP und sagte zu meinem Mann: „Es ist nicht zu glauben, das Bein hat sich wieder vollständig beugen lassen!" Ich erwachte aus der Narkose und hatte keine Schmerzen. Es ging mir hervorragend, die Krücken benutzte ich nur zur Beruhigung des Krankenhauspersonals. Ich brauchte sie nicht mehr. Heute bin ich Yoga-Lehrerin und nutze diese Erfahrung als Anker, der mich immer an die Macht von Affirmationen, Visualisierungen und klaren Intentionen erinnert. Sie können die Realität tatsächlich beeinflussen.

Kathleen Carroll

Anregungen und Tipps zur dritten Lektion

In einer Phase, in der vieles einfach nicht so funktioniert, wie wir uns das vorstellen, kann es ziemlich schwierig oder gar unmöglich sein, sich wenigstens eine kleinen Funken Optimismus zu bewahren. Dann gilt es durchzuhalten und sich zu fragen, ob das Glas halb voll oder halb leer ist. Diese alte Weisheit hat einen doppelten Nutzen. Stellen Sie nämlich fest, dass Sie davon überzeugt sind, dass das Glas tatsächlich halb leer sei, so dient sie als Weckruf dafür, dass eine Kurskorrektur notwendig ist und Sie Ihre Einstellung überprüfen und korrigieren sollten. Sind Sie hingegen der Meinung, dass das Glas halb voll sei, so sind Sie mit einem weiteren Naturgesetz in Berührung gekommen, nämlich mit dem Polaritätsgesetz.

Das universelle Polaritätsgesetz ist wie eine Überprüfung der Realität, die man sich selbst verordnet. Es ermöglicht uns einen kurzen Blick auf die andere Seite, gewöhnlich auf die helle, lustige, erfolgreiche Seite – das genaue Gegenteil der dunklen, langweiligen und von Fehlern und Versagen geprägten Seite. Es hilft Ihnen, die negativen Schwingungen auf ein Mindestmaß zu beschränken. Überlässt man diese negativen Schwingungen nämlich sich selbst, so fällt es mit der Zeit immer schwerer, wieder davon loszukommen. Kommt hingegen das Polaritätsgesetz zur Anwendung, so werden stattdessen positive Schwingungen erzeugt, die es unmöglich machen, in Pessimismus zu verharren. Sie können sozusagen ein paar Sonnenstrahlen einlassen.

Vierte Lektion:
Loslassen heißt fließen lassen

*Geld ist weder ein Gott noch ein Dämon.
Geld ist eine Energieform, die bei uns das verstärkt,
was bereits vorhanden ist, sei es nun Habgier oder Liebe.*

Dan Millman

Es ist genug für alle da

Mein Mann und ich lebten in einem totalen finanziellen Desaster – davon waren wir überzeugt und das schlug sich auch auf unserem Bankkonto nieder. Wir hatten mehr als 35.000 Dollar Kreditkartenschulden und waren beide arbeitslos. Zu dieser Zeit begannen wir uns mit dem Gesetz der Anziehung zu beschäftigen und verstanden allmählich, dass wir immer mehr von dem erschufen, was wir nicht wollten: Schulden! Wir lernten diese Regeln und Gesetze zwar nicht unmittelbar im Zusammenhang mit unseren Finanzen kennen, dennoch begannen wir sie auf diesen Bereich unseres Lebens anzuwenden. Was Sie hier lesen können, ist die Zusammenfassung dessen, was wir gelernt haben.

Geld ist ein energetisches System. Es ist eine neutrale Energie, die von uns mit bestimmten Überzeugungen und Wahrnehmungen belegt wird. Auch die Luft, die wir atmen, ist eine Energieform – trotzdem glauben die meisten Menschen nicht, dass es zu wenig Luft geben könnte. Wenn Sie Luft einatmen, geraten Sie dann in Panik, weil Sie fürchten, dass es nicht genug davon geben könnte? Glauben Sie, dass es vernünftig ist, die Atemzüge einzuteilen, damit einem nicht die Luft ausgeht? Tadeln Sie Ihre Kinder dafür, dass sie zu viele Atemzüge machen und zu viel Luft verbrauchen? Machen Sie sich Sorgen, dass Ihnen am Ende des Tages, der Woche oder des Monats die Luft ausgehen könnte? Sicherlich nicht, und wenn Sie es täten, dann litten Sie unter Atemproblemen und müssten die Luft, die Sie einatmen, genau überwachen.

Der größte Teil des Geldes, das wir jeden Tag eintauschen, ist nicht länger ein konkretes Tauschmittel oder eine Währung, sondern nur Zahlen auf einem Stück Papier. Die Menge an Geld, die Sie haben oder nicht haben, steht in direktem

Vierte Lektion

Bezug zu Ihren *Überzeugungen* zum Thema Geld. Viele Menschen sind davon überzeugt, dass es *nicht genug* Geld gebe, und das Leben dieser Menschen spiegelt diese Überzeugung wider. Wenn Sie Geld ausgeben, welches Gefühl haben Sie dabei? Fühlen Sie sich wohl oder machen Sie sich Sorgen? Denken Sie, dass Sie das Geld nicht ausgeben sollten, weil Sie automatisch daran denken, wie viel Geld Sie nicht haben, oder denken Sie: „Ich gebe gerne Geld aus, weil genug für alle da ist und ich immer eine Menge davon in mein Leben fließen lasse"?

Die Wirksamkeit unserer Gedanken ermöglicht es uns, jede Überzeugung zu erschaffen, die wir haben wollen. Sagen Sie sich Folgendes: „Ich bin wohlhabend und ich bin ein spirituelles Wesen. Ich lasse zu, dass Geld mit Leichtigkeit in mein Leben fließt, und ich nutze es, um mein eigenes Leben und das von anderen Menschen zu bereichern. Ich bin wohlhabend und nehme an, was Gott für mich vorgesehen hat. Ich bin ein bescheidener, erfolgreicher Diener des Herrn. Ich bin dankbar für die Fülle, die mir auf allen Ebenen zufließt. Ich bin gesund und lebe ein Leben in Anmut und Leichtigkeit, und ich bin spirituell." Was würde wohl geschehen, wenn dies Ihre Überzeugungen wären?

Mein Mann und ich begannen uns unsere Überzeugungen zum Thema Geld bewusst zu machen; wir erkannten, dass wir uns unseren eigenen Mangel erschufen und in einem Bewusstsein der Armut lebten. Zu diesen Überzeugungen zählten die folgenden:
- Ich werde nie genug Geld verdienen.
- Ich werde immer Schulden haben.
- Meine Eltern hatten schon nicht genug Geld, ich werde auch nie genug haben.
- Geld geht schneller hinaus, als es hereinkommt.

Uns wurde auch bewusst, dass unsere Überzeugungen zum Thema Geld mit unseren *spirituellen* Überzeugungen

gekoppelt waren. Einige unserer gängigen Überzeugungen waren:
- Geld ist schmutzig, es stinkt und ist ein Übel.
- Ich bin arm, aber ein aufrechter Mensch.
- Es gibt zu viele arme Menschen, wie könnte ich da reich sein?
- Nur Betrüger haben Geld.
- Armut sorgt dafür, dass ich bescheiden bleibe.

Einige der neuen Überzeugungen, die mein Mann und ich uns anzueignen und zu praktizieren begannen, lauteten etwa:
- Ich erkenne überall Wohlstand und Fülle und gehe voller Freude darin auf. Es ist genug für mich da.
- Die Fülle des Universums steht jedem zur Verfügung, auch mir.
- Ich gebe Geld weise aus und so, dass es sich gut anfühlt.
- Ich bin offen und empfänglich für neue Einkommensquellen.
- Mit großen Geldsummen fühle ich mich wohl.
- Ich nutze Geld dazu, mir und anderen ein erfülltes Leben zu bereiten.
- Ich bin wohlhabend, großzügig und spirituell.
- Ich bin es wert, viel Geld zu haben; es steht mir zu.

Eignen Sie sich neue Überzeugungen an und erschaffen Sie sich damit neue Verhaltensweisen im Umgang mit Geld. Wie antworten Sie gewöhnlich, wenn Sie gefragt werden, ob Sie Geld haben? Antworten Sie meistens mit Nein? Damit sagen Sie dem Universum, dass Sie kein Geld haben, und deshalb werden Sie auch weiterhin keins haben. Sorgen Sie dafür, dass Sie immer etwas Geld in Ihrem Geldbeutel oder Ihrer Brieftasche haben. Seien Sie immer in der Lage zu antworten: „Ja, ich habe Geld. Ich habe viel Geld." Das ist die Information, die Ihnen helfen wird, *mehr* Geld zu erschaffen. Achten Sie immer darauf, wie Sie sich *fühlen*, wenn Sie Geld ausgeben. Fühlen

Vierte Lektion

Sie sich dabei unwohl und sind Sie nervös, weil Sie sich Sorgen machen, dass das Geld, das Sie ausgeben, vielleicht nicht ersetzt wird, dann senden Sie ein Signal des Mangels aus und dieser Mangel kommt wieder zu Ihnen zurück.

Schaffen Sie ein positives, friedvolles Gefühl, wenn Sie Geld ausgeben, und vertrauen Sie beim Ausgeben darauf, dass Sie damit ein Vakuum entstehen lassen, durch das wieder mehr Geld in Ihr Leben gezogen werden kann. Bleiben Sie dabei immer innerhalb Ihres Einkommensrahmens und schaffen Sie gleichzeitig eine Schwingung von Wohlstand, damit in Zukunft mehr hereinfließen kann. Bezahlen Sie Ihre Rechnungen immer mit einer Einstellung von Dankbarkeit, dass es Menschen gibt, die Sie für vertrauenswürdig halten und Ihnen ihre Waren und Dienste anbieten. Lernen Sie gesunde Techniken zur Verwaltung Ihrer Mittel, damit Sie vernünftig damit umgehen können.

Eignen Sie sich eine Form der Wahrnehmung und eine Sprache an, die ein Bewusstsein von Wohlstand spiegeln und nicht ein Bewusstsein von Armut. Das Universum kennt nicht Ihren Kontostand; es nimmt nur die Zeichen zur Kenntnis, die Sie aussenden. Mit dem folgenden Spiel können Sie eine Schwingung schaffen, die Wohlstand anzieht:

Stellen Sie sich vor, Sie hätten eine unbegrenzte Menge von Hundertdollarscheinen in Ihrer Brieftasche. Jedes Mal, wenn Sie einen Hundertdollarschein ausgeben, wird dieser automatisch, wie durch Zauberhand, durch einen neuen ersetzt. Denken Sie den ganzen Tag darüber nach, wie viele Dinge Sie mit diesem Hundertdollarschein kaufen könnten. Tun Sie so, als würden Sie ihn immer wieder ausgeben. Freuen Sie sich und haben Sie Ihren Spaß mit all den Dingen, die Sie kaufen könnten, mit all den Menschen, mit denen Sie das Geld teilen könnten, und mit all den Erfahrungen, die Sie damit machen könnten. Durch dieses Spiel senden Sie eine Schwingung von Wohlstand und Reichtum aus, die Ihnen dabei helfen wird, noch mehr Wohlstand zu erzeugen. Sie werden neue Einkünfte und Möglichkeiten erschaffen, mit deren Hilfe mehr Geld in Ihr Leben fließen kann.

Mein Mann und ich haben es geschafft, unsere Überzeugungen im Bezug auf Geld zu verändern und sie zu leben; eine Folge davon war, dass mein Mann einen neuen Job in sein Leben gezogen hat, der ihm ein sechsstelliges Gehalt einbringt; wir konnten innerhalb eines Jahres unsere Schulden zurückzahlen und sind heute wohlhabender, als wir es je gewesen sind. Dafür bin ich zutiefst dankbar.

Carol Tuttle

Anregungen und Tipps zur vierten Lektion

Magnetismus ist etwas Wunderbares. Wir sprechen von einer anziehenden Persönlichkeit oder dass jemand große Anziehungskraft besitzt oder davon, dass Gegensätze einander anziehen wie Magnete. Woher kommt diese Faszination des Magnetismus? Vielleicht weil dieser Begriff die Möglichkeit impliziert, dass etwas leicht und ohne Anstrengung zu uns hingezogen oder von uns angezogen werden kann. Was wäre, wenn dieses „Etwas" Erfolg, Ruhm oder Geld wäre?

Die Mehrheit der Bevölkerung strebt nach Geld, aber die meisten Leute haben das Gefühl, nicht genug davon zu haben. Warum ist das so? Da wir wissen, wie stark die Kraft der Anziehung ist, liegt die Antwort wohl in dieser Empfindung selbst: dass die meisten Menschen das Gefühl haben, nicht genug Geld zu haben.

Lassen Sie uns einmal annehmen, Sie hätten eine Tasche voller Geld vor sich. Sie wollen diese Tasche voller Geld

Vierte Lektion

wirklich gerne haben. Sie stehen da und denken an all die Dinge, die Sie sich *nicht* leisten können, weil Sie diese Tasche voller Geld nicht haben. Sie richten Ihre Aufmerksamkeit auf all die Dinge, die Sie *nicht* sein, tun oder haben können. Sie sind frustriert und wenden sich von der Tasche mit dem Geld ab.

Dann beginnen Sie daran zu denken, wie sehr Sie diese Tasche haben wollen. Sie denken an all die positiven Dinge, die Sie dann tun würden; mit diesen Gedanken beginnen Sie positive Schwingungen auszusenden. An dieser Stelle kommt das Gesetz der Anziehung zum Zuge, denn es sagt, dass Sie jetzt genau an der Stelle sind, an der Sie die Tasche mit dem Geld anziehen können. Sie sind zu einem Geldmagneten geworden.

Machen Sie eine Momentaufnahme des derzeitigen Szenarios in Ihrem Kopf. Können Sie mit Überzeugung sagen, dass Sie Geld anziehen? Haben Sie alle einschränkenden Gedanken im Zusammenhang mit Geld losgelassen? Glauben Sie vielleicht immer noch, dass finanzieller Erfolg nur für die anderen ist und dass Sie ihn nicht verdienen? Wie können Sie dann zu einem solchen allmächtigen Magneten werden?

Lassen Sie los und lassen Sie es einfach zu!

Erlauben Sie es sich, jeden negativen Gedanken und alle einschränkenden Überzeugungen, die Ihren Erfolg bis jetzt blockiert haben, einfach loszulassen. Gestatten Sie sich zu glauben, dass Sie den Erfolg haben können, den Sie sich wünschen. Gestatten Sie sich, den Mut zu haben, die Wege zu gehen, die Sie zu finanziellem Erfolg führen werden. Erlauben Sie es sich, die Menschen und Situationen anzuziehen, die dazu beitragen werden, dass Ihr Team wie von selbst zusammenströmen kann. Erlauben Sie Ihrer Spiritualität, mit dem Wissen zu spielen, dass Sie die Macht und die Kraft besitzen, alles zum Blühen zu bringen, was Sie wollen.

Sie haben alle Voraussetzungen, die notwendig sind, um ein Geldmagnet zu werden. Sie müssen nur an sich und an Ihre Ziele glauben und darauf vertrauen, dass das Universum seinen Teil dazu beitragen wird, wenn Sie Ihren Part erledigt haben.

Vorschläge

1. Nehmen Sie Ihr Wohlstands- und Erfolgstagebuch zur Hand und ziehen Sie über eine freie Seite eine senkrechte Linie.
2. Schreiben Sie oben auf die Seite: „Meine einschränkenden Gedanken zum Thema Geld"
3. In der linken Spalte listen Sie alle Ihre derzeit gültigen einschränkenden Gedanken zum Thema Geld auf.
4. In der rechten Spalte erstellen Sie eine Liste von positiven Gedanken zum Thema Geld, mit denen Sie sich wohl fühlen.

Fünfte Lektion:
Sie erteilen sich selbst die Lizenz zum Erfolg

Was wir *werden*, ist viel wichtiger, als was wir *bekommen*. Denn was wir bekommen, das wird von dem beeinflusst, was wir werden.

Jim Rohn

Solange Sie sich nicht selbst achten, können Sie das auch nicht von anderen erwarten

Kompromittieren Sie sich nicht selbst –
Sie haben nur sich.
Betty Ford

Seit ich mit siebzehn Jahren fast an einer Strychninvergiftung gestorben wäre, habe ich davon geträumt, ein weiser Lehrer, Heiler oder Philosoph zu werden. Auslöser für diesen Traum war ein unglaublich charismatischer Lehrer, der mich zu Tränen rührte, wie das Millionen Menschen auf der ganzen Welt auch schon geschehen war.

Da fasste ich den Entschluss, dass ich jedes Land dieser Erde bereisen und meine Erkenntnisse mit Millionen Menschen teilen wollte, um ihnen damit zu einem Leben in Fülle zu verhelfen. Nach vierunddreißig Jahren beständiger Arbeit bin ich heute so weit, dass ich meinen Kindheitstraum lebe. Mein Leben ist gesegnet, ich wurde großzügig belohnt. Auf meiner Reise hatte ich aber auch viele Lektionen zu lernen und viele Herausforderungen zu meistern.

Eine dieser Lektionen, die mich tief und dauerhaft prägte, erhielt ich zu der Zeit, als ich schließlich Geld für meine Lehrtätigkeit zu nehmen begann. Ich musste die Angst überwinden, zurückgewiesen zu werden, weil ich Geld verlangte und annahm und weil ich meine noch nicht sehr erprobten Dienstleistungen als sehr wertvoll einschätzte. Ich war zweifellos dabei, meinem finanziellen Schicksal eigenhändig Grenzen zu setzen.

Da stand ich nun, dreiundzwanzig Jahre alt, und gab anderen Studenten von meinem Apartment aus „freie", das heißt „kostenlose" Ratschläge und Unterstützung. Eines Abends jedoch geschah etwas, was meine finanzielle

Perspektive grundlegend veränderte. Eine große Lektion in Bezug auf Geld, fairen Austausch von Leistungen und Selbstwert stand an.

An diesem Abend drängten sich einundzwanzig Studenten in meiner kleinen Wohnung zusammen, begierig darauf, meine inspirierenden Gedanken zu den Wechselwirkungen zwischen Körper und Geist im Allgemeinen und besonders im Zusammenhang mit innerer Heilung zu hören. Die Kosten für mein Studium und die Lebenshaltungskosten waren stark gestiegen und ich hatte außerdem vor, eine gut ausgestattete Bibliothek aufzubauen; an diesem Abend erlebte ich eine psychische Veränderung, die sich bald in meiner finanziellen Situation niederschlagen sollte.

Ich entschloss mich, auf meinen Esstisch eine Schale mit einem kleinen Schild aufzustellen, auf dem das Wort „Liebesgabe" zu lesen war. Am Ende meiner dreistündigen Präsentation beobachtete ich, wie meine Wohnung sich allmählich zu leeren begann. In der Schale für die Liebesgaben befanden sich ganze fünf Dollar. Ich betrachtete die Schale verzweifelt, denn ich hatte ehrlich gesagt mit viel mehr gerechnet; die meisten Teilnehmer hatten die Schale beim Verlassen der Wohnung jedoch einfach übersehen. An diesem Abend wurde mir klar, dass ich keine weiteren Bücher kaufen, meine Miete nicht bezahlen und mein Studium nicht fortsetzen konnte, wenn sich nicht etwas Grundlegendes änderte.

Zuerst ärgerte ich mich über die Teilnehmer; dann wurde mir jedoch klar, dass es hier nur um meine eigene Angst ging, etwas zu verlangen, was ich haben wollte, und dass ich mich nicht würdig fühlte, es auch zu bekommen. Ich entschied mich, mir für meine nächste Veranstaltung eine „Liebesgabe" von 10 Dollar zum Ziel zu setzen. An diesem Abend lag genau ein Zehndollarschein in der Schale. Ich beschloss, den Betrag auf 20 Dollar zu erhöhen. Nach der nächsten

Veranstaltung befanden sich 25 Dollar in der Schale. Schließlich fasste ich den kühnen Entschluss, für meine Veranstaltungen künftig mindestens 20 Dollar Eintritt zu verlangen und die Idee mit der Liebesgabe zu verwerfen.

Zu Beginn meiner nächsten Veranstaltung erklärte ich mir selbst und meinen Teilnehmern ein einziges Mal entschlossen, dass ich eine Mindestteilnehmergebühr von 20 Dollar verlangte – zu meinem größten Erstaunen legten drei Viertel der Teilnehmer dankbar ihre Geldscheine in die Schale. An Ende dieses Abends blickte ich mit Erstaunen und Tränen in den Augen auf meine Einnahmen, denn irgendwie war mir klar, dass ich auf dem Weg zu meinem Traum eine wichtige Lektion gelernt hatte.

Und es war wirklich eine erstaunliche Lektion! Es war, als wollte die Welt mir sagen, dass ich meine Lehrtätigkeit und damit mich selbst schätzen und achten solle und dass ich bis zu diesem Abend nicht zugehört hatte. In dem Augenblick, in dem mir das gelungen war, bekam ich auch, was ich wollte. Diese Lektion habe ich seither nie mehr vergessen und ich habe mein Honorar jedes Jahr ein wenig erhöht. Heute halte ich meine Vorträge und Workshops auf der ganzen Welt und erhalte dafür stattliche Honorare.

John F. Demartini

Anregungen und Tipps zur fünften Lektion

Wissen Sie eigentlich, dass Sie bei allem, was Sie jetzt gerade, in diesem Augenblick tun, erfolgreich sein können? Sie haben die Macht dazu! Überrascht Sie das? Es sind Ihre Gedanken, die Ihre Handlungen kontrollieren, die wiederum für Erfolg

Fünfte Lektion

oder Misserfolg verantwortlich sind. Unsere Gedanken sind die Grundlage für unseren Erfolg. Wenn Sie also etwas von Ihrer Zeit investieren, um sich auf diejenige Art von Gedanken zu konzentrieren, die sich *typischerweise* manifestieren, und ebenso auf die, die *Erfolg* erschaffen, so verfügen Sie über alles, was Sie brauchen, um sich selbst die Macht zu verleihen.

Wenn es an der Zeit ist, etwas Neues auszuprobieren, laufen Sie dann los und lassen sich einfach darauf ein, voller Zuversicht, dass Sie auf jeden Fall erfolgreich sein werden? Ist das nicht eine wunderbare Vorstellung? Leider müssen die meisten von uns zuerst mit einem negativen Selbstgespräch kämpfen, mit einer Art kleinem persönlichen Teufel oder „Kobold". Dieser kleine Kobold steht immer bereit, um unsere Ideen abzuschießen, unserer Begeisterung den Schwung zu nehmen und unsere Pläne zu sabotieren …, wenn wir es zulassen.

Diese Negativität ist häufig so sehr Allgemeingut, dass wir sie noch nicht einmal erkennen, wenn wir direkt damit konfrontiert werden; das ist auch der Grund dafür, dass wir diesem Übel nicht Einhalt gebieten können. So setzen wir dann unsere Aktivitäten zwar meist fort, sind dabei jedoch voller Zweifel, quälen uns mit Gefühlen von Inkompetenz und nähren Unsicherheiten, die die Voraussetzungen dafür schaffen, dass wir es nicht schaffen – oder es zumindest sehr viel schwerer haben, zum Erfolg zu gelangen. Schlimmstenfalls lassen wir es zu, dass unser Kobold uns sogar daran hindert, überhaupt den Versuch zu wagen, unser Ziel zu erreichen.

Vorschläge

Lernen Sie, Ihren Kobold als das zu sehen, was er ist: ein Dieb, der Ihnen Ihre Kreativität raubt, Ihren Erfolg behindert und Ihr Wachstum lähmt. Achten Sie auf diese Stimme und bringen Sie sie zum Schweigen, bevor sie Wirkung zeigen kann. Dies könnte etwa so aussehen:

1. Tragen Sie einen Monat lang ein Gummiband an Ihrem Handgelenk und verpassen Sie sich selbst jedes Mal ein „Zing", wenn Ihr Kobold versucht, Ihnen den Mut zu nehmen. Rufen Sie sich damit in Erinnerung, worum es dabei geht.
2. Umgeben Sie sich mit positiven, fröhlichen Menschen, die es nicht zulassen, dass ihnen Ihr Kobold Ihren Erfolg stiehlt. Erstens ist es nämlich sehr schwierig, sich ständig positive Dinge anzuhören, ohne irgendwann selbst in eine positive Stimmung versetzt zu werden. Sicher werden Sie Mittel und Wege finden, sich der allgemeinen Stimmung anzupassen. Zweitens: Je häufiger Sie von positiven Gedanken umgeben sind, desto realer werden diese und desto mehr davon ziehen Sie an.
3. Rufen Sie sich die Situationen in Erinnerung, in denen Sie Ihren persönlichen Kobold erfolgreich bekämpft haben, und nutzen Sie diese Erlebnisse als Wegweiser. Berichten Sie in Ihrem Wohlstands- und Erfolgstagebuch davon. Beim Niederschreiben können Sie die Gedanken, Gefühle und Begleitumstände erforschen, die diese Erfahrung ausgemacht haben. Einzelheiten gehen gewöhnlich unter, wenn man sich auf das ganze Bild konzentriert; sie können jedoch äußerst hilfreich sein, wenn man sie später nochmals genauer betrachtet. Das Wissen, dass Sie alles besitzen, was Sie brauchen, um jeder Herausforderung gewachsen zu sein und alle Hindernisse zu überwinden, ist genau das, was Ihre Zuversicht und Ihr Selbstbewusstsein stärkt – die beiden Eigenschaften, die der Kobold seinen Opfern auszusaugen scheint. Seien Sie nicht mehr länger Opfer, werden Sie Sieger"

Erfolgsrezept Nr. 4:
Sich zum Handeln
inspirieren lassen

Wollen heißt, sich ein Ziel zu setzen,
einen Kurs abzustecken, der zu diesem Ziel führen wird,
danach zu handeln und so lange durchzuhalten,
bis das Ziel erreicht ist. Der Schlüssel heißt Handeln.

MICHAEL MANSON

Erste Lektion:
Das Wesentliche zuerst!

Der Gedanke ist die Blüte, die Sprache ist die Knospe
und die Handlung ist die reife Frucht.

Ralph Waldo Emerson

Die wundersame Reise der Familie B.

*Vertrauen – mit dem Besten rechnen, daran glauben,
dass man erschaffen kann, was man sich wünscht,
in der sicheren Überzeugung, dass man es auch verdient –
dieses Vertrauen lässt sich auf verschiedenste Weise
demonstrieren. Zum Beispiel dadurch,
dass wir an etwas glauben, selbst wenn die äußere Welt
uns etwas völlig anderes vorzuspiegeln scheint.*
Sanaya Roman und Duane Packer

Am 23. Dezember 2007 feierte meine Familie den vierten Geburtstag unseres „neuen Lebens". Drei Jahre zuvor hatten wir alles, was unser äußeres Leben ausgemacht hatte, zurückgelassen und uns auf eine innere und äußere Reise begeben, die uns das zurückbringen sollte, was uns in unserem inneren Leben verloren gegangen war.

Vor diesen Ereignissen lebten wir in einer beliebten Stadt in den Bergen, die „Paris des Südens" genannt wurde. Wir bewohnten ein altes Farmhaus auf zwei Morgen Land mit uralten Eichen und einem alten Rosengarten. Mein Mann Peter war von seinem Arbeitgeber gerade befördert worden, ich selbst hatte eine gut gehende Praxis für Energiearbeit. Die Kinder gingen in die beste Privatschule der Umgebung, mein Mann und ich arbeiteten dort regelmäßig auf freiwilliger Basis mit. Auf unserem Land bauten wir Obst und Gemüse biologisch an und wir hatten einen schönen Freundeskreis. Von außen betrachtet sah unser Leben richtig gut aus und in vielerlei Hinsicht war es das auch.

Im Inneren gab es jedoch kaum wahrnehmbare Hinweise darauf, dass etwas nicht mehr stimmte. Peter war vom Status seiner beruflichen Stellung gefangen und jagte einem Traum vom Erfolg nach, der sich nie wirklich zu erfüllen schien. Wir liebten unser Haus und unser Land – deren Unterhalt forderte uns jedoch sehr viel ab. Wir gaben jeden verfügbaren Dollar für Reparaturen und Renovierungsarbeiten aus. Wir verbrachten alle verfügbare Zeit bei Arbeiten im Garten, in Haus oder Hof. Wir verloren den Kontakt zueinander und entwickelten uns auseinander. Wir hatten davon geträumt, viel Zeit als Familie verbringen zu können, aber, was wir tatsächlich schafften, waren Listen von Dingen, die noch erledigt werden mussten, und diese Listen wurden immer länger. Wir waren nur noch zusammen, wenn wir gemeinsam arbeiteten! Unsere Kinder brachten ihre Enttäuschung auf die unterschiedlichste Weise zum Ausdruck, Peter und ich waren jedoch zu sehr damit beschäftigt, unseren „Traum" aufrechtzuerhalten.

Im September 2003 wurden die Zeichen, die ich erhielt und die eine Veränderung ankündigten, dringender. Ich bekam diese Hinweise darauf, dass etwas aus dem Gleichgewicht gekommen war, bereits seit Jahren, ich wollte sie aber nicht wahrnehmen. Nun spürte ich das Ungleichgewicht viel stärker und begann aufzumerken. Die Nachricht war einfach: Lass los! Aber was?

Im Oktober 2003 nahm ich an einem Workshop teil; dort wurde die folgende Frage gestellt: „Stellen Sie sich vor, Sie stehen an einer Wegkreuzung. Was steht auf den Wegweisern?" Diese Frage war ein Geschenk für mich, ich konnte es jetzt klar und deutlich sehen. Ich war in meinem Leben an einen Punkt gekommen, wo ich zwischen meinem innersten, wahren Leben, meinem spirituellen Weg einerseits und Peter andererseits wählen musste.

Nach einigen ernsten, aufwühlenden und bis in die frühen Morgenstunden dauernden Gesprächen trafen wir beide die Entscheidung, dass sich etwas ändern musste. Ich teilte meine Bedenken mit ihm und erzählte ihm von meiner Vision; er war am Boden zerstört. Es wurde uns klar, dass wir unsere Prioritäten überprüfen und herausfinden mussten, wo wir vom Weg abgekommen waren. Am Anfang unserer bereits zwanzig Jahre währenden Ehe hatte unsere ganze Hingabe uns und unserer Familie gegolten; in uns war ein so tiefes Wissen und ein so klares Bewusstsein davon gewesen, dass nur die Liebe zählt und dass die äußeren Umstände des Lebens nur die Zutaten sein konnten. Was war in unserem Leben geschehen, was hatte uns diese einfache Wahrheit vergessen lassen? An dieser Stelle wurde uns klar, was zu tun war. Wir mussten unser Leben radikal ändern und die verlorene Zeit für die Liebe und die Familie wieder aufholen!

Es folgten mehrere Wochen intensiven Loslassens; wir sahen unsere Ängste und das, woran wir uns so verzweifelt klammerten, klar vor uns. Meiner Praxis in der Stadt galt die erste Aktion: Es war überaus schmerzhaft, sie loszulassen! Die Klarheit und die Zufriedenheit, die sich daraufhin einstellten, waren Belohnung genug. Kurz darauf erhielt Peter die Nachricht, dass er seinen Job aufgeben sollte. Sein Ego kämpfte ungefähr fünf Minuten dagegen an, dann kam ein tiefes Verstehen. Wir atmeten weiter und ließen weiter alles los, was an Altem an unserem Leben losgelassen werden musste, und wir wurden dabei auf wunderbare Weise geführt. Dann stellten wir fest, dass es nicht nur um Veränderungen in unserem Berufsleben ging. In der Stille eines magischen Morgens wurde uns klar, dass wir unser Haus loslassen mussten.

Unser Haus kam erst gar nicht auf den Immobilienmarkt – der erste Mensch, mit dem wir darüber sprachen, kaufte es sofort. Dann gingen wir daran, unsere Besitztümer loszulassen. Wir hatten eine Vision von uns als Familie, in der wir völlig nackt, Hand in Hand am Rand einer Klippe standen. Wir schufen für uns selbst die Möglichkeit, klar zu erkennen, was am wichtigsten war, indem wir alles beseitigten, was uns ablenken oder festhalten würde. An vier Wochenenden hintereinander hielten wir in unserem Haus einen Flohmarkt ab und verkauften alles, was wir hatten, an Freunde und auch an Fremde, die von unserer Geschichte gehört hatten.

Je mehr wir losließen, umso klarer wurde für uns, dass wir uns ein Wohnmobil kaufen und damit gemeinsam durch das Land reisen würden. Wir erkannten immer klarer, wohin unsere Vision uns führen würde. Ich selbst spürte deutlich, dass unsere Lernaufgabe darin bestehen würde, auf andere Weise eine Familie zu sein, als wir es bisher gewesen waren. Ende Dezember, also nur wenige Wochen nach unserer Entscheidung, unser Leben zu verändern, verließen wir die Stadt in unserem frisch erworbenen Wohnmobil auf dem Weg in unser neues Leben. Da soll doch jemand behaupten, Manifestationen bräuchten ihre Zeit!

Wir begannen damit, regelmäßig eine Art Familienmeditation abzuhalten; dabei folgten wir einer Struktur, zu der wir innerlich angeleitet wurden und die aus Meditieren, „Einchecken" und Gespräch innerhalb der Familie bestand („runder Tisch"). Wir stellten unserer inneren Führung Fragen und besprachen dann, was jeder von uns an Antworten erhalten hatte. Unsere Familie entwickelte sich zu einem Team aus vier gleichberechtigten Mitgliedern, der Beitrag eines jeden wurde geschätzt und beachtet. Wir reisten quer durch den Süden der Vereinigten Staaten und ließen uns in unseren Familienmeditationen den Weg zu dem Ort weisen, an dem wir als Nächstes Station machen sollten: Fahren wir heute nach Norden? Oder nach Westen? Manchmal blieben wir eine oder zwei Nächte an einem Ort, manchmal wurden wir dazu angehalten, mehrere Monate zu bleiben. Manchmal stellten wir unser Wohnmobil auf Campingplätzen ab und manchmal blieben wir in Nationalparks, wo wir Gelegenheit erhielten, noch viel mehr zu lernen.

Das Wichtigste, was wir lernten, war, dass unser Heim in unseren Herzen zu finden ist und dass Erdung nicht daher kommt, dass wir uns an einem konkreten Ort verwurzeln, sondern dass dies aus unserer Verbundenheit als Familie und mit uns selbst entsteht. Wir lernten wieder, zusammenzuleben, jedoch auf eine andere, stärkere Weise, denn wir forderten die Liebe zueinander wieder ein, die uns fast verloren gegangen wäre. Wir lehnten mehrere Einladungen von Freunden ab, die dachten, wir würden sie auf unserer Reise gerne besuchen. Uns war jedoch klar, dass wir für uns bleiben und den Prozess der „Genesung" unserer Familie wirklich achten mussten.

Irgendwann kamen wir im Bundesstaat Colorado an, in einem Tal mit Namen San Luis Valley. Wir spürten, dass dieses Tal energetisch für jeden von uns der passende Ort war. Wir fühlten, dass uns unsere Reise mit dem Wohnmobil auf ein Leben an diesem Ort vorbereitet hatte – die bedeutendste Reise unternahmen wir jedoch in unseren Herzen. Wir heilten uns selbst und besserten die Stellen in unserer Familie aus, wo die Schicht aus Liebe dünn geworden war. Wir lernten, anders miteinander zu kommunizieren, uns als gleichwertige Partner zu achten, jeder von uns ein grenzenloses Wesen, das seine Gaben in diese Welt bringt. Wir alle fanden eine tiefe Befriedigung darin, unser Leben von innen nach außen neu zu erschaffen, anstatt in der äußeren Welt nach Hinweisen zu suchen, was wir mit unserer Zeit hier auf der Erde anfangen sollten. Diese Erkenntnis war das große Erwachen und ein wahrer Segen für uns. Das Beste aber, was wir gelernt haben, ist, dass es nichts Wichtigeres gibt als die Liebe.

Licia Berry

Anregungen und Tipps zur ersten Lektion

Inspiration trifft uns häufig wie ein Blitz aus heiterem Himmel, in guten wie in schlechten Zeiten. In guten Zeiten haben wir dann vielleicht eine Fülle von Ideen. Es kann überwältigend sein, wenn eine Ideenflut uns überschwemmt. Stehen Sie mitten zwischen Gegensätzen, so werden Sie viele mögliche Wege sehen, Sie werden aber vielleicht nicht in der Lage sein, sich für eine Seite zu entscheiden. Solange Sie nicht den vollen Zugang zu Ihrer inneren Führung haben, können Wahlmöglichkeiten unwiderstehlich, aber auch überfordernd sein.

Was ist also in einem solchen Fall zu tun? Entscheiden Sie sich für eine der Möglichkeiten, die Ihnen Ihre Intuition vorgibt. Dabei spielt es keine Rolle, was Sie zuerst tun, es muss sich einfach nur gut und richtig anfühlen. Vielleicht fühlt sich das am besten an, was Ihnen die größte Erleichterung verschafft. Dadurch verschaffen Sie sich unmittelbar Entlastung und Raum zum Atmen. Sie haben weniger Stress und damit besseren Zugang zu Ihrer Intuition. Verspüren Sie eine leichte Angst, wenn Ihnen all die Dinge glasklar vor Augen stehen, die geschehen müssen, damit sich Ihr Wunsch manifestieren kann, so fangen Sie klein an. Sie müssen einfach irgendwo anfangen. Diese Aktion gibt Ihnen Kraft und das Gefühl, das Steuer wieder selbst in der Hand zu haben.

Vielleicht empfinden Sie es als inspirierend, einen Spaziergang zu machen, um wieder zur Ruhe zu kommen. Während des Spaziergangs haben Sie vielleicht eine großartige Geschäftsidee. Aus einer Intuition entspringende Ideen und Handlungen ziehen in der Regel weitere Ideen und Handlungen nach sich, die ebenso von Inspiration und Intuition geleitet sind. So funktioniert das Gesetz der Anziehung.

Zweite Lektion:
Jetzt oder nie!

> Es liegt in der Natur des Denkens,
> dass es seinen Weg ins Handeln findet.
>
> Christian Nevell Bovee

Kostenlose Umarmungen

Je mehr wir träumen können, umso mehr können wir tun.
— Michael Korda

Vor einigen Monaten hörte Lisa Murray zum ersten Mal etwas über eine Initiative, die Umarmungen verschenkte, und beschloss, sich darüber im Internet zu informieren. Bei *YouTube* sah Sie dann Juan Manns Video darüber, wie wildfremde Menschen ihn in den Arm nahmen, und es überkam sie ein Gefühl des Friedens und der inneren Ruhe. Sie gestand, dass sie zuerst dachte, das Video sei gestellt und die Umarmungen geplant; nach einigen Minuten vergaß sie jedoch ihre Skepsis und staunte nur noch.

Daraufhin entschloss sie sich herauszufinden, ob sie in ihrer Gegend vielleicht auch eine solche „Aktion für kostenlose Umarmungen" starten könnte. Und das tat sie dann auch! Sie fand schnell heraus, dass es so etwas in Hollywood noch nicht gegeben hatte, und startete ihre Aktion sofort. Es schien zwar nicht ganz der richtige Zeitpunkt für sie zu sein (zwei Tage, bevor ihr Video gemacht wurde, hatte sie die erste von zwei Operationen wegen Gebärmutterkrebs), dennoch war sie entschlossen, der Welt die Veränderung zu bringen, die sie brauchte.

Während sich also die Menschen in Hollywood auf einen ganz normalen Tag vorbereiteten, hatten sie keine Ahnung, was auf sie zukommen würde. In den folgenden beiden Stunden dieses ganz normalen Tages erhielten diese Menschen kostenlose Umarmungen. Zwei freiwillige Helfer hielten Schilder hoch, auf geschrieben stand: „Kostenlose Umarmungen". Und sie boten wildfremden Menschen die Gelegenheit, ihr von Herzen kommendes Geschenk anzunehmen.

Dabei drehten Lisa und ihr Team ein Video, das in den Vereinigten Staaten eine überwältigende Resonanz finden sollte. Alle einschlägigen Internetportale wie *Yahoo* und *MySpace* stellten es ein und bereits am ersten Abend war die Seite 30.000 Mal aufgerufen worden. Mehr als eine Million Menschen sahen Murrays Video „Kostenlose Umarmungen für Hollywood" und es erhielt schließlich den Preis für die beste Dokumentation im Internet.

Was wollen wir mit dieser Geschichte sagen? Nun, zwei Stunden lang waren die Menschen, die mit diesem Projekt in Berührung kamen, Zeugen von etwas sehr Erstaunlichem. Sie konnten zusehen, wie Menschen jeder Größe, Hautfarbe, sozialer Zugehörigkeit und Rasse sich öffneten und ihren Mitmenschen Vertrauen entgegenbrachten. Und kurz darauf bekamen Menschen in der ganzen Welt die positive Wirkung dieser einfachen und doch so bedeutungsvollen Geste zu sehen.

Man hätte durchaus der Meinung sein können, dass der Zeitpunkt für Lisa wegen ihres Kampfes gegen den Krebs (den sie übrigens gewonnen hat) vielleicht nicht der beste war; dennoch profitierte sie selbst am meisten davon. Das Video bescherte ihr nämlich eine unermessliche Menge an Zuschriften und Anrufen von Menschen, die ihr dafür dankten, dass sie auf ihre innere Stimme gehört und einfach gehandelt hatte! Bei der Aktion hatte Lisa gar nicht selbst zu denjenigen gehört, „die die Umarmungen verschenkten"; dennoch freute sie sich jetzt über virtuelle Umarmungen und die guten Wünsche dieser Menschen, denn sie kamen zu einem Zeitpunkt, an dem sie sie wirklich brauchen konnte.

Lisa Murray hatte sich aufgemacht, die Welt ein wenig schöner zu machen, indem sie kostenlose Umarmungen anbot – was haben diese Umarmungen alles verursacht! Kosten für zwei Poster: 3 Dollar. Kosten für zwei Videobänder:

10 Dollar. Die Chance, die Welt mit jeder Umarmung ein wenig freundlicher und friedlicher zu machen: unbezahlbar.

Christine Brooks

Anregungen und Tipps zur zweiten Lektion

Immer wenn die Inspiration uns trifft, trägt eine Energiewelle uns davon und so manches Mal ist der Drang zu handeln dann übermächtig. Gibt es einen bestimmten Bereich in Ihrem Leben, in dem schon lange etwas verändert werden müsste? Dann achten Sie auf Hinweise! Diese Art der Inspiration schlägt nämlich auch dann zu, wenn es darum geht, den Kleiderschrank oder das Büro „auszumisten" und zu putzen, eine Party zu geben, Frühlingsblumen zu pflanzen oder das Schlafzimmer neu zu streichen.

Sind Sie in einer Stimmung, in der Sie etwas tun wollen, so fühlt sich das in der Regel gut an. *Zwingen* Sie sich zu derselben Sache, wenn Sie ohne Inspiration und Initiative sind, so müssen Sie sich auf eine schreckliche Zeit gefasst machen. Sie machen Fehler, die Dinge dauern viel länger, als sie sollten, Maschinen und Computer machen nicht mit – was nur irgendwie möglich ist, kommt dazwischen ...

Versuchen Sie doch einmal, sich an den Computer zu setzen und zu schreiben, wenn Ihnen der Schwung fehlt. Sagt man dazu heute nicht „Schreibblockade"? *Zwingen* Sie sich selbst zu handeln, bevor Sie *bereit* dazu sind, so werden Sie große Schwierigkeiten haben, Verbindung mit Ihrer Intuition oder Ihrer Kreativität aufzunehmen. Deshalb ist es so wichtig zu warten, bis einen „die Muse küsst", also bis der richtige Augenblick gekommen ist.

Der richtige Zeitpunkt und die Inspiration sind so untrennbar miteinander verbunden wie das Huhn mit dem Ei. Es ist eine natürliche Verbindung. Gehören Sie zu den Menschen, die sich gewöhnlich dazu *zwingen*, die Dinge einfach zu tun, ob Sie nun wollen oder nicht, dann fühlt es sich für Sie zunächst vielleicht unnatürlich an, diesem „Timing", also dem rechten Augenblick, zu vertrauen. Vielleicht gehören Sie ja auch zu den Menschen, die gerne Listen mit den Dingen machen, die sie an einem bestimmten Tag erledigen wollen, etwa so:

Heute erledigen:
1. Hotel anrufen und Zimmer reservieren
2. Infobrief schreiben
3. Eine halbe Stunde spazieren gehen
4. Mit dem Angebot für einen Neukunden beginnen
5. Den Kindern beim Schulprojekt helfen
6. Eine Lösung finden, mit der ich mehr Einkommen anziehen kann

Beim Betrachten dieser Liste haben Sie sicher das Gefühl, dass Sie nicht viel Zeit verlieren dürfen, wenn Sie das alles an einem Tag schaffen wollen. Sie stehen also auf und beginnen mit Ihrer Morgengymnastik; Sie fühlen sich ganz gut, sind aber in Gedanken schon darauf konzentriert, was von Ihrer Liste Sie als Erstes anpacken wollen. Dann finden Sie sich aber plötzlich in der Garage wieder, wo Sie anfangen, die Fahrräder ordentlich hinzustellen und Zubehör aufzuräumen, oder Sie sammeln Kleider und altes Spielzeug ein, das Sie einer wohltätigen Einrichtung zukommen lassen wollen. Dann nehmen Sie den Besen und fangen an zu fegen.

Eine Stimme in Ihrem Kopf knurrt: „Mach dich sofort an deine Liste! Für das hier hast du heute keine Zeit! Du lässt dich ablenken!" *Bevor* Ihr Kobold sein hässliches Haupt erhoben hatte, waren Sie völlig in dieses inspirierte Aufräumen und Saubermachen vertieft gewesen. Sie hatten zwar nicht geplant, die Garage aufzuräumen, fanden sich aber genau dort wieder und es fühlte sich wirklich passend an.

Sollen Sie diese Sache jetzt erst zu Ende bringen oder gleich zu Ihrer Liste zurückkehren? Wenn Ihnen das Aufräumen und Fegen Spaß gemacht hat, dann machen Sie einfach weiter. Sie waren im Fluss, also bleiben Sie einfach drin! Genau so soll es sich anfühlen! Gestatten Sie sich, Ihrer Inspiration zu folgen, und Sie werden in allen Dingen Fülle erfahren.

Handlungen mit Inspiration und Intuition kennen keinen ungünstigen Zeitpunkt. Wenn Sie gelernt haben, Ihrem „Bauchgefühl" zu vertrauen und diesen Impulsen und Ideen zu folgen, dann werden Sie lernen, einfach alles loszulassen. Sie brauchen sich um nichts zu kümmern. Fühlt sich ein Teil einer Idee komisch an oder harmoniert sie nicht mit Ihren persönlichen Wertvorstellungen, so ist es wahrscheinlich keine von Inspiration geleitete Handlung. Sie können jederzeit ganz einfach testen, ob Ihre Idee oder Ihr Vorhaben mit Ihren Grundprinzipien harmoniert: *Alle Teile müssen sich gut anfühlen* – oder Sie vergessen es besser gleich!

Handeln mit Inspiration erkennen Sie daran, dass Sie sich dabei wohl fühlen und dass es Ihnen auch hinterher ein gutes Gefühl beschert.

Auf der anderen Seite sollte man dem richtigen Timing auch dann vertrauen, wenn sich die Inspiration nicht einstellt. Inspiration lässt sich nicht erzwingen. Sie kommt, wann sie will. Glauben Sie, dass etwas Bestimmtes geschehen sollte, und es geschieht nicht – entspannen Sie sich. Häufig erkennen wir erst hinterher, also erst, nachdem etwas bereits geschehen ist, dass das Timing eben doch perfekt war.

Vorschläge

Stellen Sie sich vor, Sie hätten alle Aufgaben in Ihrem Leben erledigt, die durch einen Termin festgelegt waren. Ihre Steuererklärung ist fertig. Projekte der Kinder, berufliche Projekte und solche, die Haus und Garten betreffen, sind alle abgehakt. Erledigt! Ihre Finanzen und Ihr Körper sind bereits gut in Form.
Was würden Sie in einem solchen Fall mit Ihrer Zeit anfangen? Was empfänden Sie als Luxus? Wovon haben Sie schon immer geträumt? Was hatten Sie immer schon vor zu tun, wenn Sie eines Tages genug Zeit hätten? Vielleicht stellen Sie fest, dass Sie viele inspirierende Ideen und Wünsche haben. Erstellen Sie eine Liste in Ihrem Wohlstands- und Erfolgstagebuch. Was davon spricht Sie am meisten an?
Wie wäre es, wenn Sie diese Woche *einen* Punkt von Ihrer Liste umsetzen würden? Wie wäre es, wenn Sie dieser Sache fünfzehn Minuten Ihrer Zeit widmen würden? Tun Sie es einfach! Nur um der reinen Freude willen, die inspiriertes Handeln uns beschert. Erleben Sie, wie es sich anfühlt! Und vergessen Sie nicht: Auch das Lesen eines Romans kann eine von Inspiration getragene Handlung sein. Inspiriertes Handeln ist nicht dasselbe wie Produktivität. Es soll sich einfach gut anfühlen, und zwar weil Sie Freude daran haben. Natürlich kann Ihnen das Ergebnis auch das Gefühl geben, etwas geschafft zu haben. Sinn und Zweck ist jedoch einfach nur die Freude.

Dritte Lektion:
Innehalten – hinschauen – zuhören ...

Die Dinge geschehen nicht einfach so –
wir sorgen dafür, dass sie geschehen.

John F. Kennedy

Erfolg beginnt am Küchentisch

Schwierigkeiten bergen immer auch Chancen in sich.
                                    Albert Einstein

Als ich zweiundfünfzig Jahre alt war, schien mein Leben zu Ende zu sein. Meine Ehe war gescheitert, mein Geschäftspartner hatte sich von mir getrennt, meine Tochter zog in eine andere Stadt und mit ihr meine geliebten Enkelsöhne. Ich fühlte mich leer und nutzlos. Die Menschen, die ich am meisten liebte und die ich früher häufig im Zentrum meines Lebens und meines Hauses, nämlich an meinem Küchentisch, versammelt und bewirtet hatte, hatten mich alle verlassen. Jetzt saß ich allein an meinem verwaisten Küchentisch und starrte aus dem Fenster. Ich versuchte, meinen Verlust zu verstehen und einen Sinn darin zu erkennen.

Bis zu diesem Zeitpunkt hatte ich einige sehr erfüllte und gute Jahre gehabt. Als Seminarleiterin unterrichtete ich das Gesetz der Anziehung; mein Fokus war darauf gerichtet, anderen Menschen zu vermitteln, wie sich mit der Strategie der Anziehung Beziehungen verbessern ließen, und auch mein eigenes Leben war mit Menschen erfüllt gewesen, die ich liebte. An meinem Küchentisch hatte immer reges Treiben geherrscht. Freunde, Familienmitglieder, Geschäftspartner, alle kamen gerne, um etwas von der Liebe zu erhalten, die wir großzügig verteilten. Jetzt lösten sich die Beziehungen auf, die mir am wichtigsten gewesen waren, und ich blieb am Boden zerstört zurück.

Nach vielen Monaten, in denen ich keine Energie für mein Leben und für meinen Beruf hatte aufbringen können und in denen ich mich einfach hatte treiben lassen, fiel plötzlich ein kleiner Lichtstrahl in meine Dunkelheit. Ich erhielt die Anfrage einer Frau, die wissen wollte, ob ich ein

Programm für eine zertifizierte Ausbildung zum Lehrer für das Gesetz der Anziehung anbieten könne. Ich lächelte: Wenn sie wüsste, wie ich mich in diesem Augenblick fühlte! Am folgenden Tag erhielt ich eine weitere, ähnliche Anfrage von einer anderen Frau. Als ich darüber nachdachte, dass tatsächlich zwei Frauen nach einer Ausbildung fragten, hellte sich meine Stimmung etwas auf, auch wenn ich ein solches Programm nicht anbieten konnte.

Der Wendepunkt kam, als eine dritte Person anrief und nach einer solchen Ausbildung fragte; sie erzählte mir, dass das Gesetz der Anziehung ihr Leben verändert habe. Ihre Begeisterung war ansteckend – nach dem Telefongespräch war selbst ich begeistert! Ich wandte jetzt meine Aufmerksamkeit diesen Zeichen zu – drei Frauen, die alle in meiner Stadt lebten, hatten innerhalb von zwei Wochen bei mir nach einer Ausbildung gefragt. Die Botschaft war nicht zu überhören! Es war an der Zeit, meinem Leben eine neue Wendung zu geben.

Ich machte mit jeder der drei Frauen einen Termin aus und sprach mit jeder über ihre Wünsche und Träume, außerdem über ihre Inspiration und was sie mit der Ausbildung anzufangen gedachten. Ich selbst empfand es als sehr inspirierend, dass jemand diese Ausbildung als Möglichkeit für sich selbst sah, vor allem zu einem Zeitpunkt, an dem ich das Gefühl hatte, dass nichts von dem, woran ich geglaubt hatte, irgendeinen Wert hätte. Ich versprach jeder, dass ich sie ausbilden würde, sofern sie bereit wäre, an einem Pilotprogramm teilzunehmen, das ich Schritt für Schritt entwickeln würde.

Jede von ihnen stimmte begeistert zu und wir trafen uns drei Monate lang jede Woche an meinem Küchentisch. Zum ersten Mal in diesem Jahr herrschte wieder Leben an meinem Küchentisch, begeisterte Menschen diskutierten voller Energie und brachten Leben ins Haus. Ich tauchte in die

Liebe ein, die ich für jede dieser Personen empfand, und mein Herz öffnete sich wieder.

Das Pilotprogramm hatte ein Leuchtfeuer entzündet und zog weitere Interessenten an. Noch bevor das Programm A beendet war, startete ich bereits das Programm B, das erste offizielle Programm, das ich der Öffentlichkeit präsentierte.

Mein neuer Schwung öffnete die Tür für einen Neuanfang und für neue Beziehungen, die bis heute von wachsendem finanziellem Erfolg und von Fülle gesegnet sind. Unsere Geschäftsergebnisse haben sich im ersten Jahr verdreifacht. Dieses Jahr wachsen wir weiter, wir werden Trainer in verschiedenen Regionen der USA einstellen und erweitern auch unser Programm. Noch immer finden die wichtigsten Planungen am Küchentisch statt, es ist einfach der ideale Platz. Hier versammeln sich meine Freundinnen und Freunde, um das zu hegen und zu pflegen, was am wichtigsten ist: die Liebe.

Jane Stringer

Anregungen und Tipps zur dritten Lektion

Es gibt nichts, was sich nicht irgendwie beweisen lässt. Sie haben es selbst in der Hand, genau die Beweise zu sammeln, die Sie haben wollen. Möchten Sie Beweise dafür, dass Sie in Ihrem Leben der König oder die Königin sind? Oder wollen Sie beweisen, dass Sie niemals das bekommen werden, was Sie sich wünschen? Sie finden garantiert mindestens ein Dutzend Beweise, die Ihnen das bestätigen, worauf Sie gerade Ihren Fokus gerichtet haben.

Hier ein Beispiel dafür, wie schnell eine Geschichte über eine bestimmte Sache entstehen kann: Sie verbringen mit Ihrer Partnerin einen wunderbaren Nachmittag. Sie fahren durch eine Weinregion und genießen die herrliche Umgebung in vollen Zügen. Ihre Unterhaltung ist anregend und entspannend. Dann tritt Ihre Partnerin, die am Steuer sitzt, voll auf die Bremse. Sie denken: Mann! Das passiert jedes Mal, sie kann einfach nicht aufpassen. Dabei weiß sie genau, dass ich es nicht leiden kann, wenn sie zu dicht auf das Auto vor uns auffährt. Und doch ist sie so unsensibel, sie denkt einfach nur an sich selbst!

Als Nächstes tauchen in Ihrem Kopf sämtliche alten Informationen darüber auf, was für eine schlechte Fahrerin Ihre Partnerin ist. Dabei fällt Ihnen wieder ein, dass sie eigentlich sowieso alles andere als perfekt ist. Und ehe Sie sich's versehen, fragen Sie sich, wie Sie eigentlich dazu kommen, Ihr Leben mit einem solchen Menschen zu verbringen. All das entfaltet sich innerhalb weniger Minuten. Oh je, das war heftig!

Aber so funktioniert das menschliche Gehirn nun einmal. Es ist Spezialist für das Sammeln von Daten und Informationen. Die Frage ist: Wollen Sie diese Daten wirklich alle sammeln? Befinden sich diese Informationen in Harmonie mit dem, was Sie haben wollen? Oder haben Sie Beweise dafür gesammelt, wie schwierig es ist, das anzuziehen, was man sich wünscht? – Halt! Atmen Sie! Ja, ganz richtig! Atmen Sie tief ein und aus! Noch einmal! – Wie fühlen Sie sich jetzt? Schauen Sie sich um: Welche Beweise lassen sich in Ihrer Welt finden, die Sie auf Ihre nächste Inspiration einstimmen?

Schauen Sie sich mit der festen Absicht um, Beweise dafür zu finden, dass der nächste Schritt jeden Moment klar zutage treten wird, dann werden Sie ihn auch tatsächlich sehen. Manchmal ist er auch zu hören. Ihre innere Führung hat schon längst mit Ihnen gesprochen, die Stimme Ihres Kobolds war aber lauter. Tatsache ist, dass Sie zu jedem beliebigen Augenblick Zugriff auf den nächsten, von Inspiration und Intuition geleiteten Schritt haben.

Fühlt Ihr Kopf sich benebelt an bei dem, was Sie tun, dann stellen Sie Fragen. Das ist in Ordnung. Sie können Ihre innere Führung einfach nach der Antwort fragen. Sie brauchen nur die Frage zu stellen: „Was muss ich tun, damit ich Übereinstimmung mit meinem Wunsch erziele?" Und dann hören Sie zu – egal, welche Antwort Sie bekommen – hören Sie einfach nur genau zu.

Erhalten Sie keine Antwort, so entspannen Sie sich! Vielleicht kommt die Antwort in diesem Fall etwas später. Eine Antwort von Ihrer inneren Führung erkennen Sie daran, dass der Dialog kurz und liebevoll ist. Ebenso leicht erkennen Sie eine Nachricht Ihres Kobolds: Seine Antworten sind meist voller überflüssiger Details. Ihr Kobold erklärt und rechtfertigt seine Ratschläge vorzugsweise mit epischer Breite. Ignorieren Sie ihn einfach und warten Sie auf Hinweise Ihrer inneren Führung.

Vorschläge

Nehmen Sie Ihr Wohlstands- und Erfolgstagebuch zur Hand und beantworten Sie die folgenden Fragen:
- Welche Hinweise zur Erfüllung meines Wunsches werden mir gegeben?
- Welche Gelegenheiten liegen direkt vor mir?
- Welche Beweise dafür, dass sich die Dinge für mich perfekt entwickeln werden, erkenne ich?
- Zu welchem nächsten Schritt fühle ich mich von meiner Intuition inspiriert?

Vierte Lektion:
Entspannen Sie sich
und lassen Sie den Dingen ihren Lauf

Es geht nicht darum, wie viel wir tun,
sondern mit wie viel Liebe wir es tun.

Mutter Theresa

So kommen Sie vorwärts: Lehnen Sie sich zurück!

Wenn Sie die gewöhnlichen Dinge des Lebens auf ungewöhnliche Art tun, so werden Sie damit die Aufmerksamkeit der Welt auf sich ziehen.
George Washington Carver

Nach nur vier Monaten in meiner neuen Anstellung als Kundenberaterin bei einer großen Bank kündigte das Management an, dass wir alle unsere Jobs verlieren würden, wenn es uns nicht gelänge, das Ruder innerhalb kürzester Zeit herumzureißen. Schafften wir es nicht, so schnell wir möglich mit ein paar beeindruckenden Verkaufszahlen aufzuwarten, so würde die ganze Abteilung aufgelöst und wir stünden alle auf der Straße.

Bis zu diesem Zeitpunkt waren wir bei einem Beratungsgespräch immer einer genau vorgeschriebenen Abfolge von Schritten gefolgt. Wir hatten jeden Tag aufs Geratewohl eine bestimmte Anzahl von Anrufen zu tätigen und mussten jede Woche eine bestimmte Anzahl von Terminen für Beratungsgespräche vorweisen; in den Gesprächen selbst mussten wir uns an einer Liste mit bestimmten Antworten auf bestimmte Einwände seitens der Kunden orientieren.

Dies waren die typischen Verkaufsstrategien, die von Fachleuten erarbeitet und in der Praxis bereits viele Male erprobt und für gut befunden worden waren. Bei unserem Verkaufsteam funktionierten Sie jedoch nicht. Wir verbrachten viel Zeit damit, darüber zu diskutieren, was bei uns schief lief, wer oder was daran schuld war und warum diese Strategien bei uns nicht griffen.

Nachdem wir erfahren hatten, dass wir unsere Jobs verlieren würden, wenn wir nicht schnellstens Ergebnisse produzierten, warf ich die Anweisungen und die Notizblöcke in die Ecke und beschloss, etwas anderes auszuprobieren. Die Strategie des Bankmanagements funktionierte ganz offensichtlich nicht.

Ich erinnere mich an eine Methode, in der man jeden Tag eine Seite in einem Tagebuch mit der Beschreibung seiner Ziele und Wünsche füllen musste, wobei diese Wünsche so zu formulieren waren, als hätte man schon erreicht oder bekommen, was man sich wünschte. Wenn man auf der letzten Seite seines Tagebuchs ankäme, hätte man schon längst bekommen, was man sich wünschte. Ich hatte nicht viel Zeit, also nahm ich das kleinste Buch, das ich finden konnte: ein kleines Notizbuch mit ungefähr fünfundzwanzig Seiten. Die erste Seite beschrieb ich innerhalb von zwei Minuten.

Ich beschrieb, wie begeistert meine potenziellen Kunden von einem Beratungsgespräch mit mir waren, wie sehr unser Produkt sie überzeugte und wie perfekt es den Bedürfnissen des jeweiligen Kunden entsprach. Ich beschrieb die hervorragenden Rückmeldungen, die wir erhielten, und dass große Zufriedenheit mit dem Produkt herrschte.

Nach meinem ersten Eintrag ging ich in mich und überlegte, was als Nächstes anstünde und sich gut anfühlen würde. Mittagessen!

An diesem Tag entschied ich mich für ein besseres Mittagessen. Es fühlte sich wirklich wie Luxus an, das Gebäude zu verlassen, mich in einem Restaurant niederzulassen, das Tische im Freien aufgestellt hatte, und an diesem wunderschönen Frühlingstag ein hervorragendes Gericht aus der griechischen Küche zu genießen, die ich besonders mochte.

Als ich dann bereit war, schlenderte ich ins Büro zurück. Möglich, dass ich sogar ein Liedchen gepfiffen habe. Im Aufzug sprach mich ein Fremder an und fragte, wer ich sei. Ich erklärte ihm, dass mein Name Jeannette sei und dass ich für ein bestimmtes Produkt dieser Bank zuständig sei.

Ihm fiel der Unterkiefer runter. Er glaubte sich verhört zu haben! Er bestand darauf, dass ich ihm zu seinem Büro folgte. Dort zeigte er mir seinen Schreibtisch, der mit Infomaterial der verschiedensten Anbieter zu genau dem Produkt bedeckt war, das ich verkaufte.

Er erklärte mir, dass er noch viele Fragen bezüglich dieses Produkts habe und dass er nicht gewusst habe, dass meine Bank genau dieses Produkt anbot. Ich sprach die Sache anhand meines eigenen Materials mit ihm durch. Er war angetan, es war genau das, was er brauchte, und er fragte mich, wie rasch ich seiner Firma dieses Produkt zur Verfügung stellen könne.

Ich erlebte das alles wie in einer Art Trance. Er stellte mich der Personalchefin seiner Firma vor und gab Anweisung, mir alles zu unterschreiben und zur Verfügung zu stellen, was ich benötigte. Er wollte dieses Produkt sofort zur Anwendung bringen! Innerhalb von zwei Stunden nach meinem ersten Eintrag hatte ich bereits einen ungeahnten Erfolg. Meine Kollegen und Vorgesetzten waren ebenso erstaunt wie ich. So etwas hatte es noch nie gegeben.

Jeannette Maw

Anregungen und Tipps zur vierten Lektion

Manchmal brauchen Sie einfach nur eine Pause. Vielleicht werden Sie krank, dann sind Sie *gezwungen,* eine Pause zu machen; oder vielleicht kommen Ihnen andere Dinge „dazwischen". Die meisten von uns gönnen sich nur dann eine Pause, wenn sie müde und erschöpft sind, weil sie im Beruf oder im Haushalt zu viel gearbeitet haben, zu viel unterwegs waren, an zu vielen Einladungen und anderen gesellschaftlichen Ereignissen teilgenommen oder zu viel Sport getrieben haben.

Wie wäre es, wenn Sie mal eine Pause von Ihren Zielen machen würden? Haben Sie ein bestimmtes Ziel auf Ihrer Liste, bei dem es Ihnen so vorkommt, als wäre es schon seit einer Ewigkeit da? Gönnen Sie diesem Ziel eine Pause! Wenn Sie von einem Ziel nicht vollständig begeistert sind, lassen Sie es ruhen. Kehren Sie erst dann wieder zu dem Ziel zurück, wenn es sich gut anfühlt, es weiter zu verfolgen. Anderenfalls quälen Sie sich nur selbst mit „Ich sollte ..." und „Ich müsste eigentlich ...".

Es nützt nichts, etwas anzupacken, wofür wir nicht inspiriert sind. Es kann ja sein, dass Sie eine bestimmte Sache wirklich erreichen wollen und sich selbst dafür schelten, dass es nicht klappt. Warum sich selbst ins Unrecht setzen und damit die negative emotionale Ladung verstärken, die die Manifestation Ihres Zieles weiter hinauszögert?

Wir Autoren waren total begeistert davon, dieses vor Ihnen liegende Buch zu schreiben. Der Termin mit dem Verlag für die Abgabe des Manuskripts rückte aber dann doch viel schneller näher, als wir erwartet hatten. Das bedeutete, dass wir neben unseren Urlauben und Geschäftsreisen, die ebenso wie Coachingtermine, Workshops und andere Termine bereits fest geplant waren, zusätzlich sehr viel mehr Zeit und Aufmerksamkeit als ursprünglich gedacht für unser Buchprojekt aufbringen mussten.

In manchen Augenblicken ertappten wir uns sogar dabei, dass wir aufgrund des engen Zeitplans tatsächlich mit zusammengebissenen Zähnen arbeiteten und uns wirklich beeilten. Aber irgendwann trafen wir ganz bewusst die Entscheidung, dass wir den Termin auf jeden Fall schaffen würden – egal, welchen Anschein es in der Realität haben mochte.

Jedes Mal, wenn ein Mitglied unseres Autorenteams kurz davor stand, vom Stress überwältigt zu werden, trat ein anderes auf und erinnerte die anderen daran, tief durchzuatmen. Viele der E-Mails und Telefonate, die wir in dieser Zeit miteinander führten, enthielten Dialoge wie „Das schaffen wir schon. Alles läuft gut. Wir sind gut in der Zeit! Wir schaffen den Termin!"

Wir stellten uns die Frage, was schlimmstenfalls passieren könnte, wenn wir es nicht schaffen würden, den Termin einzuhalten. Die Antwort enthielt in der Regel nichts Erschreckendes oder Lebensbedrohliches.

Die Worte, die wir an das Universum richteten, halfen schließlich: „Universum, schenke uns die perfekten Worte, die es unseren Lesern ermöglichen, das Gesetz der Anziehung zu ihrem eigenen Besten in ihrem Leben anzuwenden. Sorge dafür, dass jemand anders das mit Freude erledigen kann, wozu wir selbst nicht in der Lage sind oder was wir nicht loslassen können. Je entspannter wir sind, umso besser wird das Buch werden und umso reibungsloser wird die Kreativität fließen."

Vorschläge

Haben Sie ein Ziel, das Sie jedes Jahr aufs Neue auf Ihre Liste setzen, das Sie aber anscheinend niemals wirklich in Angriff nehmen?

Wie wäre es, wenn Sie es einfach von der Liste streichen würden? Ja, Sie haben richtig gelesen: Lassen Sie es los! Es immer vor sich zu sehen und nicht daran zu glauben, dass sich die Situation wirklich verändern lässt, kann dieses Ziel in ein unüberwindbares Hindernis verwandeln und unser Selbstvertrauen beeinträchtigen. Warten Sie so lange, bis Sie wirklich bereit dafür sind und es beigeistert anpacken können.

Machen Sie sich schon lange Gedanken darüber, wie Sie ein bestimmtes Thema anpacken sollen, und kommen zu keinem Ergebnis? Gönnen Sie der Sache ein wenig Ruhe! Entspannen Sie sich. Lassen Sie zu, dass die Antwort Sie findet, wenn die Zeit reif dafür ist. Sie können eine Lösung oder eine Idee nicht erzwingen, aber Sie können ihr Raum verschaffen.

Sie werden feststellen, dass eine Pause, egal wovon, eine gute Sache sein kann. Haben Sie es schon einmal geschafft, Ihren Kopf völlig auszuschalten und ganz auf Ihr Herz zu hören? Das ist wirklich etwas Großartiges.

Entscheiden Sie sich dafür, sich eine Auszeit von einem bestimmten Ziel zu nehmen, das Sie mit aller Kraft erreichen wollten. Vielleicht haben Ihre Bemühungen ja nur in Ihrem Kopf stattgefunden und Sie konnten sie bisher noch nicht in Handlung umsetzen. Treffen Sie die Entscheidung, die Sache eine Woche lang auszusetzen. Lassen Sie los und lassen Sie zu, dass sich das Universum eine Zeitlang an Ihrer Stelle darum kümmert.

Woran merken Sie, dass Sie lange genug entspannt und losgelassen haben? Daran, dass es sich gut anfühlt weiterzumachen. Sie brauchen sich keine Gedanken darüber zu machen, ob Sie die Inspiration haben werden oder nicht. Auch hier gibt es Hochs und Tiefs, Ebbe und Flut. Es kann vorkommen, dass Sie viele Tage lang voller Inspiration sind – dann aber wollen Sie sich vielleicht einfach für ein paar Tage mit einem guten Buch oder einem Film zurückziehen.

Vertrauen Sie darauf, dass die Inspiration Sie aufs Neue aufsuchen wird. Um den richtigen Zeitpunkt brauchen wir uns nicht zu kümmern, das ist Aufgabe des Universums. Wenn Sie sich von der Sie umgebenden Fülle inspiriert fühlen, wieder etwas zu unternehmen, dann machen Sie weiter!

Fünfte Lektion: Vertrauen Sie Ihrer inneren Stimme

*Eine neue Erkenntnis, ein frischer Gedanke,
ein Akt des Loslassens, blindes Vertrauen –
diese Dinge können Ihr Leben für immer verändern.*

Robert Holden

Wie zwei Dutzend Eier meine Karriere als Immobilienmaklerin einleiteten

Es war am Mittwoch vor dem Erntedankfest (*Thanksgiving*). Ich hatte im *Büro* zu Mittag gegessen, weil ich hoffte, so die Postbotin auf ihrer Runde persönlich anzutreffen. Ich hatte mir wirklich Mühe gegeben, geduldig zu warten, doch mit jeder Stunde, die verstrich, verlor ich auch etwas von meiner Geduld.

Als die Sonne langsam unterging, schwanden mit dem Tageslicht auch meine Hoffnungen. Vielleicht kommt sie ja heute überhaupt nicht vorbei?, überlegte ich und beschloss, nicht mehr länger zu warten. Genau in diesem Augenblick hörte ich die vertrauten Schritte auf der Treppe. Einen Augenblick später kam sie in mein Büro. Ich rannte ihr fast entgegen: „Haben Sie etwas für mich?" Vor Aufregung brachte ich den Satz fast nicht heraus – und endlich, endlich überreichte sie mir den wundervollsten Briefumschlag, den es gab.

In dem Umschlag befand sich ein Vertrag für den Verkauf eines Hauses in Virginia. Der Besitzer hatte mir damit den Auftrag erteilt, sein Haus zu verkaufen. Das war mein erster Auftrag. Entzücken erfüllte mein Herz! Ich werde dieses Haus an diesem Wochenende verkaufen, und zwar genau zum gewünschten Preis – so ging es mir durch den Kopf. Woher um Himmels willen kam dieser Gedanke? Ich schlug ihn mir schnell wieder aus dem Kopf, schloss mein Büro ab und ging nach Hause.

Auf dem Heimweg fuhr ich an dem Haus vorbei, das verkauft werden sollte, und brachte mein Schild an. Dann trat ich zurück, weil ich mir diesen Augenblick einprägen wollte. Ich stand da und starrte dieses Haus an, ich wollte es in mein Gedächtnis eingravieren. Ich war auf meinem Weg!

Den Tag des Erntedankfestes verbrachte ich mit meiner Familie, das Handy immer neben mir, und wartete auf

Interessenten für das Haus. Niemand rief an. Nun gut, heute ist Feiertag, sagte ich mir. Die Interessenten werden sicher erst morgen anrufen.

Wenige Minuten, nachdem ich am nächsten Morgen mein Büro betreten hatte, klingelte das Haustelefon. Der Pförtner teilte mir mit, dass im Empfangsraum unseres Bürogebäudes ein Mann warte, der mit mir über das Haus sprechen wolle. „Toll", dachte ich. Als ich jedoch im Empfangsraum ankam, gefror mir mein Lächeln im Gesicht – ich stand nämlich einem Polizisten gegenüber. Ich blickte mich im Empfangsraum um, überzeugt, dass es sich um ein Missverständnis handeln musste. Dann schüttelte mir der Polizist die Hand.

Als er zu sprechen begann, überlief es mich kalt. Er fragte mich, ob ich an diesem Morgen schon nach dem Objekt gesehen habe. Ich erklärte ihm, dass ich noch nicht da gewesen sei, weil ich den Feiertag mit meiner Familie verbracht hätte. Meine Gedanken überschlugen sich und keiner dieser Gedanken war gut. Doch dann kam, ebenso rasch, ein anderer, beruhigender Gedanke: Dieses Haus wird an diesem Wochenende verkauft, und zwar zum festgesetzten Preis.

„Es tut mir leid", sagte der Polizist, „das Haus ist am Wochenende verwüstet worden. Es sieht ziemlich schlimm aus."

Ich schnappte mir meine Autoschlüssel und machte mich auf den Weg zu dem Haus. Auf das, was mich erwartete, war ich allerdings nicht vorbereitet: Der Briefkasten war völlig verbeult, das Verkaufsschild sah ähnlich aus und lag im Garten des Nachbarhauses. Der Inhalt zweier Mülleimer war im Garten verteilt. Der Grill war beschädigt und ein großer Tisch vom oberen Balkon lag in Stücken im Garten. Zerbrochene Glasscheiben klirrten leise im Wind und unter meinen Füßen knirschten Glassplitter. Alles war mit rohen Eiern besudelt: die Hausfront, die Balkone, die Garagenzufahrt. In der Morgensonne breitete sich ein entsetzlicher Gestank aus.

Ich setzte mich wieder ins Auto und steckte den Schlüssel ins Zündschloss. Das Desaster hier gehörte nicht zu meinem Job. Ich fahre jetzt zurück ins Büro und rufe den Besitzer an, damit er sich darum kümmert. Es ist ja immer noch sein Haus. Ich werde nur noch mein Schild mitnehmen, damit niemand sieht, dass es „mein" Objekt war.

Ich fuhr rückwärts aus der Ausfahrt und blickte nochmals zum Haus. Ich weiß nicht, was es war, aber irgendetwas veranlasste mich dazu, wieder hineinzufahren und noch einmal auszusteigen. Und da kam mir mit einem Schlag die Erleuchtung: Dieses Haus war meine Auftragspremiere. Der Besitzer lebte weit weg. Hinzu kam noch, dass wir vor dem Wochenende einen Feiertag gehabt hatten. Und dann traf ich eine der besten Entscheidungen meines Lebens.

Wenn auch widerstrebend, so rollte ich doch meine Ärmel hoch und machte mich an die Arbeit. Ich machte den Garten sauber, sammelte den Müll ein und kehrte die Auffahrt. Alles, was verbeult, zerbrochen oder kaputt war, schaffte ich ins Gartenhaus. Ich beulte den Briefkasten wieder aus, machte mein Schild sauber und stellte es wieder im Vorgarten auf.

Jetzt blieben nur noch die Eier. Ich nahm den Gartenschlauch und spritzte einfach alles ab – die Wände, den Balkon, die Einfahrt. In der Küche fand ich eine Wurzelbürste und begann, die Reste abzuschrubben. Das war ein hartes Stück Arbeit. Ich war schon eine Weile bei der Arbeit, als ich in der Ferne eine Stimme hörte: „Hallo, hallo Sie", rief eine ältere Dame, die mit ihrem Hund spazieren ging. Sie kam näher. „Wer sind Sie und was machen Sie hier? Ich wohne ganz in der Nähe und habe Sie noch nie hier gesehen."

Die Gelegenheit, mich bekannt zu machen, kam mir gerade recht. „Guten Tag, ich bin Immobilienmaklerin, mein Name ist Holleay Parcker und ich soll dieses Objekt verkaufen. Heute Morgen hat die Polizei mich informiert, dass das

Haus verwüstet wurde. Ich habe mich gleich daran gemacht, alles wieder in Ordnung zu bringen, damit es dieses Wochenende verkauft werden kann."

Die Dame sah mich an, als wäre ich ein Wesen von einem anderen Stern. „Sie sind Immobilienmaklerin?", fragte sie. „Ich habe es noch nie erlebt, dass jemand wie Sie ein fremdes Haus sauber gemacht hat." – „Na ja," antwortete ich, „was hätte ich denn sonst tun sollen? Dieses Haus soll noch an diesem Wochenende verkauft werden, und wenn es so verwüstet aussähe, würde das ja nicht klappen."

Sie ließ sich meine Telefonnummer geben. Ich gab sie ihr, ohne mir etwas dabei zu denken, und machte mich wieder an die Arbeit. Am nächsten Tag klingelte mein Handy und die ältere Dame war am Apparat. „Erinnern Sie sich an mich?", fragte sie. „Natürlich", antwortete ich, „unser kleines Gespräch war sehr angenehm. Wie kann ich Ihnen behilflich sein?"

Zunächst erläuterte sie mir, dass sie Immobilienmakler eigentlich nicht mochte. Deshalb hatte sie sich auch geweigert, für den Verkauf ihres eigenen Hauses einen Makler einzuschalten, und versuchte bereits seit Monaten vergeblich, es von privat an privat zu verkaufen. Sie traute Maklern nun mal nicht. Aber sie war davon überzeugt, dass sie einer Maklerin trauen konnte, die stinkende Eier von einem fremden Haus abschrubbte, damit es verkauft werden konnte.

Unser zufälliges Zusammentreffen hatte mehrere geschäftliche Kontakte zur Folge. Ich verkaufte das Haus der alten Dame und half ihr, ein anderes zu finden, das ich einige Jahre später wieder für sie verkaufte. Sie empfahl mich einem Freund und auch ihm habe ich ein Haus verkauft. Einige Geschäfte ergaben sich dadurch, dass ich bei den Objekten, die ich für sie verkaufte, mein Schild aufgestellt hatte. Ich verkaufte später tatsächlich einige Häuser an Käufer, die auf meine Schilder hin anriefen. Für einige von ihnen habe ich mittlerweile schon mehrere Käufe und Verkäufe von Immobilien durchgeführt.

Wenn ich heute zurückblicke, frage ich mich oft, was ich wohl alles versäumt hätte, wenn ich einfach den Verkäufer angerufen hätte, anstatt dieses Haus selbst sauber zu schrubben. Ich bin so froh, dass ich stattdessen meiner Intuition vertraut habe. Ach ja, falls Sie es interessiert: Das Haus ist tatsächlich noch am gleichen Wochenende verkauft worden, und zwar zum festgesetzten Preis!

Holleay Parcker

Anregungen und Tipps zur fünften Lektion

Hatten Sie schon einmal das Gefühl, dass eine Entscheidung Ihrem Leben plötzlich eine Wendung gab, mit der Sie nicht gerechnet hatten? Sie sagen plötzlich Ja oder Nein zu etwas und hätten noch am Tag zuvor geschworen, dass Sie in einer solchen Situation genau das Gegenteil tun würden? Und doch: Nun sind Sie schon dabei und tun etwas aus ganzem Herzen und *genießen* es auch noch. Was geht da vor?

Intuitiv und mit Inspiration handeln und sich selbst die Erlaubnis zur Erfüllung eines bestimmten Wunsches geben, diese beiden Dinge gehen immer Hand in Hand. Das ist der einfachste Weg. Von Inspiration gelenkte Handlungen sind die Meilensteine auf dem Weg zu unserem Lebenstraum. Ein Schritt führt zum nächsten. Je nach Stimmung können Sie kleine, mittlere oder große Schritte tun. Es wird Ihnen häufig so vorkommen, als handelten Sie „aus dem Bauch heraus".

Nehmen wir zum Beispiel eine Frau, die eine neue Couch haben möchte; diesen Wunsch hat sie schon eine ganze Weile. Sie hat eine Liste der Kriterien im Kopf, die die Couch ihrer Träume erfüllen muss. Sie trifft sich in der Stadt mit einer Freundin zum Mittagessen – bei dieser Gelegenheit entdeckt sie ihre „Traumcouch" im Schaufenster eines Möbelhauses. Sie macht einen Umweg durch das Geschäft und finden an ihrer Traumcouch ein Schild mit dem für ihre Verhältnisse perfekten Preis. Sie hatte das Geld dafür schon beiseitegelegt. Also: Gekauft!

Hatten Sie schon einmal eine Geschäftsidee oder den Drang, sich mit jemandem in Verbindung zu setzen, den Sie bewunderten? Und haben Sie es sich dann selbst wieder ausgeredet? Und was ist mit dem Urlaubsziel, von dem Sie schon seit Jahren sprechen? Die Stimme, die uns die großartigen Ideen eingibt, wird häufig von anderen Stimmen zum Verstummen gebracht. Eine bestimmte Idee oder Entscheidung lässt sich leicht in den Wind schlagen, wenn ein ganzes „Komitee" in Ihrem Kopf dagegenstimmt. Häufig sind Sie auch im *richtigen* Leben von einem solchen Komitee umgeben, das Ihnen Gründe einredet, aus denen Sie etwas tun oder lassen sollten. Vorschläge sind willkommen – folgen Sie aber immer den Dingen, die Ihnen Freude bereiten, die sich richtig anfühlen und Ihnen ein gutes „Bauchgefühl" geben.

Sie entscheiden frei, auf wen und worauf Sie hören. Ihr inneres Navigationssystem wird Sie immer dorthin leiten, wo Ihr höchstes Bestes ist. Je eher Sie darauf hören, umso schneller kommt die Freude. Sie können sich auf Ihre innere Stimme verlassen. Sie wird Sie nicht enttäuschen. Das Aufblitzen einer Idee in Ihrem Kopf bedeutet grünes Licht vom Universum. Sie haben keine Idee und keinen Wunsch, wenn Sie nicht auch über die Fähigkeit und die Ressourcen zu deren Manifestation verfügen. Das ist ein Gesetz.

Alles, was „dazwischenkommen" kann, sind Ihre Gedanken und fehlendes Handeln! Wenn Sie auf all das negative Geschwätz hören, warum etwas für Sie *nicht* funktionieren kann, dann werden Sie immer genau dort stehen bleiben, wo Sie immer schon waren.

Natürlich werden Ihnen bestimmte Handlungen wie völlig verrückte Reaktionen ohne Erfolgsgarantie vorkommen. Das ist völlig in Ordnung. In anderen Fällen werden Sie Nachforschungen betreiben, die Ihnen helfen vorwärtszukommen. Folgen Sie diesen Impulsen, so werden Sie sich geerdet fühlen, frei von Verwirrung und Chaos, auch wenn es Ihnen vielleicht so vorkommt, als müssten Sie völlig unvorbereitet mit dem Fallschirm abspringen. Auch das ist in Ordnung.

Der eigenen Inspiration zu folgen ist der Schlüssel für viele erstaunliche Erfahrungen und für Freude. Und das Sahnehäubchen auf dem Kuchen ist der Erfolg, der automatisch folgt.

Vorschläge

Beschreiben Sie in Ihrem Wohlstands- und Erfolgstagebuch zwei oder drei Gelegenheiten in der Vergangenheit, bei denen Sie von einer Idee inspiriert waren und danach handelten. Was kam dabei heraus?

Und nun beschreiben Sie zwei oder drei Gelegenheiten in der Vergangenheit, bei denen Sie ebenfalls von einer Idee inspiriert waren, bei denen sich jedoch Ihr Kobold einschaltete und Sie sich davon abbringen ließen. Was ist dabei herausgekommen?

Machen Sie sich ab jetzt Ihre Intuition und die Ideen bewusst, die Ihnen „einfach so" kommen, und seien Sie bereit, sich davon leiten zu lassen und danach zu handeln. Haben Sie eine zündende Idee oder fühlen Sie sich dazu animiert, etwas Bestimmtes zu tun, dann tun Sie es! Seien Sie neugierig.

Erfolgsrezept Nr. 5: Mit kleinen Schritten eine Lawine auslösen

Die meisten großen Persönlichkeiten hatten ihren größten Erfolg genau einen Schritt *nach* ihrem größten Misserfolg.

NAPOLEON HILL

Erste Lektion:
Ein einziger Schritt kann eine Menge bewirken

Das größte Vergnügen, das das Leben uns zu bieten hat,
besteht darin, Hindernisse zu überwinden,
Schritt für Schritt von einem Erfolg zum nächsten
zu gehen, neue Wünsche zu haben und zu sehen,
dass sie erfüllt werden.

Samuel Johnson

Der arme Junge vom Land und der amerikanische Traum

Ich glaube nicht, dass irgendeine andere Eigenschaft
so ausschlaggebend für Erfolg jeglicher Art ist
wie Beharrlichkeit. Damit lässt sich alles überwinden,
selbst die Natur.

John D. Rockefeller

Ich stand neben dem Auto des Eisverkäufers und versuchte, mich mehr schlecht als recht verständlich zu machen. Der Eismann sah auf und schnauzte mich an: „Red' gefälligst englisch!" Je mehr ich aber in meinem Gedächtnis nach irgendwelchen Wörtern suchte, die dann doch keinen Satz ergeben würden, umso ungeduldiger wurde er. Vielleicht entgingen ihm ja wegen meiner Störung ein oder zwei Geschäfte. Ich gab auf und ging davon.

Ich war zwanzig Jahre alt und erst seit etwa acht Monaten in den USA. Meine persönlichen Besitztümer waren fünf Dollar, zwei Hemden und eine Hose – und ich sprach kein Englisch. Ein beängstigender Gedanke überfiel mich: „Wie werde ich es in diesem Land je zu etwas bringen, wenn ich nicht zum Ausdruck bringen kann, was ich denke?

Manche Menschen nahmen an, dass ich nicht besonders intelligent sei, weil ich kein Englisch sprach. Da ich nicht das Gegenteil beweisen konnte, musste ich etwas unternehmen. Während viele andere auf dem Weg nach oben waren, war ich zunächst einmal damit beschäftigt, so viel zu lernen, um überhaupt zurechtzukommen.

Da mir jede berufliche Qualifikation fehlte, versuchte ich irgendwo als Hilfskraft unterzukommen. Doch noch nicht einmal als Müllsammler auf dem Parkplatz eines Schnellrestaurants wurde ich eingestellt. Ich bin bis heute nicht sicher, ob es den Mülleimern wohl schwergefallen wäre, mich zu verstehen.

Nach vielen vergeblichen Anläufen, einen Job zu bekommen, bei denen ich immer nur zu hören bekam, dass mein Englisch einfach zu schlecht sei, hätte ich *alles* getan. Dann bat ich einen Bootsbauer, mich als Handlanger einzustellen. Ich versicherte ihm, dass ich schnell lernen würde, und er gab mir meinen ersten Teilzeitjob. Ich wusch für 5 oder 6 Dollar Autos auf der Straße, wischte Böden und grub Löcher.

Die Bezahlung war nicht gerade üppig, ermöglichte mir jedoch ein besseres Leben, als ich es als krankes Kind in einem verarmten Dorf auf Haiti gehabt hatte. Zumindest brauchte ich nicht mehr gegen Hunger, Armut und Krankheit zu kämpfen. Und was noch wichtiger war: Ich schlief nicht mehr auf einem schmutzigen Fußboden, wo ich Ratten und anderes Ungeziefer abwehren musste, die hin und wieder versuchten, meine Zehen anzuknabbern.

Während der ganzen Zeit lernte ich weiter Englisch. Ich schrieb jeden Tag drei Wörter in meine Handfläche und prägte sie mir ein. Dabei hörte ich zum ersten Mal etwas vom amerikanischen Traum. Die Leute sprachen davon, man hörte etwas darüber im Fernsehen und auch in den Zeitungen tauchte dieser Begriff immer wieder auf.

Ich hatte auch schon einige Ideen, wie man in Amerika erfolgreich sein könnte. Man musste bereit sein, alles zu tun, auch Belastbarkeit, Ausdauer und harte Arbeit standen ganz oben auf meiner Liste. Die Straße zum Erfolg verlangt jedoch viel mehr als nur das. Sie verlangt nach speziellen Fertigkeiten, einem bestimmten Know-how. Ausdauer ohne Bauern- und Bücherschläue war eine Sackgasse.

Meine Arbeit war mir vorherbestimmt. Es war mir klar, dass es sehr lange dauern würde, bis ich in der Lage wäre, ein Buch zu lesen und auch zu verstehen, was darin geschrieben stand. Was tat ich also, um von dort, wo ich damals stand, dahin zu kommen, wo ich heute bin? Die Antwort ist, ich habe mich intensiv vorbereitet. Wie Abraham Lincoln schon sagte: „Ich werde lernen und mich vorbereiten. Eines Tages wird meine Stunde kommen."

Das Erlernen der Sprache hatte für mich oberste Priorität. Ich investierte in ein kleines Wörterbuch und kaufte einige Lesefibeln für Schulanfänger, so konnte ich die Bilder sehen und gleichzeitig die Wörter lernen. Ich schrieb weiterhin jeden Tag drei Wörter in meine Hand. Am Ende jeder Woche wiederholte ich alle meine Wörter. Als ich genügend Wörter kannte, musste ich lernen, wie sie ausgesprochen wurden, damit andere Menschen mich verstehen konnten. Es war manchmal erniedrigend und frustrierend, die Wörter ständig zu wiederholen. Ich kaufte ein Buch und verknotete mir die Zunge, bis sie schmerzte. Fass Sie es nicht wissen sollten: Die Zunge ist einer der faulsten Muskeln in unserem Körper. Wie fast alle Menschen, so bevorzugt auch sie es, in einer angenehmen Position zu verharren.

Nachdem ich einige Zeit alles getan hatte, um als gestrandeter Immigrant in Miami zurechtzukommen, zog ich nach Atlanta in Georgia um. Hier ergatterte ich einen Job als Türsteher in einem der besseren Hotels, dem *Waverly Renaissance Hotel*. In gewisser Weise war dieser Job als Türsteher meine Eintrittskarte zu einem Leben in Fülle. Nicht, dass ich plötzlich in Geld geschwommen wäre – es ging vielmehr um die Bildung, die mir dieser Job vermittelte. Nicht unsere Besitztümer oder die Position, die wir innehaben, zählen im Leben wirklich. Es geht um den Menschen, zu dem wir werden. Es geht um den Mut, einen Umweg zu machen und das zu tun, was die meisten nicht tun wollen.

Wenn ich die Autos der Gäste in die Hotelgarage fuhr, entdeckte ich, welche Bücher diese Menschen lasen, die in meinen Augen den amerikanischen Traum lebten. Ich gewöhnte mir an, die Autositze immer mit den Augen nach

Selbsthilfebüchern und -kassetten abzusuchen. Ich kaufte dann alles, was ich da gesehen hatte.

Ich verschlang jedes Buch und hörte jede Kassette immer wieder. In kürzester Zeit war mein Gehirn übersättigt von Botschaften nach dem Muster „Du kannst es schaffen". Ich hatte das Gefühl, nichts könne mich aufhalten. Ich schrieb meine Ziele auf und machte Pläne, wie ich diese Ziele erreichen würde. Eines meiner Ziele war, Vorträge im ganzen Land zu halten. Zwar äußerten einige Menschen direkt oder indirekt ihre Zweifel an meiner Qualifikation für ein solches Vorhaben, aber ich wagte dennoch, daran zu glauben. Mein Vorgesetzter erklärte mir, dass niemand mich jemals dafür bezahlen würde, dass ich einen Vortrag hielt. Er führte einige Gründe an, unter anderem, dass ich ein Einwanderer sei und ein entsetzliches Englisch spräche.

„Guten Tag, mein Herr, ich bin Rene Godefroy..., der Türsteher. Mein Traum ist es, eines Tages Vorträge zu halten, genau wie Sie." Das sagte ich zu zwei der bekanntesten Männer und Wirtschaftsführer, denen ich die Hoteltür aufhielt. Zu meiner Überraschung nahmen beide sich die Zeit, mir Ratschläge zu geben. Es war für mich wie ein frischer Wind, zu erleben, dass es Menschen gibt, die anderen Menschen Hoffnung machen und sie inspirieren.

Ich wusste, dass es schwer sein würde, mit diesen etablierten Persönlichkeiten wieder Kontakt aufzunehmen. Sie sind sehr beschäftigt und werden gut abgeschirmt. Als ich erfuhr, dass beide Mitglieder in einer Rednervereinigung sind, setzte ich mir augenblicklich das Ziel, an einem ihrer Kongresse teilzunehmen. Natürlich hatte ich nur sehr wenig Geld, dafür war meine Entschlossenheit umso größer. Angeblich lässt sich die Entschlossenheit eines Menschen daran erkennen, wo er sein Geld und seine Zeit investiert.

Ich sparte mein gesamtes Trinkgeld für den Kongress. Und ich fuhr hin. Es kann sehr überwältigend sein, sich plötzlich in einem Raum mit zweitausend anderen Menschen zu befinden. Aber ich wollte unbedingt mit diesen Männern sprechen, die ich an der Hoteltür kennengelernt hatte.

Ich brachte mich in Erinnerung, indem ich sagte, „Guten Tag, mein Herr, ich bin Rene Godefroy …, der Türsteher des Hotels, in dem Sie in Atlanta abgestiegen sind. Ich habe Ihnen damals erzählt, dass ich Vorträge halten will, und hier bin ich jetzt." Einer umarmte mich herzlich und stellte mich einigen anderen hochkarätigen Referenten vor. Ein anderer nahm mich beiseite und sagte: „Ich möchte, dass Sie immer wieder hierherkommen. Ich kann das Feuer spüren, das in Ihnen brennt. Sie werden es mit Sicherheit schaffen." Er gab mir außerdem eine Liste von Dingen, die ich tun sollte. Ich habe sie alle abgearbeitet.

Nach wenigen Jahren kam dem Vorstand der Vereinigung meine Geschichte zu Ohren. Ich hatte Glück und wurde ausgewählt, bei einem ihrer Kongresse die Eröffnungsrede zu halten. Der Rest ist Geschichte.

Ich wurde von Büros und Agenturen entdeckt, die Referenten vermitteln. Eine bekannte Persönlichkeit schrieb das Vorwort für mein Buch mit dem Titel *Kick Your Excuses Good-bye* (dt. etwa: Treten Sie Ihren Entschuldigungen in den Hintern). Heute lebe ich das wunderbare Leben, von dem ich geträumt und für das ich so hart gearbeitet habe.

Mein Ziel ist es, anderen Menschen Hoffnung zu geben und sie zu ermutigen. Ich hoffe, dass mir das bei meinen Lesern gelungen ist. Bitte geben Sie niemals auf! Nehmen Sie bei allem, was Sie tun, auch einen Umweg in Kauf. Wahre Fülle und Erfolg warten genau auf diesem Umweg geduldig auf Sie. Machen Sie weiter!

Rene Godefroy

Anregungen und Tipps zur ersten Lektion

Lernen Sie aus den Lektionen, die das Leben Tag für Tag für Sie bereithält? Betrachten Sie das, was das Leben zu bieten hat, als Herausforderungen, die Gelegenheiten für Sie sind? Wenn dem so ist, so dürfen wir annehmen, dass Sie aus Ihren Erfahrungen lernen. Neigen Sie hingegen mehr dazu, sich selbst und anderen immer „Schuld" zuzuweisen oder bestimmte Umstände mit „Entschuldigungen" zu erklären, oder ziehen Sie es vor, im Leben nur *Zuschauer* zu sein? Dann verpassen Sie garantiert einige wunderbare Chancen und Möglichkeiten!

Sie brauchen sich nicht selbst die Schuld an allem zu geben, was im Leben geschieht. Das bedeutet aber auch nicht, dass Sie sie stattdessen anderen in die Schuhe schieben sollten. Warum die Kontrolle über eine Situation an andere abtreten? Viele Dinge geschehen einfach, es liegt jedoch an jedem von uns, diese Dinge – wann immer möglich – zu unserem eigenen Vorteil zu nutzen und unser Leben in die Hand zu nehmen. Wir müssen einen Schritt nach dem anderen tun und dabei liegt es in unserer Verantwortung, alle Hilfsmittel einzusetzen, um unsere Ziele zu erreichen – egal, welche Hindernisse sich uns in den Weg stellen.

Wie reagieren *Sie* auf die Dinge, die das Leben Ihnen vorsetzt? Fragen Sie sich, wie Sie es bis zu diesem Punkt in Ihrem Leben geschafft haben, oder fragen Sie sich, wie Sie an einen ganz anderen Punkt kommen könnten? Dann fragen Sie sich doch auch einmal, ob Sie in Ihrem Leben bisher der Fahrer oder der Beifahrer gewesen sind. „Es gibt keine Zufälle", sagt man. Die Dinge, die uns im Leben widerfahren, passieren nicht einfach so. Sie haben die Macht und die Kontrolle über Ihr Leben, wenn Sie die Verantwortung für das übernehmen, womit Sie konfrontiert werden, und jede Erfahrung als eine Lektion des Lebens begreifen, die es zu lernen gilt.

Vorschläge

1. Nehmen Sie Ihr Wohlstands- und Erfolgstagebuch zur Hand und ziehen Sie in der Mitte einer leeren Seite eine senkrechte Linie. Tragen Sie in die linke Spalte diejenigen Bereiche Ihres Lebens ein, in denen Sie vor einer Herausforderung stehen. Dann finden Sie die Chancen und Gelegenheiten in jeder Herausforderung und tragen diese in die rechte Spalte ein.
2. Überlegen Sie sich für jede Gelegenheit einen konkreten Schritt, den Sie jetzt tun können, um diese Gelegenheit zu ergreifen und für sich zu nutzen.
3. Entscheiden Sie, wann Sie diesen Schritt tun werden. Schreiben Sie das Datum daneben. Diesen einen Schritt zu tun ist alles, was Sie brauchen, um die Sache in Schwung zu bringen.
4. Und jetzt, wie die Sportwerbung so schön sagt: „Just do it!" Tun Sie es einfach!
5. Haben Sie diesen ersten Schritt getan, so überlegen Sie sich anschließend den nächsten. Entscheiden Sie sich für ein Datum und schreiben Sie es daneben. Treffen Sie die Entscheidung, es dann einfach zu tun.
6. Wiederholen Sie die Schritte 2 bis 5 so oft wie nötig.

Zweite Lektion:
Nehmen Sie Ihr Leben selbst in die Hand

Erfolg ist Versagen, von dem der Schmutz abgebürstet wurde.

Mamie McCullough

Erfolg trotz Gegenwind

Liebe wird erst dann zu Liebe, wenn wir sie verschenken.
(Verfasser unbekannt)

Im Alter von viereinhalb Jahren begann ich zu stottern. Manchmal brauchte ich mehrere Minuten, um meinen eigenen Namen zu sagen. Fachärzte vermuteten, dass mein Stottern daher rührte, dass ich bei einem Ausflug im Wald meine Eltern verloren hatte. Ich war während eines Picknicks einfach weggegangen und hatte mich verirrt; es hatte viele Stunden gedauert, bis meine Eltern mich gefunden hatten. Diese traumatische Erfahrung, der Auslöser für mein Stottern, sollte mein Leben in den nächsten dreißig Jahren beeinflussen.

Wegen meines Stotterns fühlte ich mich anderen Menschen immer unterlegen und versuchte, dieses Manko auszugleichen; dabei tat ich des Guten zu viel. Ich wollte gefallen, wollte geliebt und akzeptiert werden. Heute bezeichnet man dies als Minderwertigkeitskomplex und fehlendes Selbstvertrauen. Während meiner Kindheit und Jugend hatte ich immer das Gefühl, wegen meines Stotterns vieles zu verpassen. Ich war ein Außenseiter und wurde oft gehänselt. Meine Kameraden in der Schule sprangen nicht gerade sanft mit mir um und meine Lehrer ignorierten meine Hand, wenn ich mich im Unterricht meldete. In meinem Erwachsenenleben stellten Einstellungsgespräche für mich die größte Herausforderung dar.

Aus dieser Not heraus entschied ich mich für eine Lehre als Friseur, denn in diesem Beruf schien Sprechen nicht zu den entscheidenden Voraussetzungen zu gehören. Ich schaffte es tatsächlich, ein erfolgreicher Friseur zu werden, und wurde sogar für eine Ausbildung bei der weltbekannten Vidal-Sassoon-Kette zugelassen.

Meine Zeit bei dieser Firma war aufregend; ich lernte dort viel mehr, als Haare zu schneiden, ich lernte etwas über das Leben und darüber, anderen zu dienen. Ich erhielt sogar die Gelegenheit, den berühmten Firmengründer Vidal Sassoon persönlich kennenzulernen, und er hinterließ einen bleibenden Eindruck bei mir. Ich stotterte sogar weniger, weil ich mehr Selbstvertrauen entwickelte; ich sprach zwar noch nicht ganz flüssig, aber ich konnte mich ausdrücken. Die Menschen bei Vidal Sassoon waren die ersten, die hinter meine Behinderung sahen und mir die Chance gaben, mich zu bewähren.

Dann machte ich mich daran, meine eigenen Friseurgeschäfte zu eröffnen, und gerade als die Dinge sich zum Guten zu entwickeln schienen, erlitt ich einen Rückfall. Es war der schlimmste seit meiner Schulzeit. Egal, wie sehr ich mich anstrengte, ich konnte mein Sprechen nicht steuern. Dieser Rückschlag war niederschmetternd für mich. Ich erkannte, dass ich drastische Maßnahmen ergreifen musste. Es war höchste Zeit, dass ich für mein Sprechen die Verantwortung übernahm und etwas tat.

Ironie des Schicksals: Beim abendlichen Zappen durch die Fernsehprogramme stieß ich auf eine Dokumentation über einen Schotten, der einen alternativen Therapieansatz für Stotterer entwickelt hatte. Nach mehreren Anläufen, in denen ich den Kurs gebucht und dann wieder abgesagt hatte, fand ich schließlich die Kraft, tatsächlich hinzufahren.

1986 nahm ich an einem einwöchigen Intensivkurs für Stotterer in Schottland teil. Ich erinnere mich noch gut daran, wie ich am Bahnhof von Manchester in der Schlange vor dem Fahrkartenschalter stand, um meine Karte nach Edinburgh in Schottland zu kaufen. Als ich vor dem Schalterbeamten stand, versuchte ich, ihm mein Reiseziel zu nennen – es kamen jedoch keine Worte über meine Lippen. Ich war wie gelähmt vor Angst. Mein Kopf bewegte sich ruckartig von einer Seite zur anderen in dem Versuch, die Worte herauszubringen. Die Leute hinter mir wurden ungeduldig, also nahm ich ein Blatt Papier und schrieb auf, was ich nicht sagen konnte.

Der Kurs wurde nach strengen Regeln durchgeführt, aber die Methode funktionierte. Von den Teilnehmern wurden bedingungslose Disziplin und Verpflichtung auf das gemeinsame Ziel verlangt. Am Ende des Kurses sprach ich zwar sehr langsam, aber zum ersten Mal seit mehr als dreißig Jahren ohne Stottern. Meine Zuversicht war riesengroß, ich hatte neue Hoffnung für die Zukunft gefasst, aber ich machte mir keine Illusionen über die Aufgabe, die noch vor mir lag. Ich wusste, dass es schwer war, alte Gewohnheiten zu überwinden, und ich würde all meine Entschlossenheit und Disziplin brauchen, um die Techniken anzuwenden, die ich im Kurs gelernt hatte: Zwei Stunden Übung täglich waren erforderlich, um die neue Art, zu sprechen und zu denken, zu verankern. Ich verpflichtete Freunde und Familienangehörige dazu, mich zu unterstützen und zu ermutigen. Dieses Netzwerk half mir unglaublich.

Es dauerte drei Jahre, bis ich gelernt hatte, meine neue Stimme zu gebrauchen, und mich daran gewöhnte. Natürlich hatte ich auch mit Rückschlägen zu kämpfen, ich war jedoch jedes Mal aufs Neue entschlossen, es zu schaffen und das flüssige Sprechen beizubehalten. Ich ließ mich von keinem Rückschlag entmutigen, wie es in früheren Jahren so oft der Fall gewesen war.

Dann suchte ich nach der nächsten Herausforderung und machte eine weitere Ausbildung im Verkaufssektor. Innerhalb von achtzehn Monaten schaffte ich es vom einfachen Verkäufer zum Leiter des gesamten Verkaufs. Ich verdreifachte die Umsätze in meinem Sektor und erhielt mehrere Auszeichnungen.

Als ich viele Jahre zuvor zu diesem Stotterkurs unterwegs gewesen war, hatte ich mir das Ziel gesetzt, dass ich eines

Tages in der Öffentlichkeit eine Rede halten würde. Ich schloss dann meine Augen und sah mich auf einer Bühne stehen und auf eine flüssige und faszinierende Weise sprechen – etwas, wovon ich damals nur träumen konnte. Ich blickte in die lächelnden Gesichter vor mir und hörte den begeisterten Applaus meines Publikums. Diesen Traum habe ich niemals aufgegeben.

Heute *lebe* ich meinen Traum. Ich habe meine eigene, sehr erfolgreiche Firma und verdiene meinen Lebensunterhalt als begehrter professioneller Referent. In dieser Funktion teile ich meine Botschaft und meine eigene Geschichte mit Menschen auf der ganzen Welt. Kaum zu glauben, aber meine Stimme und mein Sprechen – einst meine größten Gegner und Anlass für all meine Ängste – sind mittlerweile meine besten Freunde geworden.

Charles Marcus

Anregungen und Tipps zur zweiten Lektion

Wünschen Sie sich manchmal, Sie könnten etwas *noch einmal*, aber *anders* machen, etwas rückgängig machen oder eine Äußerung zurücknehmen? Die schlechte Nachricht ist, dass wir das nicht können – was geschehen ist, ist geschehen. Die gute Nachricht ist, dass dies bereits zur Vergangenheit gehört und dass jetzt der erste Augenblick vom Rest Ihres Lebens ist. Wir können die Vergangenheit nicht verändern – also fragen wir uns lieber, was die Zukunft uns bringt. Wir haben die Wahl!

Die meisten von uns bewegen sich in der Regel in eingefahrenen Geleisen. Wir sind mit unserer Vergangenheit ebenso unzufrieden wie mit der Gegenwart, sträuben uns aber, die Sache selbst in die Hand zu nehmen und die Zukunft so zu gestalten, wie wir sie haben wollen. Wir erkennen nicht, dass wir uns bewusst oder unbewusst selbst den Weg bereiten, auf dem wir vorwärtsgehen. Nichts jedoch ist endgültig und unabänderlich. Veränderung beginnt mit einem ersten Gedanken, gefolgt von einer Entscheidung, die dann in Handeln mündet.

Gibt es Dinge in Ihrem Leben, die Sie nicht mehr haben wollen? Oder gibt es Dinge, die Sie gerne realisiert sehen würden? Sind Sie bereit, die Entscheidung zu treffen, das zu sein, was Sie sein wollen?

Schließen Sie die Augen und visualisieren Sie das Leben Ihrer Träume. Unterscheidet es sich von dem Leben, das Sie derzeit führen? Dann haben Sie eine Entscheidung zu treffen! Machen Sie sich bewusst, welche Gedanken Ihnen durch den Kopf gehen. Verändern Sie sie einfach, machen Sie Gedanken der Anerkennung und Wertschätzung daraus, dies wird eine tiefgreifende Wirkung auf Ihr Leben haben. Machen Sie sich keine Sorgen um das, was bereits geschehen ist. Vergessen Sie nicht: Dies ist der erste Moment vom Rest Ihres Lebens.

Die Entscheidungen, die Sie von Augenblick zu Augenblick treffen, bestimmen die Ergebnisse. Es liegt an Ihnen, den Entschluss zu fassen, anders zu denken, sich anders zu verhalten und damit andere Ergebnisse zu erhalten.

Vorschläge

1. Nehmen Sie Ihr Wohlstands- und Erfolgstagebuch zur Hand und schreiben Sie als Überschrift über eine neue Seite: „Wie habe ich dieses Problem ... in meinem Leben erzeugt?" Achtung: Hier handelt es sich nicht um eine Liste von Problemen, die jemand anders erschaffen hat! Hier geht es nicht um Täter und Opfer. Dies ist die Gelegenheit für Sie zu erkennen, welches *Ihre* Rolle bei der Entstehung der Situation war. Welche Entscheidungen haben Sie getroffen, welche Haltung haben Sie eingenommen, was haben Sie gesagt oder nicht gesagt, welche Annahmen haben Sie getroffen? Sie übernehmen damit zu hundert Prozent die Verantwortung dafür, dass dieses Problem oder diese Situation in Ihrem Leben existiert.
2. Schreiben Sie auf die nächste Seite die Überschrift: „Was kann ich tun, um dieses Problem zu lösen?" Dies ist die Gelegenheit, Ihre Aufmerksamkeit auf das zu richten, was Sie wirklich wollen, und Ihre Energie für die Ergebnisse einzusetzen, die Sie haben wollen. Auch damit übernehmen Sie wiederum zu hundert Prozent die Verantwortung für Ihr Leben.
3. Entscheiden Sie mithilfe der Liste von Antworten unter Punkt 2., was Sie als Nächstes tun werden, und tun Sie es!
4. Denken Sie daran, sich bei Rückschlägen weiterhin auf das gewünschte Ergebnis zu konzentrieren und sich zu fragen: „Was kann ich tun, um dieses Problem zu lösen? Fangen Sie dann sofort wieder an zu handeln.
5. Ganz wichtig: Gratulieren Sie sich selbst dazu, dass Sie wieder die Kontrolle über Ihr Leben übernommen haben.

Dritte Lektion: Bezahlen Sie im Voraus und vollbringen Sie Wunder

Es gibt nur zwei Möglichkeiten, sein Leben zu leben:
Entweder man tut so, als wäre *nichts* ein Wunder,
oder man tut so, als wäre *alles* ein Wunder.

Albert Einstein

Das Geheimnis der Grußkarten

Liebe überlegt nicht lange, sie gibt im Überfluss – ohne Berechnung, verschwenderisch, alles – und verzagt daran, weil es immer zu wenig ist.

Hannah Moore

Anfang 2006 erfuhr ich dann, dass mein jüngster Bruder Dave an Lungenkrebs erkrankt war. Aufgrund meiner erfolgreichen beruflichen Tätigkeit hatte ich sowohl das Geld als auch die Zeit, zu Dave nach Florida zu reisen. In dieser Zeit erhielt ich einen Brief von einer guten Freundin; darin fragte sie mich, ob sie meinen Bruder und seine Frau in ihre Gebete einschließen dürfe, die sie regelmäßig zusammen mit Gleichgesinnten in einem Gebetskreis betete. Ich war gerührt und sagte natürlich Ja.

In den nächsten acht Monaten erhielt mein Bruder Hunderte von Karten – von Menschen, denen wir noch nie begegnet waren. Dave freute sich über jede Karte, die er erhielt. Er erklärte mir mit Tränen in den Augen und einem glückseligen Lächeln, dass diese Karten ihn ermutigten und inspirierten, die Hoffnung nicht aufzugeben und den Menschen in seiner Umgebung täglich seine Liebe zu zeigen.

Bei meinem nächsten und letzten Besuch bei meinem Bruder zählte ich über hundert Karten, die er an die Wand gepinnt hatte, und er hatte noch etwa zweihundert weitere in seinem Schrank. Ich nannte die Wand „Wand der Liebe" und die Absender der Karten „Daves Engel".

Dave starb am 11. September 2006 im Alter von sechsundvierzig Jahren. Ich war sehr traurig über seinen Tod und vermisste ihn unbeschreiblich. Ich war aber auch wütend und enttäuscht von meinem Vater. Ich hatte das Gefühl, dass mein Vater nicht da gewesen war, als Dave ihn gebraucht hätte. Groll und Enttäuschung hatten mich fest im Griff; ich hasste dieses Gefühl, wusste aber nicht, wie ich es wieder loswerden sollte.

Doch dann hatte ich eine Eingebung. Ich erinnerte mich an Daves Engel und die Wand der Liebe. Wenn ich mir wünschte, voller Liebe, Freude und Vergebung zu sein, dann sollte auch ich eine Karte schicken! Also verfasste ich einen wundervollen Nachruf auf Dave und schickte ihn an alle seine Engel. Dies erfüllte mich mit Leichtigkeit und Frieden, als wäre mir eine Last vom Herzen genommen. Ich hatte nicht nur meines Bruders auf liebevolle Weise gedacht, sondern ich hatte selbst eine Haltung von Liebe und Anerkennung eingenommen.

Dennoch war noch nicht mein ganzes Herz von Freude erfüllt. Immer noch hegte ich gegen meinen Vater Reste dieser negativen Gefühle wie Verletztheit, Zorn, Enttäuschung und Frustration. Und dann dämmerte es mir: *Ihm* musste ich Karten schicken! Ich tat es und etwas Bemerkenswertes geschah: Je mehr Karten ich ihm schickte, umso besser fühlte ich mich und umso mehr Liebe empfand ich für meinen Vater. Ich heilte meine Beziehung zu ihm mit einer einzigen, einfachen Handlung: Ich sandte ihm immer wieder Karten mit Worten der Liebe, der Anerkennung und der Achtung. Dabei wurde auch er offener, fröhlicher, gütiger und liebevoller mir gegenüber. Ich erlebte die totale Leichtigkeit des Seins.

Dieses Verschicken von Karten wirkte sich eindeutig positiv auf meinen Beruf aus. Ich ziehe mehr treue Kunden und Zulieferer an und kann sie auch halten und ich werde häufiger weiterempfohlen. Mein Einkommen steigt und ich habe mehr Spaß an meinem Beruf. Ich fühle mich verjüngt und inspiriert. Ich habe wirklich verstanden, was es heißt, mit Liebe zu arbeiten und zu dienen. Ich habe gelernt, meinen Fokus auf die positiven Aspekte eines jeden Menschen und eines jeden Ereignisses zu richten, und es war wirklich erstaunlich, wie viele „Wunder" dadurch geschehen konnten. Das ist Daves Vermächtnis für mich und es fließt in das Leben all derer ein, mit denen ich zusammentreffe. Je mehr Menschen Absender solcher Karten werden, umso mehr Liebe, Wertschätzung und Vergebung können wir geben und – Überraschung: Wir werden dabei auch wohlhabender!

Barb Gau

Anregungen und Tipps zur dritten Lektion

Wie fänden Sie es, wenn Sie Ihr Potenzial zu helfen voll ausschöpfen und praktisch jeden Tag jemandem helfen könnten? Diese Möglichkeit besteht tatsächlich: Bezahlen Sie im Voraus! Vielleicht haben Sie ja den Film *Pay It Forward* schon gesehen? Im-Voraus-Bezahlen ist das Gegenteil von Zurückzahlen (etwa eines Kredits).

Was sagen Sie normalerweise, wenn Ihnen jemand einen Gefallen tut? „Vielen Dank, ich werde mich revanchieren." Tun Sie lieber *sofort*, *im Voraus* jemand anderem etwas Gutes, anstatt sich *später* zu revanchieren. Und geben Sie nicht nur einmal, sondern gleich zweimal im Voraus. Gibt es jemanden, der Ihnen etwas schuldet, von dem Sie also etwas zurückzubekommen haben? Fordern Sie ihn auf, lieber jemand *anderem* im Voraus etwas zu geben, denn so kann eine gute Tat in relativ kurzer Zeit vervielfältigt werden.

Trevor, die zwölfjährige Hauptperson des Films *Pay It Forward*, hat eine Idee, die er seiner Mutter und seinem Lehrer so erklärt: Jeder von ihnen soll drei anderen Menschen etwas Gutes tun. Diese drei Menschen tun dann ihrerseits jemand anderem etwas Gutes, anstatt sich beim ursprünglichen Wohltäter zu revanchieren oder ihm etwas zurückzugeben. Dies führt dazu, dass die Anzahl der Wohltäter sprunghaft ansteigt. Am Anfang sind es drei Menschen, dann neun und so weiter. Schon bald tun Hunderte von Menschen anderen einen Gefallen im Voraus.

Dieses „Im-Voraus-Bezahlen" – also selbstlos und aus Güte etwas für jemand anderen tun und ihn dann zu bitten, diesen Gefallen wiederum im Voraus an jemand anderen weiterzugeben – ist eine Idee mit machtvollem Potenzial. Also, denken Sie daran: Immer, wenn Sie jemandem einen Gefallen tun, bitten Sie ihn, diesen Gefallen an jemand anderen „im Voraus" weiterzugeben.

Vorschläge

1. Halten Sie diese Woche nach einer Gelegenheit Ausschau, jemandem selbstlos einen Gefallen zu tun, bitten Sie ihn dann, diesen Gefallen an jemand anderen weiterzugeben, indem er ebenfalls einem anderen Menschen im Voraus einen Gefallen tut.
2. Halten Sie in Ihrem Wohlstands- und Erfolgstagebuch die Erfahrung fest, die Sie damit gemacht haben, und beschreiben Sie, wie Sie sich dabei gefühlt haben.
3. Suchen Sie ab heute immer, wenn Ihnen jemand einen Gefallen tut, *zwei* Gelegenheiten, diesen Gefallen im Voraus an jemand anderen weiterzugeben.

Seien Sie darauf gefasst: Sie können sich zurücklehnen und die durchschlagende positive Wirkung dieser Vorgehensweise genießen. Sie können sicher sein, dass dadurch dieses Jahr für viele Menschen zu einem besseren Jahr wird – auch für Sie!

Vierte Lektion:
Machen Sie Ihre Angst zu Ihrem Verbündeten

Den *größten* Ruhm verdienen wir nicht damit, dass wir danach streben, nie zu fallen, sondern damit, dass wir immer wieder aufstehen, wenn wir fallen.

Konfuzius

Initiative ergreifen – dann helfen auch andere

Da unterrichtete, schrieb und coachte ich zum Thema Erfolg und Wohlstand und steckte doch selbst bis zum Hals in Schulden! Ich versuchte zu leben, was ich predigte, und strauchelte dennoch – meine gesamte Aufmerksamkeit war auf das gerichtet, was ich nicht wollte. Ich wollte nicht verschuldet sein und nicht ständig von meinem Ex-Mann belästigt werden. Meine Kraft und meine Stärke schienen Schnee von gestern zu sein.

Ich bemühte mich weiterhin, zu meiner alten Kreativität und Begeisterung zurückzufinden, doch je mehr Druck ich aufbaute, umso weiter entfernte ich mich von meinem Ideal. Zwei Jahre zuvor war ich schuldenfrei gewesen. Ich hatte gerade mein Haus verkauft, alles außer meinem Auto bezahlt und war bereit, ein neues Leben zu beginnen.

Leider war meine Realität mittlerweile meilenweit von dem entfernt, was ich mir vorgestellt hatte. Ich wünschte mir nur noch, dass jemand käme und alle meine Probleme mit *einem* Streich vom Tisch wischte. Mein Notebook war aus dem Büro gestohlen worden, die Reifen meines Autos waren zerstochen, das Auto selbst mit Säure besprüht worden; auf meinem Anrufbeantworter stauten sich an die sechzig Nachrichten meines verletzten und wütenden Ex-Mannes und meine Brieftasche und mein Handy waren aus meinem Auto gestohlen worden. Ich fühlte mich wie ein Opferlamm und erwartete hinter jeder Ecke die nächste Katastrophe.

Nach *einem* Jahr in diesem Zustand, der sich wie „geisteskrank" anfühlte, wurde mir schließlich klar, dass ich selbst der einzige Mensch war, der mir helfen konnte. Meine Familie und meine Freunde unterstützten mich nach Kräften, doch es lag an mir, meine Sicht der Dinge zu verändern. Ich hatte sehr viel Zeit damit verbracht, darüber nachzudenken, was ich tun könnte, um mein Leben wieder in Ordnung zu bringen. Doch bevor sich das Blatt zum Besseren wandte, wurde zunächst alles noch schlimmer. Ich ging hart mit mir ins Gericht, weil ich zugelassen hatte, dass mein Leben eine so drastische Wendung ins Negative nahm.

Die Intensität meiner Emotionen empfand ich wie den Hochdruck, unter dem ein Ventil steht. Ich brauchte ernstlich Hilfe. Ein Kollege empfahl mir eine spirituelle Coachin. Sie half mir geduldig von Woche zu Woche, meine ständigen angstgesteuerten Gedankenspiele auszuschalten. Ich hatte sie engagiert, aber ich fürchtete permanent, dass sie mir kündigen würde. Ich kam mir vor wie ein Kind, das ständig zum gleichen Thema ermahnt werden muss. Meine Coachin arbeitete acht Monate mit mir, sie half mir, den Glauben an ein Licht am Ende des Tunnels nicht zu verlieren. Sie und Eva, meine Geschäftspartnerin, hielten mir immer wieder jeden Millimeter an Fortschritt vor Augen, den ich machte, auch wenn ich selbst ihn nicht erkennen konnte.

Ich arbeitete bereits einige Monate an meiner Transformation, als mein neuer Lebenspartner mich darauf aufmerksam machte, dass sich – was mein Geschäft betraf – noch immer keine Veränderung erkennen ließ. Seine Worte schmerzten, aber er hatte Recht. Ich tat jetzt zwar, was ich liebte, hatte jedoch noch nicht die Entscheidung getroffen, wieder zu der energiegeladenen und leidenschaftlichen Person zu werden, die ich einst gewesen war. Mein Einkommen war so, dass ich damit einigermaßen gut leben konnte, ich zog jedoch längst nicht die Gewinne an, die ich in der Vergangenheit gemacht hatte. Das Geld reichte gerade, um die Mindestrate für meine Schulden zu bezahlen, und ich schien in einem unsichtbaren Netz gefangen. Ich entschloss mich, mir einen Überblick über meine wirtschaftliche Situation zu verschaffen.

In dieser Woche sah ich mir also die Zahlen an. Es war höchste Zeit, genau hinzuschauen und zu erkennen, was vor sich ging, anstatt dauernd über meine finanzielle Situation zu jammern. Ich fertigte Listen und Übersichten an und es sah nicht gut aus. Ich krempelte die Ärmel hoch und machte einen Plan. Zuerst würde ich eine größere Tilgungsrate für mein Boot leisten und es so schnell wie möglich abbezahlen. Das war noch der kleinste Posten in der Liste meiner Schulden. Alle anderen Positionen würde ich mit dem Mindestbetrag bedienen, meinem Gefühl nach schien das das Beste zu sein. Ich setzte mir selbst einen Termin (ein Jahr später), an dem ich alle meine Schulden abbezahlt haben wollte. Dieser Termin schien in weiter Ferne zu liegen und ich hatte keine Vorstellung davon, wie ich mein Einkommen so weit steigern sollte, dass sich mein Vorhaben realisieren lassen würde.

Nachdem ich zwei Monate im Sinne dieser „Mission" gearbeitet hatte, kam meine alte Leidenschaft mit ganzer Kraft zurück. Ich fühlte mich stark, weil ich die Initiative ergriffen hatte, meine Finanzen wieder auf die positive Seite zu bringen – wenn sie auch geringer ausgefallen war, als ich es mir gewünscht hätte. Ich fand noch ein Sparguthaben, das ich vergessen hatte, und zahlte damit das Boot ab. Als Nächstes war die Rückführung einer Kreditlinie dran. Einige Monate später war auch das erledigt. Das Spiel fing an, mir Spaß zu machen! Ich „ehrte" jeden Dollar, den ich einsetzte, um meine Rechnungen zu bezahlen. Die Sache kam in Bewegung und beflügelte meinen Geist.

Innerhalb von acht Monaten hatte ich mein Einkommen verdoppelt und sämtliche Kredite bis auf einen zurückgezahlt.

Jeanna Gabellini

Anregungen und Tipps zur vierten Lektion

Es liegt in der menschlichen Natur, dass wir die verschiedenen Aspekte des Lebens kontrollieren wollen. Häufig lassen wir jedoch zu, dass Angst die Kontrolle übernimmt. Warum geben wir freiwillig die Kontrolle über unser Leben ab? Ist es nicht an der Zeit, Schluss damit zu machen, dass die Angst Sie daran hindert, etwas zu tun, zu sein oder zu erreichen, was Sie sich wünschen?

Bitte machen Sie sich zunächst einmal klar, dass Angst nur dadurch entsteht, dass wir etwas für Realität halten, was in Wirklichkeit nicht so ist. (Wortspiel im Englischen: FEAR = *False Evidence Appearing Real*) Und genau diese Erkenntnis ist der Schlüssel, der Ihnen wieder die Kontrolle in die Hand gibt und Ihren Ball wieder ins Spiel bringt. Das, was Sie dazu bewegt, die Initiative zu ergreifen und das Heft wieder in die Hand zu nehmen, bringt Ihre Furcht ans Licht und löst deren Macht in Luft auf. Zuversicht wird aufgebaut und die Furcht verwandelt sich in Begeisterung, die Sie dem Erfolg ein gutes Stück näher bringt.

Vorschläge

Nehmen Sie Ihr Wohlstands- und Erfolgstagebuch zur Hand und tun Sie fünf winzige Schritte, die Ihnen helfen, die Schwelle zwischen „ängstlich" und „furchtlos" zu überschreiten:

1. Nehmen Sie Ihre Angst (oder Ängste) genauer unter die Lupe. Stellen Sie sicher, dass Sie sich der gesamten Situation bewusst sind. Es ist nicht ungewöhnlich, dass mehr als eine Angst die Wurzel eines Problems bildet oder dass eine weit zurückliegende Angst wieder nach oben kommt und sich mit einer neuen verbindet.

2. Machen Sie sich klar, was Sie davon abhält, das zu sein, zu tun oder zu haben, was Sie sich wünschen. Sie müssen ein genaues Bild von dem haben, was Sie überwinden müssen, damit Sie es erfolgreich bekämpfen können.
3. Machen Sie sich klar, was Sie täten, wenn diese Angst nicht wäre. Visualisieren Sie, wie Ihr Leben aussähe, wenn diese dunkle Wolke *nicht* über Ihnen schwebte. Wie würden Sie sich fühlen? Wie viele Gelegenheiten stünden Ihnen offen? Wie viele Abenteuer lockten? Wie viel glücklicher wären Sie?
4. Machen Sie sich die Situationen bewusst, in denen Sie Ihrer Angst ins Auge gesehen und sie überwunden haben. Mit ein wenig Überlegen kann jeder von uns sich an Situationen erinnern, in denen er seine Angst überwinden und ein gewünschtes Ergebnis (eine neue Beziehung, einen neuen Job, Schulabschluss, Hochzeit und vieles mehr) erreichen konnte. Nutzen Sie diese Situationen wie den berühmten Knoten im Taschentuch, der Sie daran erinnert, dass Sie dies jederzeit wieder schaffen können.
5. Machen Sie sich diejenigen Ihrer Eigenschaften bewusst, die Ihnen geholfen haben zu siegen. Diese Qualitäten sind die Basis für Ihren Erfolg und typischerweise auch die Grundlagen Ihrer Persönlichkeit – Ausdauer, Integrität, Biss, Zuversicht, die Fähigkeit, das *ganze* Bild zu sehen – um nur einige Qualitäten zu nennen.

Wie können Sie Ihrer Angst Einhalt gebieten? Wie können Sie den Bremsklotz aus Ihrem Leben entfernen? Auf welche Eigenschaften haben Sie in der Vergangenheit bereits zurückgegriffen, mit denen Sie Ihre Ängste überwunden und Ihre Träume verwirklicht haben? Jetzt ist der Augenblick gekommen. Übernehmen Sie wieder die Kontrolle über Ihr Leben.

Fünfte Lektion:
Machen Sie sich ein genaues Bild von Ihrem Traum

> Träume sind mächtige Spiegelbilder unseres Wachstumspotenzials.
>
> Denis Waitley und Reni L. Witt
> in *The Joy of Working*

Ein Geistesblitz

*Träume machen unser verborgenes Potenzial,
die in uns schlummernden Fähigkeiten sichtbar.*
                           Peter Daniels

Das Leben kann sich innerhalb eines Augenblicks vollständig ändern. Manchmal dauert es allerdings eine Weile, bis dieser Augenblick da ist.

Ich hatte meinen kleinen Sohn in den Kinderwagen gesetzt und brach mit ihm zu einem Spaziergang auf. Ich hatte mir angewöhnt, jeden Tag dieselbe Strecke am See entlangzugehen. Ich liebte es, den Ruderern zuzusehen, die in der aufgehenden Sonne über das Wasser glitten. Ich liebte die Kulisse der Stadt im Hintergrund und das ferne Rauschen des Verkehrs. Obwohl es bereits Herbst war, roch es noch nach frisch gemähtem Gras und die Bäume am Wegesrand standen noch in sattem Grün. Hin und wieder begegneten wir einem Fischer, der uns einen Morgengruß zuwinkte. Mein kleiner Sohn Matthew breitete hin und wieder seine Ärmchen aus und jauchzte den Vögeln zu, die sich ihr Frühstück suchten.

Meine Zeit gehörte mir. Eineinhalb Jahre zuvor hatte ich meine feste Stelle bei einer Behörde gekündigt und mich als Beraterin selbstständig gemacht. Mit meiner langjährigen Erfahrung und Sachkenntnis im Ausarbeiten von Finanzierungsplänen für Wohneigentum gelang es mir recht schnell, Kunden zu gewinnen. Unter ihnen war auch ein Projektentwickler, der eine Appartmentanlage für Senioren bauen wollte. Ich war begeistert von dem Projekt und genoss die Herausforderung, an seiner Ausarbeitung mitzuwirken und die Stadtverwaltung von einer Beteiligung zu überzeugen. Ich war von dem Projekt überzeugt und akzeptierte deshalb ein geringes Basishonorar; der Rest sollte nach der Genehmigung der Zuschüsse fließen.

Das Geld strömte zwar nicht gerade im Überfluss, aber ich konnte meinen Lebensunterhalt bestreiten. Ich hatte einen wunderbaren Freundeskreis, eine schöne Wohnung und ein Auto. Doch dann traf mich ein harter Schlag, als Matthews Vater uns noch vor der Geburt verließ. Ich schaffte es, mich wieder aufzurappeln und mir ein eigenes Leben aufzubauen.

Matt ist sozusagen meine „zweite Familie". Zwanzig Jahre zuvor war ich eine allein erziehende Mutter von zwei kleinen Kindern gewesen und das Leben war damals ein ständiger Kampf. Ich brauchte viele Jahre, um an der Abendschule meinen Schulabschluss nachzuholen. Selbst mit zwei oder drei Jobs gleichzeitig schaffte ich es kaum, genügend Essen auf den Tisch zu bringen. Ich weiß nicht mehr, wie oft wir ohne Telefon, Strom oder Heizung waren. Am schlimmsten jedoch war für mich, dass ich immer das Gefühl hatte, nie genügend Zeit für meine Kinder zu haben. Ich war oft sehr deprimiert und nur die Liebe zu meinen Kindern ließ mich weitermachen.

In diesen zwanzig Jahren begann meine lebenslange spirituelle Entwicklung. Ich fing an, meine Vision des Lebens niederzuschreiben, das ich mir wünschte. Ich bastelte „Schatzkarten" mit Bildern, die ich aus Zeitschriften ausschnitt. Ich trainierte mich darauf, meine Aufmerksamkeit auf *die* Bereiche meines Lebens zu richten, für die ich dankbar war, und mich nicht in meinen Sorgen zu verlieren. Nach und nach stellten sich Erfolge ein. Was ich erlebte, war keine plötzliche, drastische Veränderung meiner Lebensumstände, es war eher so, dass ich Stufe um Stufe eine Treppe hinaufstieg und mich mit jeder Stufe einer besseren, schöneren Ebene näherte.

An diesem Tag dachte ich bei meinem Spaziergang um den See an die unterschiedlichen Herausforderungen zurück, vor die mich dieses Wohnprojekt für Senioren gestellt hatte, und wie ich sie eine nach der anderen gemeistert hatte. Solche Projekte liegen mir und meine Energien waren in Fluss. Vielleicht war es die Kombination aus körperlicher Bewegung, der Schönheit der Natur um mich herum und meinem kreativen Hoch, die zusammen den perfekten Augenblick für einen Geistesblitz schufen – ich weiß nur noch, dass mir plötzlich ein Gedanke so heftig durch den Kopf schoss, dass ich es fast körperlich spürte:

Ich würde ein Wohnprojekt für allein erziehende Mütter und Väter und ihre Kinder entwickeln und es mit Geldern der öffentlichen Hand finanzieren!

Die Idee war so erstaunlich, so völlig neu und kam so unerwartet, dass ich mich kurz auf eine Bank setzen musste – es zog mir buchstäblich die Füße weg. In meinem Kopf überschlugen sich die Gedanken. Während meines gesamten Berufslebens hatte ich immer wieder mit Müttern und Vätern und ihren Kindern zu tun gehabt und kannte die Probleme aus erster Hand, die man als allein erziehender Elternteil mit niedrigem Einkommen meistern muss. Ich war für die Beratung dieser Menschen ausgebildet und konnte auch soziale Dienstleistungen anbieten. Ich war die richtige Person für dieses Projekt. Und was am wichtigsten war: Ich wusste, wie so etwas finanziert werden konnte.

Danach ging alles sehr schnell. Ich fand eine Wohnanlage, die vor der Zwangsvollstreckung (aus einer Hypothek) stand, und konnte die Eigentümerin, eine Bank, dazu überreden, mir für fünfhundert Dollar eine längerfristige Kaufoption einzuräumen. Ich fand einen Vertragspartner, der daran interessiert war, die Umbauten vorzunehmen. Wochenlang arbeitete ich Tag und Nacht, entwarf Pläne und kalkulierte die Umsatzentwicklung. In den letzten kritischen Monaten vor der Entscheidung über die Bewilligung der Finanzierung ging mir das Geld aus und ich musste sogar Sozialhilfe beantragen.

Nach sechs Monaten harter Arbeit war der Tag der Entscheidung gekommen. Ich saß als Zuhörerin in der Sitzung des Stadtrats, in der über meine Zukunft entschieden werden sollte. Schließlich las der Bürgermeister aus der Tagesordnung die Titel der zur Abstimmung anstehenden Wohnbauprojekte vor. Die ersten beiden wurden genehmigt, zwei andere abgelehnt. Dann kam die Abstimmung über das Senioren-Wohnprojekt meines Klienten und ... es wurde genehmigt.

Dafür war ich dankbar, die Spannung war jedoch nach wie vor fast unerträglich. Ich konnte nicht anders, ich fragte mich, was geschehen würde, wenn *mein* Projekt für Alleinerziehende abgelehnt werden würde. Dann hörte ich, wie der Bürgermeister um Abstimmung über *mein* Wohnprojekt bat. Ein Stadtrat nach dem anderen gab seine Stimme ab, dann stimmte auch der Bürgermeister zu. *Mein Projekt war einstimmig angenommen worden!*

Ein paar Wochen später hielt ich den Scheck in Händen, mit dem ich das Objekt erwerben und die Umbaumaßnahmen finanzieren konnte. Ich war acht Jahre lang Eigentümerin der Wohnanlage für allein erziehende Mütter und Väter und für sozial benachteiligte Familien; ich hatte ihr den Namen *Friendship Place* gegeben (etwa: Ort der Freundschaft). In dieser Zeit konnten wir einigen hundert Familien helfen. Wir boten Kinderbetreuung und Beratungsgespräche an und gaben Empfehlungen für Aus- und Weiterbildung. Ich konnte Zeit mit meinem kleinen Sohn verbringen und gleichzeitig anderen Müttern und ihren Kindern helfen.

Für die meisten von uns kommt der Erfolg nicht auf einen Schlag. Was aber oft ganz plötzlich kommt, wenn wir dazu bereit sind, ist dieser Blitz der göttlichen Inspiration. Und dann ist es an uns, uns von dieser Inspiration leiten zu lassen und zu handeln.

Jillian Coleman Wheeler

Anregungen und Tipps zur fünften Lektion

Die Träume, die Sie im Herzen tragen, können zu Ihrer Wirklichkeit werden, wenn Sie sich die Zeit nehmen, sie zum Leben zu erwecken – sie zu *visualisieren*. Wundern Sie sich manchmal über das Selbstvertrauen, das erfolgreiche Menschen immer zu haben scheinen? Dieses Selbstvertrauen hat sie dahin gebracht, wo sie sein wollten. Sie haben ihren Fokus auf ihr Ziel gerichtet und Körper und Geist ließen es Wirklichkeit werden.

Vorschläge

In einem früheren Kapitel spielten wir das Spiel „Was wäre, wenn ...?". Jetzt frage ich Sie: Sollen wir nicht lieber „Ich bin ..." spielen anstatt „Was wäre, wenn ..."? – Sie fragen sich, wie man das spielt? Indem man alles in die Gegenwart versetzt (also mit „ist" statt „wäre"). Sie können das *sein*, was Sie sein wollen, wenn es Ihnen gelingt, sich selbst vor Ihrem geistigen Auge zu sehen, wie Sie „es" tatsächlich *sind*, wie Sie es leben, es am eigenen Körper erfahren.

Schließen Sie die Augen, entspannen Sie sich und stellen Sie sich vor, dass Sie erfolgreich sind. Sie wohnen in einem schönen Haus. Sie haben erfüllte Beziehungen und sind rundum gesund. Sie haben ein herrliches Leben. Sie können sich entspannt zurücklehnen und das Leben in vollen Zügen genießen.

Sie sind zufrieden und alle Sorgen sind verschwunden. Setzen Sie bei dieser Visualisierung alle fünf Sinne ein.

Nun gehen Sie den nächsten Schritt, arbeiten Sie sorgfältig weiter: Beschreiben Sie in Ihrem Wohlstands- und Erfolgstagebuch Ihre „Traumszenerie". Nehmen Sie eine spezifische Situation, spezifische Umstände, einen ganz bestimmten Traum oder einen Wunsch und beschreiben Sie die Szene oder Geschichte in allen Einzelheiten in Ihrem Tagebuch. Beschreiben Sie genau, wie sich alles entwickeln und wie es letztlich sein soll. Vergessen Sie nicht: In Ihrer Traumszene sind *Sie* der Star. Schreiben Sie so, als würden Sie das, was Sie sich wünschen auch sehen, schmecken, berühren, riechen und fühlen. Machen Sie sich bewusst, dass Sie im Geiste schon dort sind. Der Schlüssel ist, dass es sich *gut anfühlen* muss, was Sie da beschreiben. Je detaillierter Sie es ausschmücken können und je wohler Sie sich dabei fühlen, umso besser ist es für Sie.

Beispiel:
Sie wünschen sich ein neues Haus. Wie sieht das Haus aus? Wo wohnen Sie? Wo liegt es? Ist es Ihr Ferienhaus? Liegt es am Meer oder auf dem Land? Sehen Sie es klar vor sich? Wie fühlen Sie sich dabei? Fühlt es sich so an, als gehörte es Ihnen tatsächlich? Fühlen Sie sich so, als hätten Sie es wirklich verdient und als stünde Ihnen all das auch tatsächlich zu, was Sie visualisieren? Auch das gehört dazu. Stimmen Ihre Gefühle mit Ihren Gedanken und Überzeugungen überein und sind diese auf die positiven Ziele ausgerichtet, also auf das Bild, das Sie vor Ihrem geistigen Auge haben? Dann werden diese sich zu realisieren beginnen.

Lassen Sie sich von Ihren Träumen in Ihre Zukunft und auf die Straße zum Erfolg führen. Schließen Sie die Augen und ... träumen Sie!

Erfolgsrezept Nr. 6:
Ihr volles Potenzial einsetzen

Das Potenzial des Durchschnittsmenschen
gleicht einem riesigen Ozean, der noch nie befahren wurde,
einem neuen, unerforschten Kontinent,
einer Welt voller Möglichkeiten, die nur darauf warten,
dass die Schleusen geöffnet werden
und sie in die richtigen Kanäle fließen können,
die zu etwas Großartigem führen.

BRIAN TRACY

Erste Lektion:
Leben Sie jeden Tag so, als wäre es Ihr letzter

Was wirklich zählt ist nicht so sehr das, was uns geschieht, sondern das, was *in* uns geschieht.

Tim Hansel

Ein radikaler Kurswechsel

Ich glaube, wir alle bringen unsere eigenen Wunder hervor.

Michael Landon

Es klingt wie ein Klischee, aber es passt an dieser Stelle ganz genau: „Wenn der Schüler bereit ist, erscheint sein Lehrer." Dieser Lehrer ist allerdings nicht immer ein Mensch, er kommt manchmal einfach als das Leben als solches daher oder als bestimmte Umstände oder „Zufälle". Ich nenne diese scheinbar zufälligen Ereignisse, die plötzlich in meinem Leben auftauchen und beachtet werden wollen, Wegweiser. Wie die meisten von uns, so verfüge auch ich über die gut ausgebildete Fähigkeit, solche Hinweise als unwichtig abzutun. Und was geschieht, wenn ich das tue? Der Wegweiser verwandelt sich in eine Betonwand – das sind dann diese berühmten „Hindernisse", in die Sie frontal hineinlaufen und die Sie zum Anhalten zwingen.

Im Juli 2001 machte meine Schwiegermutter Dorothy mir ein wunderbares Geschenk – Sie gab mir ein Zeichen. Sie hatte gerade die Diagnose Krebserkrankung der Eierstöcke erhalten. Meine Schwiegermutter und ich stehen uns sehr nahe, wir haben eine fast unglaubliche Mutter-Tochter-Beziehung. Seit meinem siebzehnten Lebensjahr ist sie aus meinem Leben nicht mehr wegzudenken. Meine eigene Mutter starb, als ich dreiundzwanzig war, und Dorothy wurde zu der Person, die immer für mich da war.

Ihre Krankheitsdiagnose war für mich das Zeichen, das mir die Erlaubnis gab, mit dem aufzuhören, was ich damals gerade tat. Schon seit Monaten sprach ich davon, noch war es mir jedoch nicht gelungen, die Hürde zu nehmen, sie erschien mir als unüberwindbares Hindernis. Ich hatte versprochen, meinem derzeitigen Kunden zu kündigen, denn der Vertrag mit ihm kostete mich meine gesamte Energie und Zeit. Die dadurch *gewonnene* Zeit wollte ich nutzen, um mir eine Auszeit zu nehmen und mich neu zu orientieren – eine Erfahrung, die ich in den dreißig Jahren meiner Berufstätigkeit noch nicht hatte machen können. Was ich mir selbst nicht zugestanden hatte, gab ich jetzt Dorothy. Ich konnte ihr meine Zeit schenken, konnte da sein und sie auf Ihrem Weg begleiten. Einen Tag, nachdem wir – Seite an Seite im Sprechzimmer ihres Gynäkologen sitzend – die Diagnose erfahren hatten, informierte ich meinen Kunden über die Kündigung.

Es folgten einige bange Wochen, in denen wir auf ihre Überweisung zu einem Krebsspezialisten in Ottawa (Kanada) warteten. Darauf folgten weitere Untersuchungen, Familienkonferenzen, Termine bei weiteren Spezialisten und schließlich die Operation. In dieser Zeit begannen mein Mann Jim und ich unsere Freunde anzusprechen. Zum ersten Mal in unserem Leben baten wir andere Menschen darum, einen Gebetskreis zu bilden, wir sprachen jeden in unserem Freundeskreis an. Als Datum und Uhrzeit für Dorothys Operation feststanden, gaben wir diese Information an alle weiter. Wir waren überwältigt von der Großzügigkeit und der Selbstverständlichkeit, mit der alle unserer Bitte nachkamen. Was dann folgte, war aus meiner bescheidenen Sicht ein Wunder.

Als meine Schwiegermutter in den Operationssaal gerollt wurde, richtete ich mich im Warteraum ein. Jim und sein jüngerer Bruder gingen zur Cafeteria, um etwas zu essen und Kaffee zu holen. Der Warteraum war voll mit Angehörigen, die Angst hing wie eine Wolke über ihren Köpfen. Ich lehnte meinen Kopf an die Wand hinter mir, schloss die Augen und stellte mir vor, im Operationssaal neben Dorothy zu stehen. Ich konnte sie da liegen sehen, Ärzte und Schwestern bewegten sich in perfekter Präzision um sie herum. Ich versenkte mich in meinen inneren Meditationsraum und

Erste Lektion

rief den universellen Geist an. Meine Bitte war sehr einfach: „Möge Dorothy das anziehen, was zu ihrem eigenen Besten und höchsten Wohl ist."

Ich konzentrierte mich auf meinen Atem und nahm wahr, wie sich die Energie in mir und um mich herum veränderte. Mein innerer Meditationsraum war von einem strahlenden Licht erfüllt. Ich spürte alle Gebete, die in diesem Augenblick für Dorothy gesprochen wurden, als würden tausend Hände sich mit meinen zu einem Heilkreis um Dorothy herum vereinen. Ich wurde zu einem Kanal, durch den die Energie all dieser Menschen zu ihr fließen konnte. Das Licht drang durch mich hindurch und umfing sie, während sie dort auf dem Operationstisch lag.

Schließlich sprach ich mit ihr: „Dorothy, spürst du das auch, all die Gebete, die die Menschen für dich sprechen?" – „Ja", antwortete sie.

„Siehst du, wie sehr du geliebt wirst?," fragte ich weiter. – „Ja", antwortete sie.

„Glaubst du wirklich, dass du dieses Ding da, diesen Krebs, tatsächlich brauchst?" – „Nein, das glaube ich nicht."

Mit dieser Antwort griff sie in ihren Bauch, hielt dann zwei große Tumore hoch und gab sie dem Chirurgen. „Hier", sagte sie, „die brauche ich nicht mehr."

Ich wusste, dass sie geheilt war. Ich blieb noch ein paar Minuten bei ihr und hielt ihr den heilenden Raum weiter offen, dann kehrte ich langsam in meine Realität und zu den verwirrten Blicken der anderen Wartenden zurück. Als ich ihre Gesichter sah, fragte ich mich, ob ich selbst vielleicht auch gerade geheilt worden war, ob das, was gerade geschehen war, auch meine eigene Transformation bewirkt hatte.

Ein paar Augenblicke später wurde „ein Mitglied der Familie Healey zur Information" gebeten. Ich rannte zur Information und nahm den Telefonhörer, der mir gereicht wurde.

„Mit wem spreche ich?," frage eine Stimme. – „Ich bin Betty Healey, die Schwiegertochter, und ich spreche für die Familie." – „Ich habe sehr gute Nachrichten für Sie: Ihrer Schwiegermutter geht es gut. Wir haben von jedem Eierstock einen Tumor von der Größe einer Grapefruit entfernt. Dabei handelt es sich um sogenannte Borderline-Tumore, die zwar sehr schnell wachsen, aber nicht bösartig sind. Wir müssen noch auf die endgültige Bestätigung aus der Pathologie warten, aber wir sind sicher, dass sie sich vollständig erholen wird und dass keine weiteren Behandlungen mehr nötig sein werden." – „Danke", flüsterte ich.

Tränen der Dankbarkeit strömten über mein Gesicht. Ich wandte mich von der Information ab und einem Meer von Gesichtern voll ängstlicher Erwartung zu; offenbar dachten alle, ich selbst hätte gerade eine lebensbedrohende Krebsdiagnose erhalten. Ich konnte nicht sprechen, deshalb hielt ich einfach nur beide Daumen nach oben und lächelte so gut ich konnte. Seufzer der Erleichterung und begeisterte Ausrufe füllten den Warteraum.

Dorothy erholte sich vollständig von der Operation und kürzlich hat sie ihren achtundsiebzigsten Geburtstag gefeiert. Sie geht jeden Tag zur Messe, sie ist nach wie vor in verschiedenen Gruppen und wohltätigen Vereinen engagiert und kümmert sich um ihre Kinder und Enkel.

Was mich betrifft, so ergab es sich, dass Dorothy mich nach ihrer Genesung nicht mehr brauchte, sodass ich wie geplant meine Auszeit nehmen konnte. Ich gab mir ein Jahr frei und vertiefte mich in Julia Camerons *The Artist Way*. Ich begann zu schreiben. Ich lotete die Tiefen meiner Persönlichkeit aus und erkannte, dass ich wichtig bin, einfach weil ich lebe, weil ich die bin, die ich bin, und nicht etwa, weil ich etwas Bestimmtes tue. Ich lernte auch mehr über die Macht des Gebetes und der Intention und wie wichtig es ist, das

Leben anzuziehen, für das man sich entschieden hat. Dieses Thema habe ich zu meiner Lebensaufgabe gemacht.

Welches Glück war es für mich gewesen, dass ich Dorothy während ihrer Erkrankung geben konnte, was ich mir selbst verweigerte. Welches Glück, dass sie wieder gesund wurde und ich gezwungen war, in diesen Raum in meinem Inneren zu blicken und mir die Zeit zu nehmen, in meinem Leben Platz für meine Spiritualität zu schaffen.

Betty Healey

Anregungen und Tipps zur ersten Lektion

Sicher ist Ihnen schon einmal die Lebensweisheit zu Ohren gekommen, die da heißt: „Lebe jeden Tag so, als wäre es dein letzter." Leben Sie Ihr Leben bei jedem Schritt, den Sie tun, voll und ganz. Stellen Sie sich einfach vor, welche Möglichkeiten Sie haben, dann gehen Sie hin und machen sie zu Ihrer Realität. Werden Sie zum Meister Ihres Schicksals, genießen Sie es und freuen Sie sich, dass Sie es nach Ihren Wünschen formen können.

Vorschläge

Atmen Sie tief ein und aus, schließen Sie die Augen und stellen Sie sich vor, wie Sie in der folgenden Situation reagieren würden: Sie haben gerade erfahren, dass Sie nur noch zwei Wochen zu leben haben.

Was werden Sie als Nächstes tun, nachdem der Schock sich gelegt hat? Wie werden sich die beiden folgenden Wochen von dem Leben unterscheiden, das Sie bisher gelebt haben? Werden Sie etwas anders machen?

Schauen Sie sich einmal um und betrachten Sie das tägliche Leben Ihrer Freunde und Familienmitglieder. Es scheint in der menschlichen Natur zu liegen, dass wir unsere Vorstellung vom Glück so lange zurückstellen, bis ... „... ich meinen Abschluss in der Tasche habe", „... bis ich Geld verdiene und mehr zurücklegen kann", „... bis ich verheiratet bin", „... bis die Kinder aus dem Haus sind." Aber dann ... „... werde ich Spaß haben, ... werde ich reisen, ... werde ich meine eigenen Träume verfolgen." Was soll das? Warum sollen all die anderen Dinge zuerst dran sein? Warum nicht alles gleichzeitig? Haben auch Sie bereits kostbare Zeit verschwendet, indem Sie Ihr Leben in einer Warteschleife verbringen, bis ..., ja, bis wann?

Irgendwann im Laufe unserer Entwicklung hat uns die Gesellschaft offenbar darauf programmiert zu glauben, dass die meisten von uns nicht *gleichzeitig* ihr Leben leben *und* glücklich sein können. Viele lassen jedoch jede Vorsicht außer Acht und glauben daran, dass sie das Beste aus beiden Welten haben können – und sie haben es auch! Sie sind lebende Beweise dafür, dass alles eine Frage des Glaubens ist.

Glauben Sie, dass Sie das Leben haben können, das Sie sich wünschen, so tun Sie doch einfach die Dinge, die Sie tun wollen, und zwar mit den Menschen an Ihrer Seite, die Sie lieben – dann wird das Universum Ihnen Ihre Wünsche erfüllen.

Gäbe es eine lange Liste von Dingen, die Sie in diesen beiden letzten Wochen Ihres Lebens noch tun wollten, oder bestünde sie nur aus einer etwas bewusster gelebten Fortsetzung dessen, was Sie auch jetzt schon jeden Tag tun?

Zweite Lektion:
Wagen Sie den Sprung in das Leben, das Sie sich „eigentlich" wünschen

Ein Traum ist nicht etwas, aus dem wir erwachen, sondern etwas, das uns aufweckt.

Charlie Hedges

Es ist nie zu spät, der eigenen Bestimmung zu folgen

Unterschätzen Sie nie die Macht der Träume und den Einfluss des menschlichen Geistes. In dieser Hinsicht sind wir alle gleich: In jedem Einzelnen von uns schlummert das Potenzial zu wirklicher Größe.

Wilma Rudolph

Ich bin professioneller Referent und spreche jedes Jahr zu Tausenden von Menschen jeden Alters und aus allen Bereichen des Lebens. Ich bekomme regelmäßige Rückmeldungen von Menschen um die fünfzig, sechzig oder siebzig, die mich wissen lassen, dass sie zu alt seien, um ihr eigenes Schicksal zu gestalten. Sie glauben, dass sie zu alt, zu kaputt, zu verbraucht, nicht in Form und zu müde seien, um irgendetwas für ihre Zukunft zu unternehmen. Sie halten dickköpfig an ihrer Überzeugung fest, dass nur Menschen im Alter zwischen zwanzig und dreißig Jahren zu Glück und Wohlstand kommen können. Diese Menschen lassen sich von ihren persönlichen Überzeugungen einschränken, sie geben sich mit viel zu wenig zufrieden und kommen deshalb nie zu ihrem Glück.

Ich stelle meinen Zuhörern immer dieselbe Frage und ich stelle sie jetzt auch Ihnen, den Lesern dieses Buches: Erschaffen Sie Ihr eigenes Schicksal oder erschaffen Sie das Schicksal anderer Menschen? Was will ich damit sagen? Denken Sie an die Geschichte von Cliff Young, einem bescheidenen Kartoffelbauern aus Australien, der sich im Alter von siebenundfünfzig Jahren bewusst dafür entschied, sein eigenes Schicksal zu gestalten. Bis zu diesem Punkt hatte sein Schicksal darin bestanden, den Hof der Familie zu bewirtschaften und hart zu arbeiten. Im Stillen hegte Cliff jedoch eine Leidenschaft für den Marathonlauf.

Er traf die Entscheidung, sein eigenes Leben zu leben und sein eigenes Schicksal zu gestalten. Schon bald sah man ihn bei jedem Wetter trainieren, bei Regen sogar in Regenmantel und Gummistiefeln. Es war ihm egal, dass er siebenundfünfzig Jahre alt und schlecht ausgerüstet war. Nach all den Jahren auf dem Hof zählte für ihn nur, dass er seiner Leidenschaft folgen konnte. Er ignorierte die, die ihn aufzogen, und die Autofahrer, die versuchten, ihn vom Weg abzudrängen. Er trainierte weiter; am Ende lief er Strecken zwischen dreißig und sechzig Kilometern.

Nach vier Jahren ständigen Trainings setzte Cliff Young dann im Mai 1983 die ganze Welt in Erstaunen. Im Alter von einundsechzig Jahren gewann er den ersten Ultramarathon von Sydney nach Melbourne, eine Strecke von 875 Kilometern. Diese Distanz ist in jedem Alter eine Herausforderung, sie jedoch mit einundsechzig zu laufen und einige der weltbesten Sportler zu schlagen, die zwischen zwanzig und dreißig Jahre alt waren, das ist absolut unglaublich.

Experten hatten jahrelang geglaubt, dass der Körper jede Nacht eine gewisse Menge Schlaf bräuchte, wenn am Tag rund 150 Kilometer zu laufen sind. Nachdem Cliff jedoch am ersten Tag weit zurückgefallen war, erwachte er in dieser Nacht um 1 Uhr; er stand auf und lief los. Er lief die ganze Nacht ohne Pause. Er überholte die führenden Läufer, die wie üblich bis fünf Uhr morgens schliefen. Cliffs Strategie funktionierte so hervorragend, dass er weiterhin jeden Morgen fünf Stunden früher als seine Konkurrenten loslief. Das Ergebnis dieser kühnen Strategie versetzte die Welt in Erstaunen, denn er durchlief die Ziellinie als Sieger. Nach fünf Tagen, fünfzehn Stunden und vier Minuten hatte Cliff Young gesiegt!

Die Nachricht von Cliff Youngs unglaublichem Sieg verbreitete sich schnell in ganz Australien. In seinem Alter, mit seiner geringen Erfahrung gegen die besten Langstreckenläufer der Welt hätte niemand ihm eine Chance gegeben.

Er wurde zur lebenden Legende und die ganze Nation liebte diesen einundsechzig Jahre alten Kartoffelbauern, der das Unsichtbare gesehen und das Unmögliche geschafft hatte. Zum Preisgeld sagte Cliff nur: „Zehntausend Dollar – wow, das sind eine Menge Kartoffeln!" Dann teilte er sein Preisgeld mit seinen Mitbewerbern und zollte ihnen damit Achtung für ihre Vorbereitung und die harte Arbeit.

1984 und 1987, im Alter von zweiundsechzig und fünfundsechzig Jahren, nahm Cliff nochmals am Ultramarathon teil. Er startete weiterhin um ein Uhr nachts und mit der Zeit wurde seine Strategie in diesem Wettbewerb zur allgemein üblichen Praxis. Cliff Young hatte mit einem Paradigma gebrochen, seine Selbstzweifel besiegt und etwas erreicht, was niemand auch nur im Entferntesten für möglich gehalten hätte. Was jedoch noch mehr wiegt, ist die Tatsache, dass er sein eigenes Schicksal erschaffen hat. Er schuf ein Vermächtnis an Erneuerungen und Inspiration, indem er einfach nur seiner Leidenschaft folgte und sich nicht von den Überzeugungen einschränken ließ, die von so vielen anderen im Alter von fünfzig, sechzig und siebzig Jahren klaglos akzeptiert werden.

Patrick Snow

Anregungen und Tipps zur zweiten Lektion

Was gibt's in Ihrem Leben Neues? Gehören Sie zu diesen ungewöhnlich selbstbewussten, putzmunteren, ja „aufgedrehten" Menschen, bei denen sich der Durchschnittsbürger krümmt? Sie wissen, wen ich meine – denjenigen oder diejenige mit dem ständigen Lächeln im Gesicht – morgens, mittags, abends. Dieser Typ Mensch ist berauscht vom Leben, ist von praktisch allem begeistert und gibt allem, was das Leben bereithält, eine positive Wendung. Sind Sie so ein Mensch, den alle als ihren Lieblingsfeind bezeichnen, aber heimlich beneiden? Ja, diese Menschen werden beneidet, denn sie haben grundsätzlich immer neue Erfahrungen, neue Ideen oder neue Abenteuer wie Asse im Ärmel. Warum ist das so? Weil die Regeln der Anziehung bei diesen Menschen immer mit höchster Drehzahl funktionieren.

Falls Sie *nicht* Mitglied im „Klub der Aufgedrehten" sind, dann beantworten Sie doch bitte folgende Frage: Wann genau erlebten Sie Ihr letztes Abenteuer, das wie aus heiterem Himmel einfach vor Ihnen auftauchte? Was haben Sie gerade getan, als es geschah? Ist es nicht eine Ironie des Schicksals, dass die meisten Menschen immer dann um Wunder bitten, wenn es ihnen richtig schlecht geht, und sich dann beim lieben Gott beschweren, wenn diese Wunder nicht geschehen? Diese teuflischen Regeln der Anziehung richten bei all denen schreckliche Verwüstungen an, die nicht auf das achten, was in ihrem Inneren arbeitet.

Finden Sie auch, dass sich Ihnen in der letzten Zeit zu wenige neue Chancen geboten haben? Machen Sie doch mal eine Momentaufnahme eines typischen Tages in Ihrem Leben, vielleicht finden Sie dann eine Möglichkeit, die Dinge zu verändern, damit Fülle zur Norm wird.

Beginnen Sie damit, nach *den* Dingen zu suchen, von denen Sie sich bisher zurückhalten ließen. Vieles scheint Ihren Chancen und Gelegenheiten im Weg zu stehen – den Hauptschuldigen sehen Sie jedoch bei jedem Blick in den Spiegel. Auch die Angst ist ein wichtiger Mitspieler, wenn es darum geht, Hindernisse auf dem Weg zu Ihren Zielen zu benennen. Vergessen Sie nicht, Angst ist so lange nur ein Wort, wie Sie ihm nicht die Macht geben, sich in Ihren Handlungen zu manifestieren.

Sind Sie bereit, diese Hindernisse loszulassen? Sind Sie zum Sprung in eine neue Realität bereit, die Sie sich selbst schaffen? Natürlich geschieht meist nicht alles gleichzeitig. Wenn Sie Ihren Fokus immer auf nur *eine* Sache richten, dann erschaffen Sie sich Ihr neues Leben Stück für Stück.

Vorschläge

1. Listen Sie fünf Dinge auf, die Sie gerne verändern, erschaffen oder erfahren wollen. Haben Sie Ihre Wahl getroffen, so schreiben Sie über diese fünf Dinge ein paar Sätze, die zu ihrer Verwirklichung beitragen: Tun Sie dabei so, als hätten Sie jedes dieser Dinge bereits erreicht und als lebten Sie Ihr Leben so, wie Sie es nach Ihren Vorstellungen erschaffen haben. Sind Sie damit fertig, so wählen Sie die eine Sache aus, die Ihr Herz wirklich schneller schlagen lässt. Dies soll Ihr Ziel für diesen Monat sein, dasjenige, worauf Sie Ihre ganze Aufmerksamkeit richten.
2. Machen Sie einen Plan, wie Sie Ihr Ziel erreichen wollen. Dies ist der erste Meilenstein auf dem Weg zu dem Leben, das Sie sich wünschen. Entwickeln Sie Ihren Plan in allen Einzelheiten. Sagen Sie nicht einfach nur, dass Sie zehn Pfund abnehmen wollen. Legen Sie genau fest, welche Schritte Sie dafür unternehmen werden. Wollen Sie fasten, eine Diät machen oder mehr Sport treiben? Wenn Sie sich für mehr Sport entscheiden, gehen Sie in ein Sportstudio oder trainieren Sie zu Hause? Benutzen Sie dafür Geräte oder ein Video, eine DVD? Dies sind die Details, die Ihren Fokus darauf ausrichten werden, Ihr Ziel zu erreichen. Je mehr Einzelheiten Sie festlegen, umso weniger Raum steht für Zweideutigkeiten zur Verfügung.

Gehen Sie jetzt an Bord. Tun Sie heute diesen *einen*, kleinen Schritt für den großen Sprung in ein Leben, das Sie sich wirklich wünschen – die *eine* Gewohnheit, die Sie für sich selbst entwickelt haben und auf die Sie sich selbst verpflichten.

Dritte Lektion:
Wenn Sie etwas wirklich wollen, können Sie es auch bekommen

Es ist ein Unterschied, ob wir uns etwas nur wünschen
oder ob wir auch bereit sind, es anzunehmen.
Niemand ist für eine Sache bereit, solange er nicht
daran glaubt, dass er sie tatsächlich erreichen kann.
Bevor etwas zu uns kommen kann,
müssen wir es visualisieren und davon überzeugt sein,
dass es uns gehört.

Napoleon Hill

Die schöpferische Kraft unserer Gedanken

Unser Geist ist ein starker Magnet, der die Dinge zu uns heranzieht, mit denen wir uns identifizieren.

Alfredo Karras

Um fünf Uhr dreißig klingelte der Wecker, zuverlässig wie jeden Morgen. Ich erwachte müde, deprimiert und überfordert. Ein weiterer Tag als Babysitter in der Nachbarschaft brach für mich an. Ich war zweiundzwanzig Jahre alt und fühlte mich wesentlich älter. Der Mann, mit dem ich zu dieser Zeit verheiratet war, war dreizehn Jahre älter als ich und hatte fünf Kinder aus seiner ersten Ehe. Das Schicksal wollte es so, dass irgendwann alle fünf bei uns lebten.

Mein Mann hatte zwei Arbeitsstellen und ich besserte das Familienbudget mit Babysitten und Verkaufspartys auf. Zu den fünf Stiefkindern im Alter von zehn bis fünfzehn kamen meine beiden eigenen Kinder, die noch unter drei Jahren waren. Ich verkaufte alles mögliche, von Kosmetik bis zur Unterwäsche, und dennoch reichte das Geld nie aus, um die Familie satt zu bekommen, alle Rechnungen zu bezahlen und das Darlehen auf das Haus zu tilgen.

Es sah so aus, als würden wir von einer Plage nach der anderen heimgesucht. Einmal fanden sich die Mitarbeiter des Gaswerks, des Elektrizitätswerks und des Wasserwerks gleichzeitig bei uns ein, um die Gebühren einzutreiben oder die jeweilige Dienstleistung zu unterbrechen. Ich bat sie inständig um einen weiteren Tag Aufschub, damit ich genug Geld zusammenkratzen konnte und uns nicht Wasser oder Strom abgestellt würden.

Wir besaßen nicht besonders viel, dennoch wurde bei uns insgesamt sieben Mal eingebrochen! Wir standen vor der Entscheidung, die Fenster vergittern zu lassen oder das

Geld in die Reparatur des kaputten Daches zu stecken. Wir entschieden uns für die Gitter. In diesem Winter regnete es so heftig, dass das Wasser durch die Decke kam. Wir stellten ein Dutzend Eimer im ganzen Haus auf und deckten die Betten mit Plastikplanen ab.

Die Situation verschlimmerte sich noch weiter, als mein Mann seinen zweiten Job verlor. Wir waren kurz davor, unser Haus und unser Auto zu verlieren. Ich hatte das Gefühl, mit dem Rücken zur Wand zu stehen, ich sah keinen Ausweg. Gleichzeitig hörte ich in mir eine Stimme, die laut rief: „Irgendwie komme ich da wieder raus!"

Ich fasste den Entschluss, eine weise alte Freundin um Rat zu fragen; sie war sehr spirituell und kannte sich mit den universellen Gesetzen aus. Ich erzählte ihr von der Situation, in der ich mich befand: dass meine Ehe Gefahr lief zu zerbrechen und dass ich mich völlig überfordert fühlte. Ich gestand ihr, dass ich mir dauernd Sorgen machte und dass ich häufig den Wunsch verspürte, meine beiden Kinder zu nehmen und davonzulaufen, dass ich es aber einfach nicht übers Herz brächte, die anderen Kinder zurückzulassen. „Alles läuft schief in meinem Leben, ich bin noch nicht einmal fünfundzwanzig und fühle mich elend und unglücklich!" Die Tränen liefen mir übers Gesicht und ich fragte sie: „Was mache ich nur falsch? Warum bestraft Gott mich so?"

Sie sagte: „Wanda, Gott bestraft dich nicht. Wenn du aber *denkst*, du seist ein Opfer, dann *wirst* du auch zu einem Opfer. Wenn du denkst, dass das Leben nicht fair zu dir sei, dann wird alles nur noch schlimmer. Wenn du willst, dass es dir besser geht, dann musst du dich jenseits deiner jetzigen Situation sehen können. Die Denkweise, die dich an diesen Punkt gebracht hat, kann dich da nicht wieder herausholen. Du kannst es glauben oder nicht, Wanda, aber deine Gedanken haben eine schöpferische Kraft. Das, woran du denkst, und das, worüber du sprichst, das bestimmt, wie du dich *fühlst*.

Deine Gefühle haben Einfluss darauf, wie du *handelst*, und auf das, was in dein Leben tritt. Deine Handlungen beeinflussen deine Realität und diese Realität wird dann zu deinem Leben. Willst du deinem Leben eine positive Wendung geben, so musst du damit beginnen, Einfluss darauf zu nehmen, was du fühlst, was du dir anhörst und worüber du sprichst."

Es fiel mir nicht leicht, aber ich war bereit, alles zu versuchen. Wir begannen gemeinsam an bestimmten Abläufen zu arbeiten, die mir halfen, meine emotionale Energie zu kontrollieren.

Nicht lange, nachdem ich mit dieser Art von „Energiemanagement" begonnen hatte, geschah etwas Außergewöhnliches. Ich erhielt einen Anruf von einem ehemaligen Kollegen meines Mannes; sie hatten zusammen in der Sicherheitsabteilung eines großen Kaufhauses gearbeitet und wir hatten schon viele Jahre nichts mehr von ihm gehört. Er rief an, weil er sich einfach wieder einmal melden wollte, und erzählte mir, dass er derzeit bei einem großen Unternehmen angestellt sei. Seine Aufgabe war es, Verträge mit kleineren Zulieferern abzuschließen. Er sagte, dass er einen lukrativen Auftrag für eine private Überwachung zu vergeben habe und dass er sich dafür einsetzen könne, dass wir den Auftrag erhielten, wenn wir eine Genehmigung für private Überwachungen bekämen und einige andere bürokratische Auflagen erfüllen könnten.

Wir schafften es. Wir erfüllten alle Voraussetzungen und reichten unser Angebot zusammen mit anderen Firmen ein. Wir liehen uns einen Schreibtisch und eine alte Schreibmaschine aus, rückten das Sofa in die Ecke und machten aus unserem Wohnzimmer ein Büro.

Nach einigen Wochen des Wartens erhielten wir schließlich einen Anruf – wir hatten den Auftrag nicht bekommen! Ich war sehr enttäuscht, aber nicht am Boden zerstört, denn in der Zwischenzeit hatte in meinem Inneren eine Veränderung stattgefunden. Ich war zu der Überzeugung gelangt, dass ich meine eigenen Verträge abschließen würde. Ich bedurfte nicht der Großzügigkeit anderer. Gleich am nächsten Tag begann ich in meiner Gemeinde zu akquirieren.

Das war der Zeitpunkt, an dem ich wirklich damit begann, *das* in der Realität anzuwenden, was ich bei meiner Freundin gelernt hatte, nämlich die Gesetze über die natürliche Verbindung eines jeden Menschen zu einer höheren Macht. Dieses Bewusstsein verlieh mir unglaubliche Kräfte und den Mut und die Zuversicht, das zu tun, was ich nie zuvor für möglich gehalten hatte.

Hier war ich, eine schwarze Frau von fünfundzwanzig Jahren mit sieben Kindern, einem Gesamtvermögen von fünfhundert Dollar, einem Wohnzimmer als Büro, einem Telefon, einem geliehenen Schreibtisch und einer Schreibmaschine, und ich versuchte, im Süden von Los Angeles mein eigenes Geschäft aufzubauen. Die Gläubiger saßen mir im Nacken, die Kinder benahmen sich, wie Kinder sich eben benehmen, ich lebte in der ständigen Angst, aus dem Haus geworfen zu werden und das Auto zu verlieren – und genau in dieser Situation kam bei mir der Prozess in Gang, in dem ich mich weigerte, mich von der Situation, in der ich mich befand, lähmen zu lassen. Ich entschloss mich stattdessen, mich auf die Wunder zu konzentrieren, die sich für mich ereignen wollten.

Nie werde ich diese kostbaren, entscheidenden Momente vergessen, in denen ich die Straßen abfuhr und nach Geschäftsmöglichkeiten Ausschau hielt. Ich wiederholte ständig eine bestimmte Affirmation, wie meine Lehrerin es mir empfohlen hatte: „Wohin ich auch gehe, überall bieten sich mir Gelegenheiten und Erfolge und ich bin dankbar dafür." Diese Affirmation wurde zu meinem Mantra und zu meiner Wahrheit. Jedes Mal, wenn ich an eine Tür klopfte, spürte ich dieses Kribbeln im ganzen Körper. Ich fühlte bereits, wie ich in Erwartung meines ersten Geschäftes lächelte.

Als ich eines Morgens wieder einmal ziellos durch die Stadt fuhr, gelangte ich zu einer Kirche im Osten der Stadt. Es war Wochenmitte und Mittagszeit und nur wenige Autos parkten vor der Kirche. Ich sah, dass am oberen Ende einer Treppe eine Tür offen stand. Der Pastor war da und bereit, mit mir zu sprechen. Ohne vorbereitete Präsentation oder Visitenkarte erzählte ich ihm von unserer Firma – eine Überwachungsfirma, die noch nicht einmal Wächter hatte. (Diese Tatsache habe ich verschwiegen!) Verwundert verließ ich nach etwa zwanzig Minuten den Raum – mit einem Vertrag in der Tasche! Es handelte sich zwar nur um dreizehn Stunden Wachservice pro Woche, für mich war dies jedoch ein Riesenauftrag.

Am Ende unseres ersten Geschäftsjahres leisteten wir Sicherheits- und Wachdienste für *fünfunddreißig* Firmen und Geschäfte.

Meine Firma wuchs weiter und mittlerweile verfügt sie über dreihundert Wachmänner. In den zehn Jahren, seit ich das Geschäft führe, habe ich dreitausend Männern und Frauen unserer Gemeinde eine Anstellung gegeben. Ich verbinde mich noch immer täglich mit meiner inneren Führung, denn dadurch wird alles möglich.

Wanda Peyton

Anregungen und Tipps zur dritten Lektion

In der heutigen Gesellschaft basiert vieles auf Rangskalen, wird nach Tests entschieden und durch Vergleichen beurteilt. Es ist deshalb kein Wunder, dass die Gesellschaft als ganze Probleme mit Erfolg und der Suche nach Glück hat.

Wie die meisten anderen Dinge wird auch Erfolg als eine Sache angesehen, die verschiedene Ebenen hat, und leider glauben allzu viele Menschen, dass sie nicht wirklich erfolgreich sein können. Warum ist das so?

Die Wünsche und Träume eines jeden von uns sind gleich wichtig, ebenso wie ihre Erfüllung. Ignorieren wir jedoch das Gesetz der Anziehung dauerhaft, so kommt es zu Minderwertigkeitsgefühlen, und zwar besonders dann, wenn wir unsere Träume und Erfolge mit denen anderer vergleichen. Was geschieht, wenn Sie an Bill Gates oder Donald Trump denken? Denken Sie, dass Sie in Ihrem ganzen Leben nicht so viel Geld zu sehen bekommen werden, wie diese beiden in einem Jahr? Oder lächeln Sie und sagen sich: „Noch bin ich nicht so weit, aber ich arbeite daran!"? Betrachten Sie dies vor dem Hintergrund des Gesetzes der Anziehung, so erkennen Sie, wie viel erfolgreicher jemand sein wird mit der Einstellung: „Ich glaube, das kann ich", im Vergleich zu jemandem mit der Einstellung: „Ich weiß, dass ich das nicht kann."

Wie kann das Gesetz der Anziehung auch für Sie arbeiten? Es wird dann funktionieren, wenn Sie Ihren Fokus darauf richten, wie Sie Situationen, Erfolge und Handlungen wahrnehmen. Stellen Sie dann fest, dass Sie sich einer Person oder einer Sache nicht gewachsen fühlen, so müssen Sie Ihre Wahrnehmung verändern. Niemand kann Sie ganz ohne Hilfe in eine bestimmte Rolle zwingen – Sie selbst lassen es zu und tragen sogar dazu bei, dass Sie in eine Rolle gezwängt werden. Schauen Sie sich vor diesem Hintergrund einmal an, wie Sie die Art von Menschen wahrnehmen, die viel Geld verdienen, die Megastars sind oder den nächsten Nobelpreis gewinnen. Sieht einer dieser Menschen aus wie Sie? Wenn nicht, warum nicht? Warum sollten diese Menschen Dinge erreichen, die außerhalb Ihrer eigenen Reichweite zu liegen scheinen? In Wahrheit liegen diese Dinge ganz und gar nicht außerhalb Ihrer Reichweite, aber Sie müssen Ihre eigenen Schlüsse ziehen und selbst entscheiden, wie Sie diese Wahrnehmung verändern wollen. Haben Sie erst einmal die Antwort auf diese Frage gefunden, so besteht der nächste Schritt darin, etwas dafür zu tun.

Vorschläge

Schaffen Sie sich Erinnerungsstützen, die Ihren Glauben verstärken, dass nichts Sie vom Erfolg abhalten kann. Dies können beispielsweise Zitate oder Affirmationen sein. Schreiben Sie sie auf kleine Kärtchen und heften oder kleben Sie sie an strategisch günstige Stellen, wo Sie sie dauernd sehen müssen.

Ihr *Glaube* daran, dass alles möglich ist, ist das Kernstück des Gesetzes der Anziehung, oder, noch direkter ausgedrückt, der Schlüssel zu Erfolg und Fülle. Die einzigen Grenzen, an die Sie stoßen können, sind die, die Sie sich selbst setzen. Werfen Sie Ihre Beschränkungen über Bord, breiten Sie die Arme aus und heißen Sie Ihr Schicksal und Ihre Vision willkommen – Ihre Vision von sich selbst, die voll von Leidenschaft, Glück und Erfolg ist. Wenn Sie etwas wirklich wollen, können Sie es auch bekommen.

Vierte Lektion: Sie haben bereits alle Qualitäten, die Sie benötigen

Denken Sie groß! Sie denken ja sowieso die ganze Zeit, also denken Sie in großen Dimensionen!

Donald Trump

Machen Sie eine Liste

Das Erstaunlichste an der Liebe ist, dass wir uns selbst durch sie am besten kennenlernen.

Rollo May

Mehr als einmal war ich mit meinen beiden Kindern aus unserem Haus geflohen, weil ich um unsere Sicherheit fürchtete. Jedes Mal verwandelte John sich hinterher wieder in den charmanten Mann zurück, in den ich mich verliebt hatte. Jedes Mal konnte er mich davon überzeugen, dass *ich* der Grund für seine Raserei gewesen war. Mit seinen Überredungskünsten schaffte es immer wieder, mich nach Hause zurückzuholen. Irgendwann begann ich, meine eigene Wahrnehmungsfähigkeit in Frage zu stellen. Lag es wirklich an mir? Ich wusste nie, wann etwas von dem, was ich sagte oder tat, ihn in Wut versetzen würde.

Voller Angst und von dieser Situation überfordert saß ich oft bis tief in die Nacht vor dem Fernsehgerät und sah mir Sendungen an, in denen es um Selbstfindung und -entwicklung ging. Ich versuchte zu erkennen, welchen Sinn ich unserer Situation abgewinnen könnte. Oft saß ich am Ende weinend da und fragte mich immer wieder, wie es so weit hatte kommen können und ob es eine Möglichkeit gab, die Situation in Ordnung zu bringen.

Ich war völlig verstört und kaum in der Lage, den Tag zu überstehen. Meine beste Freundin erinnerte mich schließlich an eine Technik, die ich seit Jahren nicht mehr angewandt hatte: „Mach eine Liste der Dinge, die dir wichtig sind, und frag dich dann, ob John dir das geben kann."

Ich nahm ein neues Tagebuch zur Hand. Oben auf die erste Seite schrieb ich in Großbuchstaben: *Wie ich mir meinen idealen Partner wünsche.* Ich arbeitete ein paar Wochen lang an dieser Liste und konzentrierte mich genau auf das, was ich wollte. Ich war gerne verheiratet und wünschte mir verzweifelt eine stabile Beziehung und einen zuverlässigen Partner als positives Vorbild für unsere Kinder. Was wollte ich sonst noch? Es war bemerkenswert, aber meine Liste wuchs auf einige hundert sehr spezifische Eigenschaften an, wie etwa: Bügelt Hemden besser als ich, spielt draußen mit den Kindern, trinkt nicht, gesicherte finanzielle Verhältnisse, bringt meine besten Seiten ans Licht, hat Selbstvertrauen ...

Meine Wünsche standen in starkem Kontrast zu denen, die ich in meiner Jugendzeit gehabt hatte; damals waren äußere Erscheinung und körperliche Attraktivität für mich das Wichtigste gewesen. Jetzt ging ich meine Liste durch, dann sah ich John an ... – konnte *er* derjenige sein? Das war mir immer noch nicht klar.

In dieser Zeit musste ich aus beruflichen Gründen an einer Konferenz in Texas teilnehmen. Ich floh förmlich dorthin und traf mehrere tausend Menschen mit unterschiedlichstem Hintergrund aus dem ganzen Land, die alle an die transformierende Kraft der persönlichen Entwicklung glaubten. Ich schlenderte umher, knüpfte Kontakte bei zufälligen Begegnungen in der Hotelhalle und so wurde ich auch Steve vorgestellt (ohne dabei bewusst an meine „Liste" zu denken). Man sagte mir, er sei unser „Alibi-Raketen-Wissenschaftler" aus Kalifornien.

Inmitten unserer Kollegen unterhielten Steve und ich uns über die Konferenz. Dann hörten wir beide gleichzeitig zu sprechen auf. Wir sahen einander in die Augen. Es war, als stünde die Zeit still. Es war weder romantisch, noch war es eine rein körperliche Anziehung – zwischen uns bestand einfach eine sehr tiefe Verbindung: das Gefühl, als ob wir uns schon seit hundert Jahren kennen würden, gebündelt in einem einzigen Blick. Jemand stellte eine Frage und holte uns wieder in die Realität zurück. Es war schon spät. Die

Gruppe löste sich auf und man ging zu Bett. Einige Tage später ging die Konferenz zu Ende.

Ich kehrte nach Hause und in die Verzweiflung zurück, der ich für kurze Zeit entflohen war. Ein paar Tage später wurde ich Zeuge, wie mein hünenhafter, zwei Zentner schwerer Ehemann unseren kleinen Sohn jagte, der in sein Zimmer floh. Ich rannte hinterher und kam gerade noch rechtzeitig, um zu sehen, wie mein Mann seine schlechte Laune an unserem Sohn auslassen wollte. Ich war wie vor den Kopf geschlagen. Bisher hatte John es immer geschafft, dass *ich* mich für seine Ausbrüche verantwortlich gefühlt hatte. Einem sechsjährigen Jungen konnte man jedoch auf keinen Fall die Schuld geben. Eine Liedzeile kam mir in den Sinn: „Du wirst so wie die, mit denen du die meiste Zeit zusammen bist." Und dann der Gedanke: Wenn ich hier bliebe, wäre ich eines Tages genau wie er.

Es war, als wäre ein Schalter umgelegt worden. In diesem Augenblick wurde mir klar, was ich zu tun hatte. Die Entscheidung war hart, die Durchführung noch härter, aber meine Liste machte mir Mut. Sicher wartete ein besseres Leben auf mich als dieses hier. Ich reichte die Scheidung ein. Ich ging täglich meine Liste durch und verbrachte Stunden damit, mir genau auszumalen, wie eine solide Partnerschaft mit dem Mann, denn ich mir vorstellte, aussehen würde.

Meine Gedanken wanderten zu Steve. Er war siebenunddreißig, nicht verheiratet und auch nicht geschieden, hatte keine Kinder, war zunächst Mechaniker für Landmaschinen im Mittleren Westen gewesen und dann als Ingenieur zur NASA an die Westküste gegangen. Ich schaute meine Liste an und dachte genauer über Steve nach ...

Er schien ein guter Kandidat zu sein. Ich nahm das Telefon und wählte seine Nummer.

„Hallo Steve, hier ist Hayley. Wir haben uns im letzten Sommer während der Konferenz in Dallas kennengelernt.

Ich lasse mich gerade scheiden. Könntest du dir vorstellen, bei mir an erster Stelle zu stehen?" – „Nein", sagte er, „ich stehe nicht gern in vorderster Linie." – „Wie wäre es denn als erster und einziger Kandidat?" – „Nein danke", antwortete Steve und legte auf.

Ich ließ mich von seiner plumpen Zurückweisung nicht abschrecken. Ich nahm einen Stift und schrieb ihm einen Brief: „Ich habe das Gefühl, dich zu kennen, dabei kenne ich dich nicht wirklich. Was ich jedoch bereits kenne, mag ich sehr. Ich möchte wissen, was für ein Auto du fährst, welche politische Meinung du hast, ich möchte deine Träume und Sehnsüchte und all die Ansichten kennenlernen, von denen du noch nie einem anderen Menschen etwas erzählt hast; und ich möchte wissen, ob ich irgendwann das Privileg haben werde, sie mit dir zu teilen. Ich möchte dich wirklich kennenlernen. Möchtest du mich auch kennenlernen?" Ich warf den Brief ein und wartete.

Ein paar Tage später rief ich ihn wieder an. Dieses Mal legte Steve nicht auf. Wir begannen, einander über das Telefon kennenzulernen. Wir sprachen mehrmals die Woche miteinander. Einmal sagte er: „Ich fühle mich, als würde ich verhört. Hast du eine Liste, nach der du vorgehst, oder etwas Ähnliches?" – „Ja", sagte ich, „genau so ist es." – „Warum hast du eine solche Liste?", fragte er.

Und so erzählte ich ihm von meiner Liste. „Ich kann nur bekommen, was ich will, wenn ich sehr genau *weiß*, was ich will. Ich habe gelernt, dass *das*, was ich will, auch *mich* will ..."

„Ich möchte diese Liste mal sehen!", sagte er. – „Wenn du mir deine Liste zeigst, zeige ich dir auch meine", antwortete ich. Und Steve fasste den Entschluss, die Liste, die er bisher nur im Kopf gehabt hatte, zu Papier zu bringen.

Im nächsten Schritt befragten wir uns gegenseitig. Abend für Abend ließen wir den anderen an unserer Vergangenheit teilhaben und fantasierten gemeinsam von der Zukunft. Wir ließen den anderen unsere Vorlieben, Hobbys, Gewohnheiten und Pläne wissen. Wunderbarerweise schien Steve viele der Eigenschaften zu besitzen, die auf meiner Liste standen. Nach vielen Monaten, in denen wir unsere Romanze per Telefon gepflegt hatten, war es an der Zeit, uns persönlich kennenzulernen. Bevor wir uns auf den Weg machten, tauschten wir unsere Listen aus.

Sechs Monate später saßen wir in einer milden Nacht am Strand von Fort Lauderdale, mit den Rücken an eine Sanddüne gelehnt. Steve kramte in seinen Taschen und zog schließlich ein verknittertes Stück Papier hervor. Er gab es mir. Es war eine weitere „Liste". Darauf stand:

„Hayley Foster
Du bist die Liebe meines Lebens.
Ich will den Rest meines Lebens mit dir verbringen.
Willst du mich heiraten???"

In unsere Eheringe ließen wir das jiddische Wort *Bashert* eingravieren – das heißt so viel wie: Füreinander bestimmt.

Hayley Foster

Anregungen und Tipps zur vierten Lektion

Oft sammeln wir Beweise dafür, dass wir einfach nicht gut genug sind – nicht außergewöhnlich genug, nicht schlau, motiviert, clever, schlank, organisiert oder fokussiert genug. Egal, wer Sie sind – nichts ist von der Wahrheit weiter entfernt. Sie selbst, Ihr Nachbar, Ihr Kollege, Ihre Kinder, Ihr Lebenspartner – sie alle haben alles, was nötig ist, damit sie genau das Leben führen können, das sie sich wünschen. Die Frage ist: „Was *wollen* Sie?" Sie können andere nicht dazu zwingen, ihre Überzeugungen und ihr Verhalten zu ändern, aber Sie können definitiv Ihre eigenen Überzeugungen und Ihr eigenes Verhalten ändern. Entscheiden Sie sich für „ich bin es wert" anstelle von „ich bin nicht gut genug" und bringen Sie sich damit auf den direkten Weg zur Manifestation Ihrer Träume.

Ihr Geist wird eine Fülle von Daten und Informationen sammeln, die genau das beweisen, worauf Ihr Fokus gerichtet ist. *Sie* entscheiden, was Ihre Aufmerksamkeit auf sich zieht: die Liebe zu sich selbst oder die Ablehnung ihrer selbst. Haben Sie schon einmal jemandem zugehört, der sich selbst kritisierte? Es bricht einem das Herz. Es ist nicht sehr attraktiv und lässt bei den meisten Zuhörern den Wunsch entstehen, sich aus dem Staub zu machen. Selbstverachtung, egal in welchem Ausmaß, steht auf der Schwingungsskala ganz unten.

Dabei ist es ganz einfach, Dinge zu finden, die man an sich selbst schätzen kann. Sie brauchen nur genau hinzusehen. Sicher, Ihre Mutter hat Ihnen beigebracht, nicht überheblich zu sein und sich nicht zu sehr in den Mittelpunkt zu stellen – das war vielleicht der einzige Punkt, in dem Ihre Mutter nicht richtig lag. Sich in seiner Haut und mit dem Weg, den man eingeschlagen hat, wohl zu fühlen, das hat nichts mit Egoismus zu tun. Wie könnten Sie glauben, dass Ihnen Gutes widerfahren kann, wenn Sie nicht davon überzeugt wären, es auch zu verdienen?! Sie verdienen es, weil Sie auf dieser Welt sind. Sie müssen nicht durch brennende Reifen springen oder einen Eignungsbogen ausfüllen, damit Ihre Wünsche in Erfüllung gehen können.

Ihr volles Potenzial zu leben bedeutet, jeden Aspekt von sich selbst zu leben. Verbinden Sie sich mit allem, was an Ihnen perfekt ist, und erleben Sie sich selbst voll und ganz. Suchen Sie nicht im Außen nach einem Fokus, nach bestimmten Fertigkeiten oder anderen Talenten! Sie haben alles bereits in sich. Wenn Sie die Hand danach ausstrecken, ist es da. Üben Sie sich darin, widmen Sie diesen Dingen Ihre Aufmerksamkeit – und sie werden sich vermehren. Sind Sie in der Lage, die freudvollen Augenblicke uneingeschränkt willkommen zu heißen, so werden gegenteilige Erfahrungen, unangenehme Begegnungen, Einbrüche in der Kreativität und Widerstand gegen das Leben sanft dahinschmelzen. Dadurch entsteht der Raum, den Sie brauchen, um vorwärtszustreben, anstatt sich in Frustration und Verzweiflung treiben zu lassen. Es steht Ihnen frei, das, was Sie tun, noch besser machen zu wollen; dafür brauchen Sie aber die Stelle, an der Sie gerade stehen, nicht abzuwerten.

Vorschläge

Wer sind Sie wirklich? Welche Eigenschaften machen Ihr Selbst aus?

Nehmen Sie sich etwas Zeit und machen Sie in Ihrem Wohlstands- und Erfolgstagebuch eine Bestandsaufnahme von sich selbst.

Bitten Sie ein paar Menschen, die Sie gut kennen, Ihnen fünf bis zehn Begriffe zu nennen, die Sie beschreiben. Das wird Ihnen zu einem klaren Bild von sich selbst verhelfen.

Bemühen Sie sich, keine dieser Eigenschaften zu bewerten. Sind Eigenschaften dabei, die Sie nicht gutheißen können oder wollen, so stellen Sie sich selbst die Frage, wie diese Eigenschaften Ihnen dienlich sein können. Vielleicht ist das Attribut „komischer Kauz" ja genau das, was die Menschen an Ihnen besonders liebenswert finden?!

Fünfte Lektion:
Es geht nicht ohne die Überzeugung, dass Sie den Erfolg *verdienen*

Es macht irgendwie Spaß, das Unmögliche zu tun.

Walt Disney

Schütteln Sie den Dukatenbaum

Geld bringt keine Ideen hervor – aber Ideen bringen Geld.

Mark Victor Hansen

Ich fand meine wahre Fülle auf einem Motorrad, genauer gesagt auf einer *Harley-Davidson*. Mein Freund Bruce gab mir ein Zeichen und ich klammerte mich an den Metallverstrebungen meines Sitzes fest. Ich betete, dass wir nicht abrutschen und rechts oder links der engen, gewundenen Straße in die Tiefe stürzen würden. Ich hatte es für eine gute Idee gehalten, auf den Berg zu fahren, denn dort würden wir der Wüstenhitze Arizonas für ein Weilchen entgehen. Aber die Höhe machte mich schwindelig. Es war erst meine zweite Motorradfahrt. Ich schickte ein Stoßgebet zum Schutzpatron der Motorradfahrer, wie immer er auch heißen mochte, und bat darum, dass wir heil diesen Berg hinauf und auch wieder hinunter kämen.

Meine Panik wurde durch meine aktuelle wirtschaftliche Situation noch geschürt. Ich hatte mir eine solide Existenz als Herausgeberin, Ghostwriterin und Coachin aufgebaut und war vor kurzem in ein eigenes kleines Haus gezogen. Kurz darauf aber gerieten drei meiner Stammkunden in persönliche oder finanzielle Krisen und verschwanden. Ich fühlte mich wie in einem Albtraum, in dem man eine Dampfwalze auf sich zukommen sieht: Man schreit, aber man kann sich nicht bewegen, man bleibt wie angewurzelt stehen und wird schließlich platt gewalzt.

Ich wusste zwar, dass die Gedanken fließen müssen, damit zufrieden stellende Veränderungen stattfinden können, dennoch konnte ich die Bilder von einer düsteren finanziellen Zukunft nicht abschütteln. Meine monatlichen Fixkosten hingen wie eine Guillotine über mir und machten meine Gefühle der Dankbarkeit und Freude darüber, dass ich in meinem eigenen Haus wohnte, zunichte. Was sollte ich tun? Jetzt? Heute? Was konnte ich tun, um sofort zu Geld zu kommen und gleichzeitig Zeit und Energie aufzubringen für die Projekte, an denen ich bereits arbeitete?

Warum nicht Motorrad fahren? Die Lösung schien ebenso gut zu sein wie jede andere, auch wenn ich Angst hatte. Bruce war voller Begeisterung für sein neues Motorrad und hatte mich schon lange auf eine Fahrt mitnehmen wollen. Er nahm kaum wahr, dass er diesen Ausflug mit allen Engeln und Schutzheiligen machen würde, die ich anrufen konnte. Ich stellte mir vor, wie sie mit uns auf dem Motorrad saßen, wie sie es mit Liebe und Leichtigkeit umgaben und uns vor herabfallendem Geröll und anderen Fahrzeugen schützten. Bald sandte ich diese Heiligen der Sicherheit zu allen Menschen auf diesem Berg und dann zu allen, die diese Straße jemals befahren hatten oder befahren würden.

Mein Griff lockerte sich. Ich sah mich um und bewunderte die berauschenden Farben der Landschaft. Ehe ich mich versah, hatte ich den Duft von Pinien in der Nase und spürte die kühle Luft auf meinem Gesicht. Der Berg sang für mich und machte mein Herz wieder leicht. Erinnerungen an andere erhebende Momente der Freude und der Weite tauchten in mir auf. Ich begann Segenswünsche an meine Familie und an meine Freunde zu schicken und fühlte mich wie auf einem Paradewagen, von wo aus ich Bonbons und Luftballons in die Menge warf.

Als wir wieder heil beim Haus meines Freundes angekommen waren, war ich von einer solchen Freude erfüllt, dass ich meine Dankbarkeit in Worte zu fassen begann. Dies war Überfließen des Herzens, dies war echte Fülle. Wie könnte ich diese Energie nur auf meine Finanzen übertragen?

Die Antwort traf mich wie ein Blitz. Wenn tatsächlich jeder von Natur aus über eine innere Weisheit verfügte, so musste es einen lebendigen Teil von mir geben, der genau wusste, was ich in diesem Augenblick brauchte, um in meinem Leben sofort finanzielle Fülle zu erzeugen. Und zwar nicht eine abstrakte Form der Fülle in weiter Ferne, die ich immer auf einem Sockel, unerreichbar für mich, gesehen hatte. Auch nicht die Art von Fülle, die sich nur erreichen lässt, wenn man zehn Jahre lang tagein tagaus singt: *I am worthy* (zu Deutsch etwa: Ich bin es wert ...) und gleichzeitig durch das linke Nasenloch atmet ... Ich befand mich in diesem Augenblick an einem Ort tiefster Wertschätzung und sah mich selbst, wie ich mich mit meinem inneren Team der Fülle verbündete. Spielerisch schrieb ich einen „Antrag" auf sofortige Fülle – jetzt, heute.

Zwei Minuten später klingelte das Telefon. Es war der Vater meines Freundes, der mir mitteilte, dass er unsere lange geplante dreiwöchige Reise nach Hawaii finanzieren würde; wir hatten diesen Traum bereits aufgegeben, weil mir das Geld gefehlt hatte. Welche Freude! Ich lachte laut und hielt meinem Freund mein Tagebuch unter die Nase.

Früher hätte ich dieses Angebot als Reaktion auf meine Bitte um Fülle gesehen und ansonsten so weitergemacht wie zuvor. In diesem Fall erkannte ich den lauten „Trompetenstoß", der meine Aufmerksamkeit in eine bestimmte Richtung lenken sollte. Wie mit einem Paukenschlag sollte ich daran erinnert werden, dass mir genügend Zeit und Raum zur Gestaltung jedes gewünschten Ergebnisses zur Verfügung standen und dass dazu nichts weiter nötig war als die *Überzeugung*, dass wirklich alles fließt und dass die Dinge uns nur aufgrund unserer eigenen Furcht „festgelegt" oder festgefahren zu sein scheinen. Nichts ist unabänderlich.

Es gab keinen Grund mehr für mich, jede Nacht um drei Uhr aufzuwachen, weil ich von meiner finanziellen Zukunft und einer Dampfwalze träumte, die alles platt walzte. Ich hatte genügend Bewegungsspielraum, der mir räumliche Weite und ungeahnte Möglichkeiten eröffnete und von

Gefühlen der Dankbarkeit und Ehrfurcht inspiriert war. Ich brauchte nur meine Gedanken so weit zur Ruhe zu bringen, dass ich sie in allen Einzelheiten untersuchen konnte. Welche Gedanken entzündeten Gefühle von Freude und Glück? Welche machten mich niedergeschlagen?

Noch vor kurzem hätte ich versucht, die Gedanken zu zerschlagen, die mich zu zerschlagen schienen. Nun hieß ich *alle* Gedanken und die Gefühle, die sie auslösten, in ein- und demselben Raum willkommen. Fühlte ich mich enttäuscht, so verdrängte ich dieses Gefühl nicht mehr länger, ich hielt auch nicht die Luft an und tat so, als wäre es gar nicht vorhanden. Ich ließ es einfach zu. Welche Erleichterung! Diese Erleichterung führte zu Akzeptanz, ich konnte dieses Gefühl annehmen. Die Akzeptanz zog bessere Gefühle nach sich. Und so geschah genau das, was Abraham-Hicks uns durch Esther und Jerry Hicks lehrt: Sich einem besseren Gedanken zuzuwenden erschafft Wunder.

Ich wollte eine *sanfte* Revolution – täglichen, beständigen Wohlstand, praktisch und „bar auf die Hand". Und genau das bekam ich auch. Innerhalb einer Woche hatte ich zwei neue Kunden. Zwei Wochen später gab mir ein Koautor einen Umschlag, der ein noch ausstehendes Honorar enthielt. Eine Frau, die ich sehr schätzte, engagierte mich, um mit ihr zusammen ein Buch über Klangtherapie zu schreiben. „Ahhhhh ..." ist zum Beispiel ein Klang, der das Herz öffnet.

Von einem „Ahhh!!!" aus Angst und Verzweiflung zu einem „Ahhhhh ..." der Begeisterung und der Dankbarkeit ... – dazu hatte ich ungefähr sechzig Gedankenschritte (oder weniger) gebraucht. Mit und ohne Motorrad, es war *eine* Reise, die ich gerne gemacht habe.

Jan Henrikson

Anregungen und Tipps zur fünften Lektion

Wie wäre es, wenn es wirklich so leicht wäre, bewusst einen Gedanken zu fassen und sich dann voll und ganz mit diesem Gedanken zu identifizieren und auch die volle Verantwortung dafür zu übernehmen? Wie wäre es, wenn Sie die Entscheidung träfen, dass jedes Gefühl, jede Erfahrung, jedes materielle Objekt, das Sie sich wünschen, ganz leicht für Sie zu haben ist? Wie wäre es, wenn man ebenso leicht zu einer Million kommen könnte wie zu einem Cent? Wie wäre es, wenn der Schlüssel zu all dem nur darin läge, neugierig genug zu sein, um alle diese Theorien überprüfen zu wollen? Wären Sie bereit, sich auf dieses Abenteuer einzulassen, so bedürfte es nur einer einzigen Entscheidung.

Das Abenteuer beginnt damit, zu akzeptieren, dass nicht nur die Rockefellers oder Donald Trumps dieser Welt reich sein können. Auch *Sie* können sich deren Denkweise zu eigen machen und dann beobachten, wie Ihr Vermögen ungeahnte Ausmaße annimmt. Was haben diese Männer getan, um einen solchen Reichtum zu erschaffen? Sie hatten eine *Vision*, die aufregend genug war, um einen Wunsch, ein *Verlangen* entstehen zu lassen. Dieses Verlangen wurde zu einem Kanal für inspirierte *Ideen* und *Handlungen*.

Dies unterscheidet sich nicht von den Grundregeln des Gesetzes der Anziehung. Innerlich läuft immer derselbe Prozess ab, von außen betrachtet sieht jedoch der Weg eines jeden Einzelnen unterschiedlich aus. Das Gesetz der Anziehung arbeitet daran, dass Ihr Weg zu Ihrer Manifestation von Wohlstand und Ihre visionären Ideen zusammenpassen. Solange hinter Ihrem Wunsch ein Feuer brennt, das Sie erleuchtet, gibt es keinen richtigen oder falschen Weg dorthin. Immer, wenn Ihr Herz singt, sagt Ihr inneres Selbst: „Ja!"

Steht hinter Ihrem Wunsch jedoch das Gefühl, dass niemals genug vorhanden sein wird, so werden Sie auch immer das Gefühl haben, *selbst* nicht zu genügen. Ihr Wunsch muss von rein positiven Gedanken getragen sein; das ist das einzige Rezept, das Sie brauchen.

Wie alle Wünsche, so lässt sich auch der Wunsch nach finanziellem Wohlstand nicht dadurch erfüllen, dass Sie genau so vorgehen, wie Sie es in einem Investment-Handbuch gelesen haben. Ihr Fokus muss mit Ihrem Wunsch übereinstimmen, dann werden die perfekten Entscheidungen ganz automatisch vor Ihnen auftauchen und leicht zu treffen sein. Ist Ihr Fokus allerdings auf Bankrott gerichtet, wenn Sie die Entscheidung für neue Investitionen treffen, was glauben Sie, wird dabei herauskommen? Auch Sie können in die Fußstapfen von Warren Buffet treten – Sie müssen aber daran glauben, dass Reichtum auch für Sie möglich ist, sonst wird jeder Gang zur Bank eine Tortur.

Gehören Sie zu den Menschen, die immer damit beschäftigt waren, gegen das Gefühl der Unzulänglichkeit und Wertlosigkeit anzukämpfen, so kann es sich durchaus seltsam anfühlen, dem eigenen Wohlstand die Tore zu öffnen. Den eigenen Wert zu akzeptieren kann etwas Übung erfordern. Bietet Ihnen jemand Hilfe an, die Ihnen das Leben erleichtern könnte, würden Sie sie annehmen? Hätten Sie das Gefühl zu schummeln, wenn Sie es zuließen, dass Ihre Wünsche sich ohne Kampf manifestierten? Wie wäre es, wenn Sie einfach akzeptieren würden, dass alles mit *Leichtigkeit* auf Ihre Wünsche zufließt und dass dies Teil des universellen Rezeptes ist, das das Universum kreiert hat?

„Bittet und euch wird gegeben", sagt die Bibel. Ihre „Wunderlampe" (ähnlich der von Aladin ...) steht im Regal. Stauben Sie sie ab und benutzen Sie sie augenblicklich!

Vorschläge

Lassen Sie heute zu, dass die Dinge sich mit Leichtigkeit entfalten. Falls Sie sich dabei ertappen, dass Sie sich *zwingen*, eine Aufgabe durchzuziehen, oder dass Sie jemanden zu *überreden* versuchen, dass er tut, was Sie wollen – stopp! Ertappen Sie sich dabei, dass Sie sich Sorgen machen, ob etwas so ausgehen wird, wie Sie es wollen – stopp! Atmen Sie.

Lassen Sie sich vom Universum helfen. Gibt es einen Freund oder einen Kollegen, der Ihnen eine Last abnehmen kann, so bitten Sie ihn darum. Wären Sie König oder Königin in Ihrem Königreich, wie würden Sie regieren? Wie leicht fällt es Ihnen, loszulassen? Üben Sie heute Leichtigkeit.

Achtung: Sich zurückzulehnen und es sich zu gönnen, dass einem alles mit Leichtigkeit zufließt und man es nur anzunehmen braucht – das kann süchtig machen. Aber wir empfehlen es sehr!

Erfolgsrezept Nr. 7:
Fest an den Erfolg glauben

Glaube bedeutet, dass wir alle unsere Eier in Gottes Korb
legen und dann unsere Segnungen zählen,
bevor sie ausschlüpfen.

RAMONA C. CARROLL

Erste Lektion:
Das Geheimnis, wie Sie Großes erreichen

> Ihr seht Dinge und sagt: Warum?
> Ich aber träume von Dingen, die es noch nie gab, und sage: Warum nicht?
>
> George Bernard Shaw

„Bitte fünftausend Dollar gegen den Hunger in der Welt!"

Ich habe nicht den geringsten Zweifel daran, dass die meisten Menschen ihre körperlichen, geistigen und seelischen Möglichkeiten nur zu einem sehr geringen Teil ausschöpfen ... Wir alle verfügen in unserem Leben über ein Potenzial unvorstellbaren Ausmaßes, auf das wir nur zuzugreifen brauchen.

William James

Im Jahre 1987 bat mich Lynne, eine Frau, die ich nur flüchtig kannte, einer Organisation gegen den Hunger auf der Welt fünftausend Dollar zu spenden. Ich hatte keine fünftausend Dollar, ich hatte eine Firma, eine Hypothek und Ersparnisse von ein paar tausend Dollar. Ich sagte ihr, dass ich mich dem Kampf gegen den Hunger durchaus verpflichtet fühlte, dass ich aber nicht so viel Geld hätte. Ihre nächsten Worte werde ich niemals vergessen, denn sie veränderten mein Leben: „Dann sehen Sie zu, dass Sie zu dem Geld kommen!" Das klang nach einer verwegenen, aber mitreißenden Idee, also tat ich es. Und dann gab ich ihr das Geld.

Im darauf folgenden Jahr rief Lynne wieder an und bat um 20.000 Dollar für dieselbe Organisation. Ich erklärte ihr, dass die fünftausend Dollar, die ich im vergangenen Jahr gespendet hatte, weit mehr waren, als eine Organisation je von mir erhalten hatte, und dass ich ihre Sicht zwar teile, aber keine 20.000 Dollar habe. Ich hätte es wissen müssen: Sie schlug wieder vor, dass ich das Geld doch einfach verdienen und ein echter Menschenfreund werden sollte. Ich tat es. Ich ging hin und verdiente das Geld und wurde ein Menschenfreund.

Im nächsten Jahr wollte sie 100.000 Dollar haben. Zu diesem Zeitpunkt hatte ich es geschafft und sagte Ja. Ich glaube, dass einer der wichtigsten Faktoren, die zur Entstehung meines Vermögens beigetragen haben, die Tatsache ist, dass ich ein Menschenfreund wurde. Ich glaube, dass Geld am ehesten den Menschen zufließt, die eine klare, zwingende, auf den Menschen ausgerichtete Verwendung dafür haben.

Seit ich Lynnes Worte zum ersten Mal gehört habe, habe ich mehrere Millionen Dollar für karitative Zwecke zur Verfügung gestellt. Ich habe fast genauso viel Geld gespendet, wie ich für mich behalten habe. Manche halten das vielleicht für verrückt. Ich möchte hier jedoch die Gelegenheit nutzen, andere Gedanken dazu zu äußern.

Geld zu verschenken war das Beste, was ich je getan habe, und es ist auch heute immer noch das Beste, was ich tue. Es ist in vielerlei Hinsicht ein selbstsüchtiger Akt. Es bereitet mir mehr Vergnügen, als wenn ich von dem Geld etwas für mich oder meine Familie kaufen würde.

Ich begann 1981 mit einer Firma für Beratung und Publikation. Als Startkapital nahm ich eine zweite Hypothek von 10.000 Dollar auf mein Haus auf und begann, halbtags in meiner neuen Firma zu arbeiten. Daneben behielt ich meine volle Stelle als Lehrer an dem College, an dem ich bereits seit sechs Jahren unterrichtete. Ich wollte nicht zu viel riskieren und behielt deshalb für zwei weitere Jahre meine Stelle beim College; nebenbei baute ich meine Firma auf. Erst als ich sechs fest angestellte Mitarbeiter hatte, gab ich die Sicherheit meines festen Jobs beim College auf.

Meine Firma hatte einen etwas holprigen Start, begann dann aber recht bald zu florieren, hauptsächlich deshalb, weil wir eigentlich keine Ahnung hatten, was wir da taten, und auch niemanden aus der Branche fragten. Stattdessen erfanden wir selbst, was wir brauchten, ohne Rücksicht auf das, was andere bereits vor uns getan hatten. Da wir nicht wussten, „wie das *eigentlich* gemacht wird", schufen wir ein Verlagshaus, das alle anderen in den Schatten stellte. Unsere

Erste Lektion

kleine Firma in den Black Hills von South Dakota verlegte das Buch *Becoming a Master Student,* das zu einem Bestseller wurde und zehn Jahre lang die amerikanische Bestsellerliste der Bücher für Collegestudenten anführte. Unsere Verkaufzahlen übertrafen die der großen Verlagshäuser in New York, Boston und Chicago.

Wir waren nicht zuletzt auch deshalb so erfolgreich, weil wir uns langfristige Ziele setzten und dann die mittel- und kurzfristigen Ziele festlegten, indem wir uns die Zukunft vorstellten und dann rückwärts bis zur Gegenwart planten; dabei beschrieben wir genau unsere Vorstellungen davon, wie wir diese erfolgreiche Zukunft gestalten würden. Eines meiner langfristigen Ziele bestand darin, nur einen halben Tag zu arbeiten. Das bedeutete, dass ich es so weit bringen wollte, dass die Arbeit eines halben Tages ausreichen würde, um davon leben zu können. Die andere Hälfte des Tages wollte ich nutzen, um wirklich etwas zu bewegen. Ich wollte einen erkennbaren Beitrag für eine Verbesserung der Lebensqualität der Ärmsten der Armen leisten und meine Firma wurde zu einem Abbild meiner Verpflichtung.

Zusätzlich zu den langfristigen Zielen und den klar definierten Werten entwarfen wir einen 100-Jahre-Plan, der alle Ziele genau beschrieb, die wir auch nach unserem Tod erfüllt sehen wollten. Dies hört sich vielleicht unmöglich an – das Ergebnis war jedoch ein unvorhersehbarer finanzieller Erfolg. Bereits 1989 konnte ich dazu übergehen, nur noch einen halben Tag zu arbeiten. Ich konnte *mehr* Zeit darauf verwenden, wirklich etwas zu bewegen, als darauf, meinen Lebensunterhalt zu verdienen. Ich liebte mein Leben. Also setzte ich mir ein weiteres Ziel, das es mir ermöglichen sollte, bereits um acht Uhr morgens die Arbeit für meinen Lebensunterhalt beendet zu haben.

Im Grunde wollte ich mich aus meinem Beruf zurückziehen und meine Zeit dafür nutzen, einen möglichst effektiven Beitrag zu leisten, um die Lebensqualität derjenigen 1,3 Milliarden Menschen auf dieser Erde zu verbessern, die mit weniger als *einem* Dollar pro Tag auskommen müssen. Diese Menschen leben in unvorstellbarer Armut. Sie haben fast nichts zu essen, kein sauberes Trinkwasser, Unterkünfte, wie wir sie nicht einmal unseren Tieren zumuten würden, und wenig oder gar keine Hoffnung.

1993 hatte ich diesen Punkt erreicht, an dem ich mich aus dem Alltagsgeschäft zurückziehen und damit beginnen konnte, mich meinem eigentlichen Lebensziel zu widmen. Seither arbeite ich ohne Bezahlung.

Dave Ellis

Anregungen und Tipps zur ersten Lektion

Träumen Sie in großen Dimensionen? Setzen Sie alle Ihre Fähigkeiten dafür ein, sich auszumalen, wie Sie Ihre wildesten, größten, scheinbar unerreichbaren Träume wahr werden lassen? Und wenn Sie zu denjenigen gehören, die sich so verhalten, haben Sie sich dann auch schon gefragt, wie Ihnen das tatsächlich gelingen könnte? Wenn nicht, so könnte genau das der Hinderungsgrund sein.

Unser Gehirn ist ein wunderliches Ding. Es arbeitet Tag und Nacht daran, die Dinge zu lösen, die ihm aufgetragen werden. Es ist sogar so, dass es nicht aufhört zu arbeiten, bis wir mit dem Ergebnis zufrieden sind. Wie oft haben Sie etwas aus Ihrer bewussten Wahrnehmung verdrängt, nur um es in Ihren Träumen wiederzufinden? Dahinter steckt Ihr

Gehirn, das noch immer an der von Ihnen gewünschten Lösung arbeitet.

Das Problem der meisten Menschen besteht darin, dass sie in zu kleinen Dimensionen träumen. Wie oft haben Sie sich schon einen neuen Job, eine Gehaltserhöhung oder ein paar neue Kunden gewünscht? Vielleicht haben Sie es ja geschafft, Ihre Wünsche präzise zu formulieren und sie auch zu manifestieren – in derselben Zeit könnten Sie sich jedoch auch fragen, wie Sie eine Million verdienen könnten. Mit anderen Worten: Denken Sie in großen Dimensionen, *träumen* Sie von großen Dingen und *wünschen* Sie sich große Dinge! Lassen Sie Ihr Gehirn daran arbeiten!

Es war einmal ein junger Mann namens Joel, der saß am Ufer eines Sees und starrte vor sich hin. Weder sah er die schöne Aussicht, noch freute er sich an dem schönen Tag. Er war ganz in seine Probleme versunken. In ein paar Tagen musste er seine Rechnungen bezahlt haben und er hatte einfach kein Geld dafür. Also saß er am Ufer und suchte nach Wegen, wie er zu dem dringend benötigten Geld kommen könnte. Sich das Geld zu leihen kam nicht in Frage. Er könnte Überstunden machen, aber dann hätte er das Geld nicht zum richtigen Termin ... Während er nun sein Dilemma von allen Seiten überdachte, setzte sich ein älterer Herr von etwa siebzig Jahren zu ihm auf die Bank. Nach ein paar Minuten fragte er, warum Joels Herz so schwer sei. Joel antwortete, dass seine finanziellen Mittel Monat für Monat abnähmen und dass es diesen Monat am schlimmsten sei.

Der ältere Herr sah Joel ein paar Sekunden lang an und fragte dann: „Und was werden Sie unternehmen?" Joel erwiderte kurz angebunden: „Wenn ich das wüsste, dann säße ich nicht hier." Der ältere Herr überlegte einen Augenblick, dann sagte er: „Ich glaube, damit haben Sie das Problem endlich erkannt." Joel starrte ihn nur an, seine Verblüffung war ihm deutlich ins Gesicht geschrieben.

Der ältere Herr holte tief Luft und begann zu erklären: „Sehen Sie, junger Mann, Sie haben jetzt schon viel Zeit damit verbracht zu überlegen, wie Sie Ihren *monatlichen Verpflichtungen* nachkommen könnten, *so* viel Zeit, dass Sie keine Zeit mehr hatten, die Lösung für *ihre langfristigen, lebenslangen Verpflichtungen* zu finden. Damit meine ich nicht finanzielle Verpflichtungen *anderen* gegenüber, sondern die, die Sie *sich selbst gegenüber* haben. Ich schlage deshalb vor, dass Sie Ihre Sichtweise erweitern und sich überlegen, wie erfolgreich Sie in einem Jahr, in zehn Jahren, in zwanzig Jahren und schließlich Ihr Leben lang sein wollen. Quälen Sie sich nicht. Stellen Sie die Fragen – die Antworten kommen von ganz allein. Sie werden sehen, dass für Ihre täglichen, wöchentlichen und monatlichen Ausgaben automatisch gesorgt werden wird."

Daraufhin erhob sich der ältere Herr, tippte zum Gruß an seinen Hut und ging langsam und bedächtig den Weg wieder zurück, den er gekommen war. Joel sah, dass am Ende des Weges ein Wagen mit Chauffeur geduldig auf den älteren Herrn wartete und dass ihm die Wagentür aufgehalten wurde. Joel überlegte, dass er nichts zu verlieren hatte und dass der ältere Herr ganz offensichtlich etwas von dem verstehen musste, was er ihm empfohlen hatte. Schließlich konnte er sich eine Limousine mit Chauffeur leisten.

Wie ist es mit Ihnen, liebe Leserin, lieber Leser? Nehmen Sie den Rat des alten Herrn an und erweitern Ihre Sichtweise? Stellen Sie die *großen* Fragen und lassen Sie zu, dass die kleinen sich von selbst beantworten?

Vorschläge

Es gibt verschiedene Möglichkeiten, wie Sie sich auf die großen Fragen einstimmen und Ihre Sichtweise erweitern können, etwa mithilfe einer geführten Meditation oder mit Entspannungstechniken, Yoga, einem langen Schaumbad oder einem Besuch in der Sauna; wichtig ist, dass das, was Sie tun, Ihnen hilft, zu entspannen und sich auf das einzustimmen, was Sie fühlen.

Es ist auch sehr hilfreich, Ihre Träume und Gefühle in Ihrem Wohlstands- und Erfolgstagebuch festzuhalten, vor allem wenn Sie die großen Fragen bearbeiten, die mehrere Kapitel beanspruchen. Darüber hinaus behalten Sie mithilfe Ihres Tagebuchs den Überblick über die Dinge, die Sie gerne erreichen wollen; Sie können außerdem Momentaufnahmen Ihres Denkens festhalten und erkennen, wie sich alles entfaltet. Ihr Tagebuch gibt Ihnen die Möglichkeit, das Leben Szene für Szene festzuhalten. Hier können Sie die Dinge formulieren und dadurch feststellen, ob alles zusammenpasst, und Sie können überprüfen, ob das, was Sie nachts um drei gedacht haben, wirklich genauso gut war wie die Gedanken, die Sie um neun Uhr morgens hatten. Der größte Vorteil aber ist, dass Sie immer wieder nachsehen können, was Sie gedacht haben.

Lassen Sie Ihr Gehirn das tun, was es am besten kann: Lassen Sie es Ihre Fragen beantworten und Ihre Probleme lösen. Denken Sie immer daran: Sie stellen die Fragen! Also halten Sie dann nach der Antwort Ausschau, wenn sie kommt. Bitte beachten Sie, wir sagten: „wenn" sie kommt, und nicht: „falls" sie kommt. Die Antwort *wird* kommen.

Zweite Lektion:
Wer gibt, gewinnt – immer

> Sehen Sie es nicht als Ihre *Pflicht* an, zu geben,
> sondern als ein *Privileg*.
>
> John D. Rockefeller jr.

Das Geheimnis der Geldvermehrung

Niemand ist jemals durch Geben arm geworden.
                                        Anne Frank

Ich verrate Ihnen jetzt etwas, was ich vor Jahrzehnten entdeckt habe: Wenn Sie zu Geld kommen wollen, brauchen Sie nur eine einzige Sache zu tun, das Einzige, was auch einige der wohlhabendsten Menschen auf dieser Erde getan haben und noch tun.

Es ist die eine Sache, von der bereits die unterschiedlichsten alten Kulturen berichteten und die noch heute empfohlen wird. Es ist das Einzige, womit jeder wirklich zu Geld kommen kann – trotzdem schrecken viele davor zurück. Worum handelt es sich dabei?

John D. Rockefeller tat es seit seiner Kindheit. Er wurde Milliardär.

Andrew Carnegie tat es auch, er wurde zu einer Leitfigur des Großkapitals.

Was ist das Geheimnis? Was ist diese eine Sache, die bei jedem funktioniert? – Verschenken Sie Geld!

Verschenken Sie es an Menschen, die Ihnen helfen, mit Ihrer inneren Welt in Verbindung zu bleiben. Verschenken Sie es an Menschen, die Sie inspirieren, die Ihnen dienen, Sie heilen und Sie lieben. Verschenken Sie es, ohne Gegenleistungen zu erwarten, aber in der Überzeugung, dass es aus anderen Quellen tausendfach zu Ihnen zurückkommen wird.

P. T. Barnum verschenkte ebenfalls Geld. Er glaubte an das, was er „einträgliche Nächstenliebe" nannte. Er wusste, dass dem gegeben wird, der gibt. Auch er wurde einer der reichsten Männer der Welt.

Andrew Carnegie verschenkte oder spendete enorme Summen. Natürlich wurde auch er einer der reichsten Männer in der amerikanischen Geschichte.

Natürlich könnte man argumentieren, dass diese reichen Männer genügend Geld hatten, um zu geben, und dass es ihnen deshalb nicht schwerfiel. Ich hingegen bevorzuge die Argumentation, dass sie auch deshalb so viel Geld hatten, weil sie immer willens waren, freizügig zu geben. Das Geben führte zu mehr Reichtum. Wiederholen wir noch einmal:
- Wer gibt, dem wird gegeben.
- Geben führt zu mehr Reichtum.

Heute ist es in Mode gekommen, dass Unternehmen Geld für wohltätige Zwecke spenden. Das lässt sie gut aussehen und natürlich hilft es denjenigen, die das Geld erhalten. Es gibt viele Beispiele dafür, dass Geben gut fürs Geschäft ist.

Ich spreche hier jedoch von dem ganz individuellen Geben. Ich spreche davon, dass *Sie* Geld hergeben, damit Sie mehr Geld bekommen. Ich glaube, dass die meisten Menschen nur *einen* Fehler machen, wenn Sie geben: Sie geben zu wenig. Sie halten ihr Geld fest und geben nur tröpfchenweise. Und deshalb kommt auch nichts zurück.

Ich kann mich noch gut daran erinnern, wann ich zum ersten Mal von der Idee des Gebens hörte. Ich dachte, es handele sich um einen Trick, der mich zum Spenden bewegen sollte. Wenn ich überhaupt etwas gab, dann wie ein Geizhals. Was ich zurückbekam, entsprach natürlich dem, was ich gegeben hatte. Ich *gab* wenig und ich bekam wenig zurück. Doch dann beschloss ich eines Tages, die Theorie auf die Probe zu stellen.

Ich liebe inspirierende Geschichten. Ich lese sie, höre sie, erzähle sie weiter, teile sie mit anderen. Ich entschloss mich, Mike Dooley für die inspirierenden Nachrichten zu danken, die er täglich per E-Mail mit mir und anderen Menschen teilt.

Ich beschloss, ihm Geld dafür zu geben. In der Vergangenheit hätte ich ihm vielleicht fünf Dollar gegeben. Das war in der Zeit, als ich an Knappheit glaubte und fürchtete, dass das Prinzip des Gebens nicht funktionieren würde. Dieses Mal sollte es anders laufen. Ich zog mein Scheckbuch und schrieb ihm einen Scheck über tausend Dollar aus. Eintausend Dollar!

Zu diesem Zeitpunkt war das die größte einzelne Spende, die ich in meinem Leben gemacht hatte. Ja, und es machte mich nervös. Hauptsächlich aber versetzte es mich in einen Zustand der Begeisterung. Ich wollte ein Zeichen setzen. Ich wollte Mike Anerkennung für seine Arbeit zollen. Und ich wollte sehen, was geschehen würde.

Mike war fassungslos. Er erhielt meinen Scheck mit der Post und kam auf dem Heimweg fast von der Straße ab. Er konnte es nicht fassen. Er rief mich sogar an und bedankte sich. Ich hatte meine Freude an seiner jungenhaften Begeisterung. Es fühlte sich wie eine Million an. (Bitte beachten Sie das!)

Es gefiel mir, ihn so glücklich zu sehen. Ich freute mich daran, ihm das Geld gegeben zu haben. Egal, was er damit tun würde, es war in Ordnung. Es war ein unglaubliches Gefühl, jemandem geholfen zu haben, das fortzuführen, woran ich glaubte. Es war wie ein innerer Drang, ihm zu helfen. Ich hatte lange meine Freude daran, ihm das Geld geschickt zu haben.

Und dann geschah etwas ganz Wunderbares! Ich erhielt den Anruf einer Autorin, die mir anbot, als Koautor an ihrem nächsten Buch mitzuarbeiten – eine Aufgabe, die mir am Ende ein Vielfaches dessen einbrachte, was ich hergegeben hatte.

Dann nahm ein japanischer Verlag Kontakt zu mir auf und wollte die Rechte an einem meiner Bestseller kaufen. Auch dieses Geschäft brachte mir viel mehr ein als das, was ich Mike geschenkt hatte.

Ein echter Skeptiker wird einwenden, dass diese Ereignisse keinen Zusammenhang haben. Vielleicht ist das im Verständnis des Skeptikers so. Nach meinem Verständnis besteht natürlich ein Zusammenhang. Als ich Mike das Geld gab, sandte ich an mich selbst und an die Welt die Nachricht, dass ich wohlhabend und „im Fluss" war. Ich manifestiere außerdem das Prinzip des Magnetismus, das Geld zu mir heranzog: So, wie du gibst, wirst du empfangen. Schenke Zeit und dir wird Zeit geschenkt werden. Gib Produkte her und du wirst Produkte erhalten. Gib Liebe und du wirst geliebt. Gib Geld und du wirst Geld erhalten.

Schon allein dieser Tipp kann Ihre finanzielle Situation verändern. Denken Sie an Menschen, die Sie während der letzten Wochen inspiriert haben. Wer sorgte dafür, dass Sie sich wohl fühlten, dass Sie mit sich selbst, mit Ihrem Leben, Ihren Träumen oder Ihren Zielen zufrieden waren?

Geben Sie diesen Menschen Geld. Geben Sie etwas, was von Herzen kommt. Seien Sie nicht kleinlich. Geben Sie aus der Fülle, nicht aus der Knappheit heraus. Geben Sie, ohne eine Gegenleistung zu erwarten – erwarten Sie Gegenleistungen aus anderen Quellen. Tun Sie es und Sie werden zusehen können, wie Ihr Wohlstand sich vermehrt. Das ist das ganze Geheimnis der Geldvermehrung.

Joe Vitale

Anregungen und Tipps zur zweiten Lektion

Kennen Sie den kürzesten Weg zu finanziellem Überfluss und persönlichem Reichtum? Wir sprechen hier nicht von Sparen, Investieren oder von einem zweiten Job. Auch nicht von etwas Unehrenhaftem oder Unmoralischem. Wir sprechen von Geben und Teilen. Tatsache ist, dass man seinen Wohlstand am schnellsten vermehren kann, indem man Geld für Organisationen oder für bestimmte Zwecke spendet, die man persönlich schätzt.

Vielleicht fragen Sie sich, wie das möglich ist. „Wenn ich Geld *hergebe*, dann habe ich doch *weniger!*" Darauf kann man mit Ja und mit Nein antworten: Ja, weil Sie zunächst *die* Mittel verwenden müssen, über die Sie auch tatsächlich verfügen. Nein, weil Sie *mehr* gewinnen werden, als Sie hergegeben haben.

Wie funktioniert das also? Wohlstand stellt sich ein, weil das Universum sich Ihrer annimmt – als Antwort auf Ihre selbstlose Großzügigkeit. Einige der wohlhabendsten Menschen auf dieser Welt haben mehr Wohlstand für *sich* geschaffen, indem Sie *anderen* etwas gegeben haben.

Wie kann man sich eine solche auf Geben ausgerichtete Lebenseinstellung aneignen? Das ist eigentlich ganz leicht. Verpflichten Sie sich einfach selbst, etwas zu geben, und zwar mit ganzem Herzen – sei es Geld, Zeit, Information oder Liebe. Damit können Sie die Dinge, die Ihnen am meisten am Herzen liegen, mitgestalten. Sie können unmittelbar beobachten, welche Wirkung Ihre Gabe entfaltet, und Sie werden mehr zurückbekommen, als Sie gegeben haben. Was für ein Gewinn!

Können Sie sich vorstellen, was geschähe, wenn jeder Einzelne in unserem Land dieses Konzept für sich entdecken und anwenden würde? Können Sie sich vorstellen, welcher Segen sich entfalten würde? Die Wohltaten kämen der Masse der Menschen zugute – den Kinderhilfswerken, der Altenbetreuung und -pflege, der medizinischen Forschung, der Nachbarschaftshilfe und vielen anderen sinnvollen Organisationen. Stellen Sie sich auch den Nutzen vor, den Sie ganz persönlich hätten: Sie hätten Geld, um Ihre Schulden zurückzubezahlen, Geld, um ein neues Geschäft zu eröffnen, um früher in den Ruhestand zu gehen und um das Leben ohne Geldsorgen genießen zu können.

Selbstlosigkeit kann wirklich reich machen – in Form von Sonne im Herzen und Geld in den Taschen. Geben Sie und Sie können ernten, was Sie gesät haben.

Vorschläge

Überlegen Sie, welcher Mensch, welcher gute Zweck oder welche Organisation Ihnen am Herzen liegt, und verpflichten Sie sich selbst zu einer guten Tat.

Dann halten Sie regelmäßig in Ihrem Wohlstands- und Erfolgstagebuch fest, welche neuen finanziellen Möglichkeiten sich daraufhin zu zeigen beginnen. Manche begegnen uns zum Beispiel in Form eines neuen Stellenangebots, das mit einem höheren Gehalt verbunden ist. In anderen Fällen können neue Kunden gewonnen oder neue Geschäftsideen entwickelt werden oder es ergeben sich Partnerschaften oder Kontakte, die zu mehr finanziellen Mitteln, unerwarteten Zahlungseingängen oder anderen Dingen führen.

Es ist *Ihr* Geschenk und Sie entscheiden, wo es den größten Nutzen entfalten würde. Schon allein diese Tatsache müsste eigentlich dafür sorgen, dass Sie sich richtig gut fühlen. Menschen helfen zu können, die weniger glücklich sind als man selbst, das allein sorgt schon für eine starke Verbindung zum Universum. Es zeigt, dass Sie dankbar für das sind, was Sie haben, und dass Sie gewillt sind, denen zu helfen, die Ihnen und anderen wichtig sind. Denken Sie daran, wie wohltuend Ihr Geschenk sein wird. Die, die am anderen Ende sitzen, also die, die das Geschenk erhalten, werden dankbar dafür sein und ihre Dankbarkeit auch ins Universum senden. Je mehr Sie geben, umso größer ist die Anzahl der Menschen, die davon profitieren. Dies verschafft Ihnen weitere Gelegenheiten zu geben, weil dafür gesorgt wird, dass Ihnen mehr zur Verfügung steht.

Dritte Lektion:
Ihre Intuition weiß alles

Glaube lässt uns auf eine Sache vertrauen,
auch wenn der gesunde Menschenverstand davon abrät.

George Seaton

Die Kreuzfahrt am Valentinstag

Eine meiner Freundinnen ist Inhaberin eines Reisebüros, durch ihre Vermittlung erlebte ich eine wunderbare Kreuzfahrt. Sie verschaffte mir außerdem einen besonders günstigen Preis, sodass ich die Reise noch unbeschwerter genießen konnte. Auf diesem Schiff erlebte ich eine Form der Entspannung, wie ich sie nie zuvor gekannt hatte. Vielleicht liegt es an der wundervollen Umgebung des Schiffes oder an der besonderen Aufmerksamkeit des Servicepersonals, an dem wunderbaren Essen oder vielleicht liegt es auch an der allgemeinen Atmosphäre, die dadurch entsteht, dass alle Passagiere entspannt sind und die Reise genießen. Vielleicht kommt es auch daher, dass ich weit weg von all den Dingen bin, die meinen Alltag ausmachen und mich nie zur Ruhe kommen lassen. Die schwierigste Entscheidung, die einem bei einer solchen Reise abverlangt wird, ist die Frage, was man essen und welche Art von Unterhaltungsangeboten man nutzen will!

Vor einigen Jahren lag eines der Schiffe, auf denen ich zusammen mit meiner Freundin gereist war, im Hafen von Honolulu. Die Crew bereitete alles für eine neue Gruppe von Passagieren vor und wir erhielten einen Boardingpass, mit dem wir an Bord des Schiffes gehen und es besichtigen konnten. Ich spazierte über das wundervolle Schiff, sah mein Spiegelbild in den Spiegeln und polierten Messingverkleidungen und erinnerte mich an das Lachen und die kindliche Vorfreude, mit der ich auf meiner Reise jedem neuen Tag an Bord entgegengefiebert hatte. Besonders gern dachte ich an die Freude zurück, die ich auf dieser Reise gehabt hatte. In mir fühlte ich ein tiefes, starkes Verlangen, wieder auf „große Fahrt" zu gehen. Ich erwähnte diesen Wunsch meiner Freundin gegenüber, die dieses Mal jedoch nicht darauf einging, sondern mich wissen ließ, dass das

Schiff vollständig ausgebucht sei und sie derzeit nichts für mich tun könne.

Ich war nicht gewillt, den Gedanken so leicht aufzugeben (– eine der Regeln des Gesetzes der Anziehung!), und fragte ein Crewmitglied, wann das Schiff wieder in Honolulu zurück sein würde. Ich erhielt die Auskunft, dass das Schiff zwei Wochen unterwegs sein würde und dass die Reise über Hawaii und Ensenada in Mexiko führte. Ich geriet in Begeisterung und sagte zu meiner Freundin: „Judy, wir müssen in zwei Wochen auf diesem Schiff sein!" Sie erklärte mir erneut, dass dies aus verschiedenen Gründen nicht möglich sei – ihre Mutter komme in dieser Zeit zu Besuch und außerdem sei das Schiff ausgebucht.

Ich sagte: „Ich weiß nicht wie und warum, aber ich weiß sicher, dass wir in zwei Wochen auf diesem Schiff nach Mexiko unterwegs sein werden. Würdest du mir den Gefallen tun und zumindest anfragen, ob wir auf die Warteliste gesetzt werden können?" Sie versprach mir, bei der Agentur anzufragen, hielt es aber für Zeitverschwendung. Außerdem würde sie nicht mitkommen können, wenn ihre Mutter zu Besuch komme. Ein Mitglied der Crew bestätigte, dass das Schiff ausgebucht sei. Ich ignorierte all das und hielt einfach weiterhin den Kontakt zu meinem starken Wunsch, auf diesem Schiff mitzufahren. Ich machte meine Freundin fast verrückt mit meinem Geplapper darüber, wie toll es wäre, wieder auf große Fahrt zu gehen, und dass es mir völlig egal sei, ob sie mir glaube oder nicht ... Ich wisse einfach, dass wir diese Reise machen würden!

Am nächsten Tag rief Judy mich an und teilte mir mit, dass sie bei der Schiffsagentur angefragt und die Auskunft erhalten habe, dass das Schiff nicht nur ausgebucht sei, sondern dass zwölf Ehepaare auf der Warteliste stünden! Selbst wenn es die eine oder andere Absage gäbe, so wäre die Wahrscheinlichkeit, dass innerhalb von zwei Wochen die Reservierung für zwölf Kabinen storniert würde, gleich null. Ich antwortete wieder: „Ich weiß nicht, wie, aber ich weiß, dass wir auf der nächsten Fahrt dieses Schiffes dabei sein werden, also tu mir den Gefallen und lass uns auf die Warteliste setzen."

Sie erwiderte, dass sie selbst auf keinen Fall reisen könne; da es aber sowieso keine Aussicht auf Erfolg gebe, würde sie mir den Gefallen tun. Jedes Mal, wenn ich in den darauf folgenden beiden Wochen mit Judy sprach, sagte ich ihr, sie solle endlich ihre Koffer packen, weil wir am vierzehnten dieses Monats die Schiffsreise antreten würden.

Einige Tage danach rief Judy an und erklärte mir, dass ich wohl ganz schön starke Schwingungen ausgesandt haben müsse, denn ihre Mutter habe ihren Besuch um eine Woche verschoben. Sie werde erst am Tag nach dem Ende der Schiffsreise ankommen! Nach dem Anruf ihrer Mutter fragte Judy erneut bei der Schiffsagentur an und erhielt die Auskunft, dass wir immer noch auf Platz dreizehn der Warteliste standen. Nur noch eine Woche bis zum Ablegen ...

Drei Tage, bevor die Kreuzfahrt beginnen sollte, rief ich Judy an und sagte ihr, dass sie endlich ihre Koffer packen solle. Judy erinnerte mich daran, dass wir noch keine Kabine hätten, und ich sagte: „Ich weiß nicht, wie, aber ich weiß, dass wir in drei Tagen auf diesem Schiff sein werden!"

Am Tag vor Reisebeginn rief Judy mich an, sie klang schockiert. Sie erklärte mir, dass sie gerade einen Anruf von der Schiffsagentur erhalten habe und gefragt worden sei, ob sie noch an der Kabine interessiert sei. Falls ja, so könne sie eine Kabine bekommen, sogar mit ihrem Rabatt als Reiseunternehmerin. Sie hatte nachgefragt, was mit all den anderen Passagieren auf der Warteliste geschehen sei, und hatte die Auskunft erhalten, dass nur eine einzige Absage eingegangen sei – die anderen Passagiere auf der Warteliste lebten jedoch in weit entfernten Bundesstaaten und könnten nicht mehr rechtzeitig vor Reisebeginn in Honolulu sein.

Am vierzehnten Februar gingen wir an Bord des Schiffes, genau so, wie ich es die ganze Zeit über prophezeit hatte. Ich grinste von einem Ohr zum anderen vor lauter Freude darüber, wieder auf große Fahrt zu gehen, und ich war beseelt von der Erfahrung, die ich gemacht hatte und in der ich später das Gesetz der Anziehung erkannte.

Maureen O'Shaughnessy

Anregungen und Tipps zur dritten Lektion

Ihre Intuition führt Sie, auf sie ist immer Verlass, sie hält immer Ausschau nach dem, was für Sie das Beste ist – vorausgesetzt, Sie entscheiden sich dafür, zuzuhören, der Nachricht keine Steine in den Weg zu legen und entsprechend zu handeln. Intuition lässt uns Dinge „einfach wissen", ohne dass wir sie erklären könnten.

Es passiert jedoch leicht, dass die Stimme der Intuition zwischen anderen Dingen untergeht. Angst, Verlangen, Selbstzweifel und zu viel Nachdenken sind nur einige der vielen Blockaden für unsere Intuition. Vertrauen Sie darauf, dass Ihre Intuition Ihr persönlicher Führer ist und sie immer auf den richtigen Weg führt. Schalten Sie alle einschränkenden Überzeugungen ab, die die Stimme Ihrer Intuition zum Schweigen bringen wollen.

Vielleicht sind Sie der Meinung, dass Intuition nichts als „Hokuspokus" sei. Das ist durchaus verständlich, denn Intuition ist nichts Konkretes. Sie ist nonverbal und gründet auf Gefühlen, unbewussten Gedanken und auf Instinkt. Natürlich können Menschen, die nur zwischen Schwarz und Weiß unterscheiden, mit dieser Beschreibung nichts anfangen.

Intuition ist für sie in einer Art Grauzone zu suchen. Dem ist aber nicht so. Im Grunde ist Intuition eine Synthese aus allen Informationen, die wir mit unseren Sinnen sowie in Gestalt von Erinnerung, Unterbewusstsein und logischem Abwägen aufgenommen haben.

Hören Sie Ihre Intuition, wenn sie zu Ihnen spricht? Wissen Sie, woran Sie sie erkennen? Typischerweise schaltet sie sich dann ein, wenn Sie still sind. Viele Menschen erhalten in ihren *Träumen* Antworten auf ihre Fragen, andere in der *Meditation*. Bei anderen macht sie sich „aus heiterem Himmel" bemerkbar, wenn sie nicht damit rechnen. Wieder andere *fühlen*, was richtig ist oder wie sie sich entscheiden sollen. Die Intuition kennt viele Mittel und Wege, sich mitzuteilen. Jeder Mensch nimmt seine Intuition auf seine eigene Art wahr.

Vorschläge

Wie lernt man, seiner Intuition zu vertrauen? Es ist wie mit allen anderen Dingen auch: Es muss geübt werden, dann wird es zur zweiten Natur.

1. Ziehen Sie sich an einen ruhigen, gemütlichen Ort zurück, wo Sie nicht gestört werden. Fragen Sie ganz bewusst nach Antworten auf Fragen, die Sie schon lange haben. Sollten sich Ergebnisse einstellen, so schreiben Sie sie in Ihrem Wohlstands- und Erfolgstagebuch nieder. Sehen Sie sich selbst, wie Sie eine Tür aufschließen und wie Ihre Antwort herauskommt.
2. Ihr Vorhaben, Ihrer Intuition zu vertrauen, muss nun praktisch umgesetzt werden. Ein gut durchdachter Plan bleibt so lange ein Plan, wie er nicht in Handlung umgesetzt wird. Haben Sie Ihrer Intuition noch nie vertraut, so sollten Sie mit kleinen Dingen beginnen. Versuchen Sie herauszufinden, was Ihrem Gefühl nach ein gutes Restaurant oder ein gutes Buch für Sie sein könnte, und bauen Sie so ein gewisses Maß an Vertrauen auf. Nehmen Sie sich nach und nach größere Dinge oder Ereignisse vor. Mit jedem Erfolg wird es Ihnen leichter fallen, Ihren Instinkten zu vertrauen und sich dabei wohl zu fühlen, bis dieses Verhalten irgendwann zu Ihrer zweiten Natur wird.

Denken Sie immer daran: Hören Sie mit all Ihrer Aufmerksamkeit auf sich selbst, dies bereitet den Weg, positive Dinge erfolgreich zu sich heranzuziehen. Sie können nicht anziehen, was Sie sich wünschen, wenn Sie die Schwingungen nicht unter Kontrolle haben, die Sie ins Universum senden. Genießen Sie diesen Prozess, mit dem Sie sich auf Ihre Handlungen, Gedanken und Gefühle einstimmen. Der Erfolg, der sich einstellen wird, wenn Sie sich von Ihrer Intuition leiten lassen, ist der Mühe wert.

Vierte Lektion:
Lassen Sie Ihren Absichten Taten folgen

Träume kosten keinen Pfennig – wir betrügen uns also nicht selbst, wenn wir unserer Fantasie freien Lauf lassen.

Robert Schuller

Mein Traumhaus

Wenn du einen Traum hast, gib ihm die Chance, Wirklichkeit zu werden.

Richard DeVos

Viele Jahre lang war es mein größter Wunsch, nah am Meer zu wohnen, am besten mit einer schönen Aussicht. „Na ja, Häuser mit Aussicht liegen natürlich in der höchsten Preiskategorie, aber ich verspreche Ihnen, dass Sie Ihre Aussicht bekommen werden", sagte meine Immobilienmaklerin, die eine unverbesserliche Optimistin war.

Und tatsächlich, wenn ich das Schlafzimmerfenster meines neuen Heims öffnete, auf einen kleinen Schemel stieg, meinen Kopf aus dem Fenster streckte, so weit es ging, und die Straße entlangblickte, vorbei an den vielen Häuserzeilen, so konnte ich in der Ferne einen winzigen Ausschnitt des Pazifiks erkennen. Mein Hund und ich genossen unsere Spaziergänge auf den befestigten Wegen, und wenn es regnete und niemand auf die Schilder „Hunde verboten" achtete, rannten wir den ganzen Strand entlang. Damit waren wir viele Jahre lang zufrieden.

Aber dann erwachte mein alter Traum zu neuem Leben. Ein Haus am Meer mit einem direkten Blick aufs Wasser, dieser Wunsch wurde zu einer Besessenheit. Und dabei war sonnenklar, dass ich mir das nicht leisten konnte. Es war lächerlich, dass ich dennoch regelmäßig die kalifornische Küste abfuhr.

„Was soll ich tun?", fragte ich meine beste Freundin. – „Erschaffe es dir, was sonst?", antwortete sie. „Tu das, wovon du immer redest. Achte und schätze es und hole es damit in dein Leben."

„Oh ja, das klappt hervorragend, wenn man einen Parkplatz sucht oder eine Gehaltserhöhung möchte", antwortete ich, "aber das hier ... Weißt du eigentlich, wie viel diese Häuser kosten?" – Sie lachte. "Nimm den Mund lieber voll Geld", antwortete meine Freundin. "Du sagst doch selbst immer, dass es dem Universum egal ist, ob wir um große oder um kleine Scheine bitten. Tu's doch einfach!"

Ich seufzte. Sie hatte ja recht. Ich konnte nicht gut verkünden, dass wir wundervolle Dinge in unser Leben holen können, wenn es mir selbst nicht gelang. Aber dieser Wunsch war so groß!

Ich saß fast die ganze Nacht an der Beschreibung meines Traumhauses. Ich brachte zu Papier, wie freudig und frei ich mich in meinem neuen Haus fühlen würde, wie bequem, sicher und angenehm es wäre, ein wundervolles Haus voller Licht, umgeben von Bäumen, inmitten der Natur, mit einer klaren, offenen Sicht aufs Meer und einem großen Hof für meine Haustiere ... Dann legte ich das Papier zur Seite und begann zu träumen.

Und ich rechnete, wie hoch die Belastung aus der Finanzierung meines Traumhauses sein würde. Die Höhe des Einkommens, das ich dafür jeden Monat erzielen musste, war so unglaublich, dass ich mich erst einmal von dem Schock erholen musste. Als meine Panik abgeklungen war, kam ich mit mir überein, mich am besten gleich an die Arbeit zu machen, wenn daraus etwas werden sollte. Zusätzlich zu der Rate, mit der ich mein kleines Apartment abbezahlte, sparte ich nun jeden Monat einen bestimmten Betrag für die Finanzierung meines Traumhauses. Das hört sich einfacher an, als es war!

Zuerst hatte ich das Gefühl, mich für den Rest meines Lebens von Spaghetti ernähren zu müssen. Einige Monate lang schien es mir unmöglich. Nach einer Weile hatte ich mich jedoch daran gewöhnt und es wurde etwas leichter – und schließlich, nach zwei Jahren, hatte ich nicht mehr das Gefühl, mich quälen zu müssen, um den zusätzlichen Betrag zu sparen. Zu meiner großen Freude stellte ich dann fest, dass mein Sparguthaben, das ich mir die ganze Zeit über nicht angesehen hatte, zu einem ansehnlichen Betrag angewachsen war. Dieses Geld wollte ich für die Finanzierung einsetzen. Ich entschied, dass der Zeitpunkt gekommen war.

Ich ging zu meiner optimistischen Immobilienmaklerin und erklärte ihr, dass ich jetzt ein Haus am Meer mit einer wirklich guten Aussicht suchte.

„Oh, ein neues Apartment?", fragte sie. – „Nein", ich schluckte, „dieses Mal möchte ich ein Haus kaufen." Stille. Dann fragte sie ganz sanft: „Sind Sie sicher?"

Ich holte tief Luft und sagte in einem einzigen Atemzug: „Ja-ich-bin-sicher-aber-wir-müssen-das-Apartment-zur-selben-Zeit-verkaufen-sonst-kann-ich-das-Haus-nicht-finanzieren." Meine süße Immobilienmaklerin verstand mich irgendwie. Sie strahlte, wir schüttelten uns die Hände und das war zunächst alles.

Zwei Wochen später traf ich sie auf meinem Weg zu einer Veranstaltung, auf der ich als Rednerin engagiert war; sie war gerade dabei, ein „Verkauft"-Schild an einem Objekt anzubringen. „Oh, Noelle, ich bin froh, dass ich Sie treffe", sagte sie. „Ich habe einen Käufer für Ihr Apartment gefunden." – „Aber ich habe mir noch kein einziges Haus angesehen!", antwortete ich. – „Ach, das wird schon, wir finden etwas für Sie", sagte sie und winkte mir nach, als ich davonfuhr. Ich überlegte hin und her. Was sollte ich tun?

Am nächsten Tag zeigte sie mir „ein süßes, kleines Haus, perfekt für eine alleinstehende Person." Es war wirklich hübsch. Aber es lag eingeklemmt zwischen zwei Apartmenthäusern und der Blick aufs Meer war zwar besser als der, den ich im Augenblick hatte, verlangte einem aber einige Verrenkungen ab. Ich lehnte ab. Einige Tage später fuhren wir zusammen zu einem weiteren Haus. Es kam mir vor, als wären wir stundenlang unterwegs gewesen, und meine Maklerin redete die ganze Zeit auf mich ein, bis wir schließlich zu einem Haus gelangten, das ganz für sich allein stand, ein Zementblock in einem desolaten Zustand.

Ich ging verzagt nach Hause und fragte mich, ob ich mich vielleicht geirrt hatte. Vielleicht konnte ich meinen Traum doch nicht verwirklichen. Vielleicht hatte ich mir etwas vorgemacht. Ich verbrachte eine schlaflose Nacht und wachte verkatert und deprimiert auf.

Meine Freundin rief an und fragte, ob ich mein Haus schon gefunden hätte. Ich schüttete ihr mein Herz aus und sie lachte mich liebevoll aus: „So wenig Vertrauen hast du! Mensch, reiß' dich zusammen, du schaffst das!" Ich legte auf. Sie hatte recht. Ich konnte meinen Traum nicht einfach aufgeben, nur weil es ein paar Schwierigkeiten gab. Ich saß im Schneidersitz auf der Couch, nahm meinen Hund auf den Schoß und meditierte intensiv über mein Traumhaus, bevor ich schließlich zur Arbeit ging.

An diesem Nachmittag rief meine Immobilienmaklerin an. „Ich denke, ich habe etwas für Sie gefunden. Das Haus ist noch nicht am Markt. Es liegt ein wenig außerhalb, aber ich glaube, es wird Ihnen gefallen."

Als wir wieder in dieselbe Richtung fuhren wie beim letzten Mal, wurde mir das Herz schwer. Nein, nicht wieder ein einsames Haus weit weg von allem! Meine Maklerin schaute auf ein Schild und bog dann in eine Straße ein. Sie führte den Hang hinauf, immer weiter, eine Kurve nach der anderen, bis wir um die letzte Kurve kamen, eine schmutzige Auffahrt hinabrollten, das Auto anhielt ... und ich mich verliebte. Zu meiner Linken öffnete sich ein atemberaubender Rundumblick aufs Meer. Zu meiner Rechten stand ein wunderschönes, zweigeschossiges Haus, das ganz offensichtlich dringender Renovierung bedurfte, und um mich herum erstreckte sich ein makellos gepflegter öffentlicher Park.

„Da müssen Sie viel Arbeit reinstecken", sagte die Immobilienmaklerin. „Ich war aber sicher, dass es Ihnen gefällt."

Gefallen? Ich war im siebten Himmel! Ich ging durch dieses Haus und sah mein Traumhaus – alles, was ich vor über zwei Jahren aufgeschrieben hatte, war hier Wirklichkeit: Fenster vom Boden bis zur Decke ließen das Licht herein, große, luftige Räume (sogar ein großes Atelierzimmer unterm Dach!) und ein Hof für viele Haustiere.

Noelle Nelson

Anregungen und Tipps zur vierten Lektion

Ein Sprichwort sagt: „Jeder ist seines Glückes Schmied", und das stimmt genau! Während wir heranwachsen, verbringen wir viel Zeit damit, darüber nachzudenken, was wir wollen – was wir werden wollen, wenn wir erwachsen sind, welches Leben wir führen wollen, wie das Haus oder die Wohnung aussehen sollen, die wir gerne hätten, und wo sie liegen sollen ... – viele dieser Träume werden jedoch niemals Wirklichkeit. Warum nicht? Weil es oft nur Sehnsüchte oder Hoffnungen sind. Aber sie können Wirklichkeit werden. Jeder von uns kann die Dinge haben, die er sich immer gewünscht hat – dazu bedarf es jedoch etwas mehr als nur einer vagen Idee von dem, was wir uns wirklich wünschen. Wir müssen unser Ziel ganz bewusst verfolgen, um uns eine neue Realität zu kreieren.

Wünsche und Träume sind wie Samen, der in die Erde gebracht wird. Würden Sie Samen in die Erde bringen und ihn dann einfach sich selbst überlassen? Würden Sie erwarten, dass er so zu der gewünschten Frucht oder Blume heranwächst? Natürlich nicht! Ohne genügend Wasser, etwas Dünger für gutes Wachstum und regelmäßiges Jäten würde kein Same austreiben. Er würde verkümmern. Genau das kann auch mit unseren Träumen geschehen. Sie werden niemals zum Blühen kommen, wenn wir ihnen nicht unsere Gedanken, unsere Aufmerksamkeit und unsere Energie zuwenden. Gezielte Aufmerksamkeit ist notwendig. Sie sorgt dafür, dass unseren Absichten Taten folgen, die dazu beitragen, dass unsere Träume Wirklichkeit werden.

Vorschläge

Sind Ihre Träume noch nicht wahr geworden? Dann nehmen Sie sich etwas Zeit, um über die Gründe dafür nachzudenken. Fragen Sie sich, ob es etwas gegeben hat, was Sie hätten tun können, um nachzuhelfen. Lautet die Antwort ja, so haben Sie damit einen Anfangspunkt, von dem aus Sie handeln können.
Machen Sie sich in Ihrem Wohlstands- und Erfolgstagebuch einen Plan, wie Sie Ihre Träume wahr machen wollen. Handeln verlangt Mut. Für das Universum bedeutet Mut, dass Sie für den nächsten Schritt bereit sind, wie dieser auch immer aussehen mag. Lassen Sie nicht davon ab, arbeiten Sie beständig weiter an Ihren Wünschen und Träumen, dann werden sie auch wahr werden.
Nutzen Sie das Handeln als Katalysator und beobachten Sie, was sich zu manifestieren beginnt. Sie brauchen dann nicht überrascht zu sein: Schließlich waren Sie es, der es Wirklichkeit werden ließ.

Fünfte Lektion:
Ihre innere Führung ist immer für Sie da

Wir sind nicht etwa menschliche Wesen,
die spirituelle Erfahrungen machen,
sondern spirituelle Wesen,
die menschliche Erfahrungen machen.

Pierre Teilhard de Chardin

Vertrauen wagen

*Manchmal sammelt die Seele Erfahrungen
einfach durch Sitzen.*

Zen-Weisheit

Vor etwa zwölf Jahren hatte ich eine Begegnung mit einer Energie, die ich als göttlich bezeichne und die mich für immer verändert hat. Zu dieser Zeit war ich nach Ansicht der meisten, die mich kannten, vom Glück begünstigt und meine berufliche Laufbahn entwickelte sich brillant – ich selbst fühlte jedoch nichts. An jenem Abend saß ich wieder einmal und überlegte, ob ich meinem Leben ein Ende setzen sollte – als mir plötzlich klar wurde, dass ich den Wunsch hatte, etwas zu tun, was das Leben der Menschen veränderte; etwas, was einen Wert darstellte und Bestand hätte.

In diesem einmaligen, unglaublichen Augenblick erkannte ich meine Bestimmung. Sie lag ausgebreitet vor mir und der Weg, der zu meinem höchsten Besten führen würde, war klar erkennbar. Im selben Augenblick erinnerten mich meine Zweifel daran, dass ich keine Ahnung hatte, wie ich dies bewerkstelligen sollte; damit war meine Vision in Gefahr. Gleichzeitig kam aber auch die erstaunlichste aller Erkenntnisse über mich ... Irgendwie hatte ich meine Fähigkeit aktiviert, direkt mit meiner spirituellen Quelle zu kommunizieren! Ich nutzte diesen wunderbaren Austausch und begann das Chaos in Ordnung zu bringen, das ich in meinem Leben angerichtet hatte; und ich ging daran, mir ein wunderbares und erfülltes Leben aufzubauen.

Ich begann zu beten und zu meditieren – egal zu welcher Uhrzeit oder wo ich mich befand und solange es mir angemessen erschien. Durch meine Einstimmung auf meine innere Quelle erschlossen sich mir ganz ohne mein Zutun neue Methoden und Verfahrensweisen. Ich stellte alle diese Gedanken rigoros auf die Probe, sie brachten immer greifbare, praktische Ergebnisse hervor, die letztendlich die Grundlage für meine Arbeit als spiritueller Coach bildeten.

Ich könnte jetzt behaupten, dass ich nach meinem ersten mystischen Erkennen hinausging und sofort zum spirituellen Coach wurde – dem war aber nicht so. Nach meiner eigenen spirituellen Heilung stürzte ich mich kopfüber in das Studium spiritueller und metaphysischer Philosophien und Heilmethoden und gelangte zu der Überzeugung, dass ich nicht allein auf der Suche nach einem neuen Leben war. Diese Suche bestärkte mich noch in meiner Entschlossenheit, mein Leben zu heilen und eine bessere Zukunft zu erschaffen, die alles hervorbringen würde, was ich bräuchte oder gar wünschte.

Heilung, Erfolg und Wohlstand sind für mich dasselbe – ein fortschreitender Prozess. Mir wurde klar, dass ich die Bücher mit den Antworten, die ich suchte, durchaus auch per Zufall finden konnte und dass ich auch die Menschen, die mir helfen könnten, per Zufall treffen konnte. Würde ich jedoch mein Zwiegespräch mit meiner göttlichen Quelle immer besser nutzen, so könnte ich die Antworten auf meine dringlichsten Fragen sofort erhalten! Vorschläge, Affirmationen, Übungen und das, was ich „göttliche Rezepte" nannte, kamen immer dann mit Leichtigkeit zu mir, wenn ich betete. Ich vertraute jedes Mal auf diese Rezepte und wandte sie an und mein Leben veränderte sich. Ich teilte sie mit anderen Menschen, bis auch in ihrem Leben positive Veränderungen erkennbar wurden.

Bereits seit vielen Jahren wünschten sich mein Mann und ich ein Kind und ich erinnere mich gut, dass ich einmal inbrünstig dafür betete, schwanger zu werden. Die Antwort lautete: „Lass den zwanghaften Wunsch, schwanger zu werden, los." Daraufhin kamen mein Mann und ich überein, dass wir auch *ohne* Kind glücklich sein würden. Wir trafen die Entscheidung, dass unser Glück nicht davon abhängen sollte, ob wir Kinder hätten oder nicht, und dass wir, sollte dieser Wunsch nicht in Erfüllung gehen, unseren Nichten und Neffen unsere mütterliche und väterliche Liebe schenken würden. Einen Monat später war ich schwanger!

Ich erinnere mich noch genau, dass ich im achten Schwangerschaftsmonat in mein Tagebuch schrieb: „Was werde ich nach der Geburt des Kindes tun, wie kann ich Gott dann weiterhin dienen? Wie schaffe ich das und wie kann ich trotzdem noch gut leben?" Diese Frage hatte ich bereits mehrmals gestellt und keine klare Antwort erhalten. In diesem Augenblick überkam mich dieses Gefühl, das mir mittlerweile vertraut ist, und das mich immer überkommt, wenn ich in meinem Gespräch mit der göttlichen Quelle „auf Empfang" bin, und die Worte flossen aus meinem Stift auf das Papier: „Dies wäre ein guter Zeitpunkt, eine Praxis für Coaching zu eröffnen. Nenne sie „A Choice for Joy" (zu Deutsch etwa: Entscheidung für Lebensfreude)! Nenne auch das Kind, das du zur Welt bringen wirst, Joy, widme deine Coaching-Arbeit dem Heiligen Geist und vertraue auf ihn!" Ich weiß noch genau, wie ich das Papier anstarrte und zu träumen glaubte.

Am darauf folgenden Tag gab mir meine Mentorin und Lehrerin, Ruth Lee, eine Zeitschrift zu lesen. Sie sagte nichts weiter, als dass diese Zeitschrift alles enthalte, was ich wissen müsse, und dass ich sie notfalls Seite für Seite lesen solle. Als ich die Zeitschrift aufschlug, überkamen mich Schauer und wehenartige Krämpfe, die jedoch nichts mit meiner fortgeschrittenen Schwangerschaft zu tun hatten. Tränen strömten über mein Gesicht, als ich die Überschrift las: „Erschaffen Sie sich das Leben Ihrer Träume – werden Sie Coach!" Ich wusste in diesem Moment einfach, dass ich genau solch ein besseres Leben für mich erschaffen würde ...

Auf der einen Seite war ich erstaunt, genau das zu lesen, was ich zuvor von meiner göttlichen „Leitstelle" empfangen und niedergeschrieben hatte; auf der anderen Seite kämpfte ich dennoch mit mir selbst, ob eine Karriere als Coach für andere Menschen wirklich das Richtige für mich wäre. Der Autor empfahl Organisationen, die Ausbildungen anboten, und erwähnte auch eine Internet-Universität, wo man per Telefon am Unterricht teilnehmen konnte – ideal für mich als Mutter mit einem Säugling.

Voll freudiger Erwartung schrieb ich in mein Tagebuch: „Ist es tatsächlich meine Bestimmung, genau das zu tun?" Ich hatte zu kämpfen, damit ich die Antwort rasch genug niederschreiben konnte, ich las: „Das ist eine gute Möglichkeit. So wirst du lernen, wie man ein Geschäft aufbaut und führt."

Mit dem tiefen Gefühl, den nächsten Schritt bereits zu kennen, stellte ich mir vor, wie ich meinem Mann erklären würde, dass ich nicht mehr an meine bisherige Stelle in meinem alten Beruf zurückkehren könne und dass damit mein recht hohes Gehalt wegfallen würde. Als ich mit ihm darüber sprach, welche Antworten und Anweisungen ich in meinem inneren Dialog mit meiner göttlichen Quelle erhalten hatte, lächelte er und sagte: „Du bist jetzt also tatsächlich so weit, dass du dich nur noch dem verpflichtet fühlst, was du liebst? Es wurde auch Zeit!"

In diesem Augenblick wusste ich, dass sich in meinem Inneren etwas Entscheidendes verändert hatte, aber würde ich es auch schaffen, meiner spirituellen Führung völlig zu vertrauen? Was lag vor mir, wenn ich es täte? Heute kann ich nur sagen, dass damals rein rational gesehen nichts dafür sprach, dass ich aber dennoch genau wusste, dass es das Richtige war. Nie zuvor war ich in meinem Inneren so sicher gewesen. Ich war erregt und ängstlich zugleich, fühlte jedoch auch einen tiefen inneren Frieden. Diese innere Kraft katapultierte mich in ein unglaubliches Leben hinein, das alles übertrifft, was ich je erträumt hatte – ein Leben voller Liebe, Freude und Fülle.

Sharon Wilson

Anregungen und Tipps zur fünften Lektion

Jeder von uns hat eine innere Führung, eine Stimme, die uns die richtige Antwort verrät, die aber leider häufig überhört wird. Unsere innere Führung ist immer für uns da, wird jedoch oft zum Schweigen gebracht. Wird uns später klar, dass wir besser auf unsere innere Stimme, unsere Intuition oder unseren Instinkt gehört hätten, dann haben wir vielleicht das Gefühl, dass es zu spät ist, die ursprüngliche Entscheidung zu korrigieren. Aber wir haben *immer* eine Wahl! Schwer zu glauben? Wer trifft schon bewusst die *Wahl*, sich scheiden zu lassen oder seine Karriere zu beenden? Würden wir jedoch ein wenig nachforschen, so würde sich schnell herausstellen, dass diese Person vielleicht nicht ganz genau der Partner ist, den wir uns gewünscht haben, dass sie unserer Vorstellung aber dennoch sehr nahe kommt ... Oder der Job ist sehr gut bezahlt, sodass es die Sache lohnt, auch wenn einige der Aufgaben nicht ganz mit der Idealvorstellung übereinstimmen ... Im Grunde haben wir diese Entscheidungen gefällt, um unsere innere Führung zum Schweigen zu bringen und uns der Situation anzupassen.

Wie oft haben Sie schon gedacht: „Hätte ich bloß auf meine innere Stimme gehört!"? Wissen Sie, wer am besten auf die innere Stimme hört? Kinder. Das ist einer der Gründe dafür, dass sie so häufig Ärger mir Erwachsenen bekommen

– sie tun oft einfach, was ihnen ihre innere Führung vorgibt, ohne Rücksicht auf Konsequenzen oder Gefühle. Ihr einziges Ziel ist, das zu tun, wovon sie glauben, dass es sie zu einem bestimmten Zeitpunkt glücklich machen wird, und dann tun sie es einfach. Kindern ist nicht klar, dass sich die Welt nicht allein um sie dreht; sie haben aber auch noch nicht „gelernt", dass es ihre Aufgabe ist, *alle anderen* glücklich zu machen (ein großer Irrtum unserer heutigen Gesellschaft). Würde jeder von uns die Verantwortung für sein *eigenes* Glück übernehmen – was durchaus möglich ist, wenn man auf seine innere Führung hört –, so wäre die Welt ein glücklicherer und harmonischerer Ort.

Denken Sie daran: Das höchste Ziel im Leben ist Freude und es liegt in Ihrer Verantwortung, sie für sich zu erschaffen. Das gelingt jedoch nicht ohne bewusste Ausrichtung und Zielsetzung und nicht ohne dass man etwas dafür tut.

Vorschläge

Üben Sie, Ihr bewusstes Denken, Ihren Verstand jeden Tag für ungefähr fünfzehn Minuten abzuschalten, und gestatten Sie Ihrer inneren Führung, zu Ihnen durchzudringen. Gehen Sie dabei wie folgt vor:

1. Konzentrieren Sie sich auf Ihren Atem oder auf die Flamme einer Kerze oder nehmen Sie ein Wort zu Hilfe, das Sie laut aussprechen, wie etwa: „Om ..."
2. Ist Ihr Geist zur Ruhe gekommen, so werden Sie feststellen, dass er sich sozusagen von Ihrem physischen Körper löst und in einen Zustand gelangt, in dem Sie vollkommen offen sind, in dem Sie „zulassen" können. In diesem Moment übernimmt Ihr inneres Selbst die Führung. Möglicherweise spüren Sie, dass Sie eine unwillkürliche körperliche Bewegung machen, wie es auch beim Einschlafen vorkommt; vielleicht bewegt sich Ihr Fuß oder Sie fühlen

sich, als würden Sie fallen – dies ist der Zustand, in dem alle Energien sich in Harmonie befinden.
3. Legen Sie fest, wie Sie vorgehen wollen, damit diese harmonischen Energien zu Ihnen durchdringen können. Das kann durch einen Gedankenblitz, durch Niederschreiben, durch eine Stimme oder auf jede andere denkbare Art geschehen.

Jeder Mensch hat die Fähigkeit, seine innere Stimme zu hören. Der Schlüssel dazu ist, sich die Zeit zu nehmen, es geschehen zu lassen und nicht zu zensieren, was das kommt. Bleiben Sie dran und es wird höchstens dreißig Tage dauern, in den Fluss der Dinge hineinzukommen. Lernen sie einfach zu entspannen, zuzulassen und zu empfangen. Ihr Glück hängt davon ab!

Schlusswort

> Handeln allein ist nicht genug – um große Dinge zu vollbringen, müssen wir auch träumen; es genügt nicht zu planen, wir müssen auch daran glauben.
>
> Anatole France

Dass wir nicht das haben, was wir wollen, liegt nicht etwa daran, dass wir zu wenig Geld oder Zeit haben, und es sind auch nicht irgendwelche anderen Umstände dafür verantwortlich. Es liegt allein an uns zu entscheiden, was wir uns wünschen, und daran zu glauben, dass wir es auch haben können. Alles andere ist Illusion. Denken Sie immer daran: Die Anwendung des Gesetzes der Anziehung in Ihrem Leben ist ein steter Prozess. Wir möchten, dass Sie jeden Morgen voller Begeisterung für das aufwachen, was Sie vorhaben. Wir möchten, dass so viel Geld zu Ihnen kommt, wie Sie haben wollen, und dass Ihre Beziehungen erfüllend sind. Wir wissen, dass Sie dabei vollständig entspannt sein und sich wohl fühlen können, weil alles, was Sie von nun an tun müssen, Ihrer Inspiration und Ihrer Freude entspringen wird.

Machen Sie Ihr Leben zu einem Spiel und sorgen Sie dafür, dass es *einfach* ist! Selbstverständlich wird nicht jedes Mal alles gleich funktionieren – und auch das ist in Ordnung. Suchen Sie nach Möglichkeiten, die Reise zu genießen. Seien Sie bereit zu verlangen, was Sie wollen, und sich dann darauf zu konzentrieren. Üben Sie immer wieder, dann werden Sie bald Meister darin sein, die beste Vision für Ihr Leben zu erschaffen, die Sie sich vorstellen können.

Wir wünschen Ihnen Glück, Gesundheit, Wohlstand, Vitalität und Lebendigkeit; ein Leben in Freiheit, in Fülle und Freude; ein Leben, das Sie in die Liebe eintauchen lässt, die Sie umgibt.

Anhang

Danksagungen

Den folgenden Menschen, die zum Gelingen dieses Buches entscheidend beigetragen haben, sprechen wir unsere ehrlich empfundene Dankbarkeit aus.

Von Jeanna Gabellini: Mein besonderer Dank gilt Eva, meiner besten Freundin und perfekten Geschäftspartnerin. Wenn die Diva eine Inspiration hat: Sei wachsam! Ich danke meiner Mutter und meinem Vater dafür, dass sie davon überzeugt sind, dass alles, was ich mir vornehme, die natürlichste Sache der Welt für mich ist und selbstverständlich gelingen wird. Danke auch an Steve dafür, dass du mir immer wieder versicherst, dass alles klappen wird. Du hast Recht – letzten Endes klappt ja wirklich immer alles. Ich bin dem Universum zutiefst dankbar dafür, dass es mir den besten Mann, die beste Familie, die besten Freunde, Klienten und Coachs geschickt hat, die eine Frau sich wünschen kann.

Von Eva Gregory: An erster Stelle danke ich dir, Robin, für deine Liebe und Unterstützung in den letzten 24 Jahren. Unsere Beziehung ist nach wie vor die optimale Realisation des Gesetzes der Anziehung und der eigenen Mitwirkung. Ich danke auch meinem Sohn Jeffrey und seiner Frau Kristine: Ihr bringt jede Menge Freude in mein Leben – und meinen beiden kostbaren Enkeln Savannah und Drew: Mein Herz ist so voller Liebe für Euch, dass ich manchmal denke, dass es platzen könnte. Und Jeanna: Mein Herz gehört dir!

Besondere Anerkennung und Dankbarkeit für Jeannas und Evas Team: Unseren talentierten Mitarbeitern danken wir für ihre Unterstützung und dafür, dass sie stets dafür sorgen, dass wir nicht den Verstand verlieren und dass unsere Geschäfte und Projekte reibungslos funktionieren: Laura Walsh, Sarah Lateer, Ronda Taylor, Jon Kip, Nancy Tierney und Kim Green-Spangler.

Unser Dank gilt auch unserer liebsten Lektorin, Veronica Yates. Trotz abenteuerlicher und verrückter Abgabetermine hast du immer voll hinter dem Projekt gestanden. Ohne dich hätten wir es nicht geschafft!

An die Mitglieder des „Hühnersuppe"-Teams: D'ette Corona, die unsere Ansprechpartnerin und unglaublich hilfreiche Führerin war. Du hast dafür gesorgt, dass die Hühnersuppe schon beim ersten Kosten unglaublich köstlich schmeckte. Patty Aubery und Russ Kamalski, die immer da waren, wenn wir sie brauchten. Barbara Lomonaco für ihre Hilfe beim Heraussuchen der vielen wundervollen Geschichten. Patty Hansen für ihr kompetentes und zielgerichtetes Vorgehen bei der Regelung der urheberrechtlichen Fragen im Zusammenhang mit den Büchern der Serie *Hühnersuppe für die Seele*. Veronica Romero, Lisa Williams, Teresa Collett, Robin Yerian, Jesse Ianniello, Lauren Edelstein, Lauren Bray, Patti Clement, Michelle Statti, Debbie Lefever, Connie Simoni, Karen Schoenfeld, Patti Coffey, Catalie Chen, Lauren Mastrodonato, Gina Rose Kimball und Lindsay Schoenfeld, die Jacks und Marks geschäftliche Projekte mit Geschicklichkeit und Liebe begleiten.

Danksagungen

An unsere ersten Testleser, die uns halfen, die Schlussauswahl zu treffen, und die mit unschätzbaren Vorschlägen zur Verbesserung des Buches beitrugen: Anne Nayer, Barb Gau, Bob Burnham, Charles Cassell, Dr. Cathy Ripley Greene, Delores Ziegler, Diane Case, Gail Crosby, Julie Sykes, Kimberly Hudson, Larry Guerrera, Linda Cassell, Mai Vu, Mair Hill, Marie Pippin, MaryBeth Rapisardo, Patti Garland, Rachel Anzalone, Rick O'Shields, Robin Gallant, Shelly Byrne, Terri Zwierzynski, Veronica Yates und Wendy Young.

An Abraham-Hicks, Jerry und Esther Hicks: Ohne Eure Unterweisungen gäbe es dieses Buch nicht.

An all diejenigen, die ihre von Herzen kommenden Geschichten zur Verfügung gestellt haben. Leider konnten wir nicht alles verwenden, was Sie uns geschickt haben; wir sind jedoch außerordentlich dankbar dafür, dass Sie uns Zutritt zu Ihrem Leben gewährt und Ihre Erfahrungen mit uns geteilt haben. Ihre vielen Geschichten waren wirklich eine Quelle der Inspiration für uns.

Aufgrund der Größe dieses Projekts haben wir vielleicht die Namen einiger Personen vergessen, die einen Beitrag geleistet haben. Sollte dies der Fall sein, so seien Sie versichert, dass uns dies leidtut und dass wir dies dennoch zu schätzen wissen.

Quellenhinweise

Unser Dank gilt den folgenden Verlagshäusern und Einzelpersonen für ihre Erlaubnis zum Abdruck ihrer Geschichten und Texte. (Achtung: Die von Jack Canfield, Mark Viktor Hansen, Jeanna Gabellini oder Eva Gregory verfassten Texte sind in dieser Aufzählung nicht berücksichtigt.)

Letting In the Slim (deutsch: Gestatten Sie sich, schlank zu sein): mit freundlicher Genehmigung von Patricia Daniels. © 2007 Patricia Daniels

Take Advantage of Opportunities (deutsch: Nutzen Sie jede Chance): mit freundlicher Genehmigung von Ruben Gonzalez. © 2004 Ruben Gonzalez

Friends in France (deutsch: Freunde in Frankreich): © 2005 Sonia Choquette. Erstmals veröffentlicht von Random House Inc., mit freundlicher Genehmigung der Autorin und von Susan Schulman, A Literary Agency, New York

What Is Your Brown Rice? (deutsch: Brauner Reis): mit freundlicher Genehmigung von Kristy Iris. © 2006 Kristy Iris

From Rags to Faith and, Finally, to Riches! (deutsch: Durch unerschütterlichen Glauben zum Erfolg!): mit freundlicher Genehmigung von Idelisa Cintron. © 2007 Idelisa Cintron

Kisses for Mr. Castle (deutsch: „Küsschen" für Mr. Castle): mit freundlicher Genehmigung von Theresa J. Elders. © 2007 Theresa J. Elders

The Day I Ran Out of Money (deutsch: Der Tag, an dem mir das Geld ausging): mit freundlicher Genehmigung von Amy Scott Grant. © 2007 Amy Scott Grant

A Gradual Awakening (deutsch: Ein allmähliches Erwachen): mit freundlicher Genehmigung von Allison Marie Sodha. © 2007 Allison Marie Sodha

From a Bomb Shelter to the Beach House (deutsch: Aus einem Kellerloch in ein Haus am Meer): mit freundlicher Genehmigung von James H. Bunch. © 2007 James H. Bunch

Attracting Harmony in Your Life (deutsch: Durch Vergebung zum Lebensglück): mit freundlicher Genehmigung von Randy Gage. © 2007 Randy Gage

I Love My Hair (deutsch: „Ich liebe mein Haar."): mit freundlicher Genehmigung von Catherine A. Greene. © 2007 Catherine A. Greene

The Healing Power of Intention (deutsch: Die heilende Kraft einer Intention): mit freundlicher Genehmigung von Kathleen Carroll. © 2007 Kathleen Caroll

There Is Enough Money for Everyone (deutsch: Es ist genug für alle da): mit freundlicher Genehmigung von Carol Tuttle. © 2006 Carol Tuttle

Until You Value Yourself ... Don't Expect Anyone Else To (deutsch: Wer sich nicht selbst achtet, kann das auch nicht von anderen erwarten): mit freundlicher Genehmigung von John Demartini. © 2007 John Demartini

The Journey of the Wanderin' Berrys (deutsch: Die wundersame Reise der Familie B.): mit freundlicher Genehmigung von Felicia Berry. © 2006 Felicia Berry

Quellenhinweise

Free Hugs (deutsch: Kostenlose Umarmungen): mit freundlicher Genehmigung von Christine A. Brooks. © 2007 Christine A. Brooks

Prosperity Starts at the Kitchen Table (deutsch: Erfolg beginnt am Küchentisch): mit freundlicher Genehmigung von Jan H. Stringer. © 2007 Jan H. Stringer

Goofing Off to Get Ahead (deutsch: So kommen Sie vorwärts: Lehnen Sie sich zurück!): mit freundlicher Genehmigung von Jeannette Maw. © 2007 Jeannette Maw

How two Dozen Eggs Hatched My Real-Estate Career (deutsch: Wie zwei Dutzend Eier meine Karriere als Immobilienmaklerin einleiteten): mit freundlicher Genehmigung von Holleay Tace Parcker. © 2006 Holleay Tace Parcker

Go an Extra Mile to Enjoy Real Abundance (deutsch: Ein einziger Schritt kann eine Menge bewirken): mit freundlicher Genehmigung von Rene Godefroy. © 2007 Rene Godefroy

Success in the Face of Adversity (deutsch: Erfolg trotz Gegenwind): mit freundlicher Genehmigung von Charles Marcus. © 2006 Charles Marcus

Dave's Legacy: The Miracle of Giving (deutsch: Das Geheimnis der Grußkarten): mit freundlicher Genehmigung von Barbara A. Gau. © 2006 Barbara A. Gau

Somebody Give Me a Hand (deutsch: Initiative ergreifen – dann helfen auch andere): mit freundlicher Genehmigung von Barbara A. Gau. © 2006 Barbara A. Gau

Flash of Inspiration (deutsch: Ein Geistesblitz): mit freundlicher Genehmigung von Jillian Coleman Wheeler. © 2007 Jillian Coleman Wheeler

Radical Sabbatical (deutsch: Ein radikaler Kurswechsel): mit freundlicher Genehmigung von Elizabeth Jane Healey. © 2003 Elizabeth Jane Healey

It's Never Too Late to Pursue Your Destiny (deutsch: Es ist nie zu spät, der eigenen Bestimmung zu folgen): mit freundlicher Genehmigung von Patrick E. Snow. © 2007 Patrick E. Snow

Transforming Thoughts (deutsch: Die schöpferische Kraft unserer Gedanken): mit freundlicher Genehmigung von Wanda Peyton. © 2005 Wanda Peyton

List for It (deutsch: Machen Sie eine Liste): mit freundlicher Genehmigung von Tim Jones. © 2007 Tim Jones

Shake That Money Tree (deutsch: Schütteln Sie den Dukatenbaum): mit freundlicher Genehmigung von Janet Christine Henrikson. © 2006 Janet Christine Henrikson

What Is the Best Use of a Life Given This Much Good Fortune? (deutsch: „Bitte fünftausend Dollar gegen den Hunger in der Welt!"): mit freundlicher Genehmigung von David B. Ellis. © 2007 David B. Ellis

The Greatest Money-Making Secret in History (deutsch: Das Geheimnis der Geldvermehrung): mit freundlicher Genehmigung von Joe Vitale. © 2001 Joe Vitale

The Valentine's Day Cruise (deutsch: Die Kreuzfahrt am Valentinstag): mit freundlicher Genehmigung von Maureen Mary O'Shaughnessy. © 2007 Maureen Mary O'Shaughnessy

My Dream House (deutsch: Mein Traumhaus): mit freundlicher Genehmigung von Noelle C. Nelson. © 2007 Noelle C. Nelson

A Leap of Faith! (deutsch: Vertrauen wagen): mit freundlicher Genehmigung von Sharon Catherine Wilson. © 2006 Sharon Catherine Wilson

Noch mehr „Hühnersuppe"?

Viele der Geschichten, die Sie in diesem Buch lesen konnten, sind Beiträge von Menschen wie Ihnen, die bereits Bücher aus der Reihe *Hühnersuppe für die Seele* gelesen hatten. Jedes Jahr werden weitere Exemplare dieser Buchreihe veröffentlicht und Sie sind eingeladen, eine Geschichte zu einer dieser geplanten Ausgaben beizusteuern.

Die Geschichten sollten nicht mehr als 1.200 Wörter umfassen und ein besonders inspirierendes oder einschneidendes Ereignis beschreiben.

Auf unserer Internetseite finden Sie unsere Teilnahmebedingungen und eine Liste der geplanten „Hühnersuppe-Bücher". Sie können diese Informationen auch schriftlich oder per Fax abrufen.

Das ausgefüllte Teilnahmeformular und Ihre Geschichte senden Sie bitte an die hier angegebene Adresse. Wir sind davon überzeugt, dass Ihre Teilnahme sich für Sie ebenso lohnen wird wie für den Autor.

Chicken Soup for the Soul
P. O. Box 30880
Santa Barbara, CA 93130
Fax: 001-805-563-2945
www.chickensoup.com

Wie Sie andere unterstützen können

Gemäß unserer Überzeugung, dass Teilen sinnvoll ist, geht ein Teil des Erlöses aus diesem Buch an den *Peace Pedalers Relief Fund* (deutsch etwa: Hilfsfond der Radler für den Frieden).

Dieser Fond wurde zu dem Zweck gegründet, Familien, Einzelpersonen und Projekte, die finanzielle Unterstützung benötigen, spontan oder gezielt unterstützen zu können. Laufende und geplante Projekte des Fonds sind unter anderem:

1. *Pedal Proud Campaign* (Kampagne Radlers Stolz): Dieses Projekt, das derzeit durchgeführt wird, wurde von Mitglied Vanessa Lurie initiiert. Im Rahmen des Projekts konnten bereits Mittel für hundert Fahrräder aufgebracht werden, die nach Südafrika gingen und die dazu beitragen sollen, Armut zu lindern und Gesundheit und Glück zu fördern. Fahrräder sind eine hervorragende Alternative zu Bussen, Taxen oder gar zum Laufen, in Afrika häufig die einzige Art der Fortbewegung. Ein Fahrrad hilft Zeit und Geld zu sparen, was wiederum dem Haushalt der Familie zugute kommt und hilft, die Armut zu lindern.

2. *Spokes for Hope* (Speichen für die Hoffnung): In diesem neuen Projekt arbeiten die *Peace Pedalers* mit Partnern wie dem Pharmakonzern *Novartis* und *The Global Fund* zusammen; Ziel ist, das Bewusstsein für den Kampf gegen AIDS, Tuberkulose und Malaria zu schärfen und Gelder für entsprechende Hilfsmaßnahmen zur Verfügung zu stellen. Mit Unterstützung von Novartis wird das Malariamittel Coartem an Kliniken und Dörfern entlang einer bestimmten Route verteilt und damit Kindern und Erwachsenen das Leben gerettet. Sie sind herzlich eingeladen, sich über den *Global Fund* und die vielen Initiativen weltweit zu informieren, wie etwa *Product Red*, das sich für die Linderung unnötigen Leidens in Afrika einsetzt.

3. Verteilung von Lernmaterial: Viele Kinder auf der ganzen Welt haben keine Stifte oder andere Schreibgeräte und kein Papier. Sie wollen lernen und benötigen dringend entsprechende Materialien. Die *Peace Pedalers* haben bereits viele hundert Pakete mit Schulmaterialien an Waisenhäuser und bedürftige Kinder verteilt und werden dieses Projekt entsprechend der zur Verfügung stehenden Mittel weiterverfolgen.

4. Besuche von Waisenhäusern: Die *Peace Pedalers* haben Dutzende von Waisenhäusern besucht und dazu beigetragen, dass diese Kinder wieder lachen konnten, weil sie ihnen das Gefühl vermitteln konnten, dass sie geliebt und geachtet werden. Die *Peace Pedalers* führen Präsentationen durch und zeigen Fotos und Videos, die diese Kinder inspirieren sollen, von großen Erfolgen zu träumen und an sich selbst zu glauben. Häufig werden auch Spielsachen und Unterrichtsmaterialien verteilt und es werden immer Aufkleber und Armbändchen verschenkt, die daran erinnern sollen, dass es Menschen gibt, von denen sie nicht vergessen werden.

5. Hilfe vor Ort: Immer wenn der Gründer der *Peace Pedalers*, Jamie Bianchini, sich in auf den Weg in Richtung Norden nach Marokko begibt, trifft er zweifellos bald auf Menschen, die sofort und unmittelbar Hilfe benötigen. Es spielt keine Rolle, ob es sich dabei um ein Kind handelt, das medizinisch versorgt werden muss, ob eine Dorfgemeinschaft eine neue Wasserpumpe benötigt oder ein Krankenhaus medizinische Hilfsmittel – wir hoffen, dass unser Hilfsfond über ausreichend Mittel verfügt, um diese dringend benötigte, direkte Hilfe leisten zu können.

6. Praksters: PRAKsters ist eine Abkürzung für *Practical Random Acts of Kindness* (deutsch etwa: Praktische Zuwendung für alle, die bedürftig sind). Jamie besitzt ein eigenes Kostüm, das er bei bestimmten Gelegenheiten trägt; dann geht er hinaus und verteilt Liebe und Zuwendung und dokumentiert die Gesichter und Reaktionen der Empfänger mittels kleiner filmischer Sequenzen. Hier geht es allein darum, ein Lächeln auf die Gesichter von Menschen in Not zu zaubern. Dies kann mithilfe eines Lebensmittelpaketes für eine hungrige Familie oder mit Schulmaterialien für eine Gruppe von Kindern oder auch mit medizinischen Hilfsmitteln für ein Krankenhaus geschehen – dieses Projekt wird auf jeden Fall ein Knüller! Es wird, wenn nötig, durch den Hilfsfond der *Peace Peadlers* finanziert oder aus eigenen Mitteln von Jamie Bianchini.

Informationen zu Programmen, Dienstleistungen und Veranstaltungen finden Sie unter:

Peace Pedalers World HQ
Attn.: Carol „Mamacita" Fabian
2029 Oliver Avenue
San Diego, CA 92109
Tel.: 001-858-247-1878
Handy: 001-619-990-4989
E-Mail: mamacitas@peacepedalers.com

Über die Autoren

Jack Canfield

... ist Koautor und Herausgeber der Buchreihe *Hühnersuppe für die Seele*, die vom Magazin *Time* als das Publikationsphänomen dieses Jahrzehnts bezeichnet wurde. Die Serie umfasst mittlerweile mehr als 140 Buchtitel, von denen mehr als 100 Millionen Exemplare in 47 Sprachen gedruckt wurden. Jack Canfield ist auch Koautor acht weiterer Bestseller, wie etwa *Der Aladin-Faktor* oder *Kompass für die Seele*.

Auf der Grundlage seines Buches *The Success Principles* hat Jack Canfield außerdem ein Telefon-Coachingprogramm und ein Online-Coachingprogramm entwickelt. Im Sommer veranstaltet er regelmäßig ein siebentägiges Seminar zum Thema Durchbruch zum Erfolg, an dem bis zu 400 Menschen aus fünfzehn Ländern teilnehmen.

Jack Canfield ist Leiter der *Chicken Soup for the Soul Enterprises* und der *Canfield Training Group* in Santa Barbara (Kalifornien) und Gründer der *Foundation for Self-Esteem* (Stiftung für Selbstachtung) in Culver City, Kalifornien. Er hat bereits mehr als eine Million Menschen aus neunundzwanzig Ländern in seinen Intensivseminaren zur persönlichen und beruflichen Entwicklung unterrichtet. Darüber hinaus ist Jack Canfield ein begnadeter Referent und hat in über tausend Unternehmen, Universitäten, Fachkonferenzen und Kongressen zu unzähligen Menschen gesprochen; Millionen Zuschauer haben ihn in zahlreichen Fernsehsendungen und in den beliebtesten Talkshows gesehen. Es wirkte auch mit in dem Film *The Secret – Das Geheimnis*.

Für Informationen über Jack Canfield als Referent, über seine Coachingprogramme oder Seminare (oder wenn Sie ihm einfach schreiben wollen) wenden Sie sich bitte an folgende Adresse:

Jack Canfield
The Canfield Companies
P.O. Box 30880, Santa Barbara, CA 93130
Tel.: 001-805-563-2935, Fax: 001-805-563-2945
E-Mail: info4jack@jackcanfield.com
www.jackcanfield.com

Mark Victor Hansen

... beschäftigt sich seit mehr als dreißig Jahren ausschließlich damit, Menschen in allen Lebenslagen wieder zu einer persönlichen Vision davon zu verhelfen, was für sie möglich ist. Seine starken Botschaften über Möglichkeiten, Chancen und Handeln haben bei Tausenden von Organisationen und für Millionen von Menschen weltweit entscheidende Veränderungen bewirkt.

Er ist ein gefragter Referent, Bestsellerautor und Marketingfachmann. Er empfiehlt sich durch seine lebenslangen Erfolge als Unternehmer und durch seinen fundierten akademischen Hintergrund. Er ist der profilierte Autor vieler Bestseller, außerdem ist er Koautor der Serie *Hühnersuppe für die Seele*. Mit Hilfe seiner Audio- und Videothek und seiner Veröffentlichungen hat er großen Einfluss in den Themenbereichen Verkaufserfolg, Reichtum, persönliche und berufliche Entwicklung.

Mark Viktor Hansen ist Gründer der MEGA-Seminarreihe. Er veranstaltet jährliche Kongresse, auf denen er neue, aufstrebende Autoren, Referenten und Fachleute darin unterrichtet, wie sie lukrative Karrieren als Referenten und Publizisten aufbauen können.

Mark Viktor Hansen ist Philanthrop und Humanist und tritt unermüdlich für gemeinnützige und wohltätige Organisationen ein. Er ist Inhaber vieler Auszeichnungen, mit denen sein Unternehmergeist und seine Menschlichkeit geehrt wurden.

Mark Viktor Hansen & Associates, Inc.
P.O. Box 7665, Newport Beach, CA 92658
Tel.: 001-949-764-2640, Fax: 001-949-722-6912
www.markvictorhansen.com

Jeanna Gabellini

... ist Master Coach, Referentin und Autorin mehrerer Programme und Bücher. Sie hat viele Menschen persönlich sowie über das Radio und in Telekonferenzen darin unterrichtet, wie man genau das bekommt, was man sich wünscht, indem man das Gesetz der Anziehung anwendet.

1998 war sie eine der ersten Coaches weltweit – und die jüngste –, die die Bezeichnung *Master Certified Coach* der *International Coach Federation* tragen durften. Sie war Vorstandsmitglied der *Personal & Professional Coaching Association* und der *International Coach Federation*. Sie ist dafür bekannt, dass sie Arbeitsteams und Einzelpersonen Erfolgsstrategien mit Leichtigkeit und Lachen vermitteln kann. Sie schafft es, ihren Klienten zu zeigen, wie man mit viel Spaß viel erreichen kann.

Jeanna arbeitet als Referentin, sie hält Workshops, Seminare und Telekonferenzen auf der ganzen Welt ab. Für weitere Informationen zu Jeannas Büchern, ihren Programmen und ihrem Coaching wenden Sie sich bitte an diese Adresse:

Master Peace Coaching & Training
Tel: 001-707-747-0447
E-Mail: Jeanna@MasterPeaceCoaching.com
www.MasterPeaceCoaching.com

Eva Gregory

... ist ebenfalls Master Coach, Referentin und Autorin verschiedener Programme und Bücher. Sie hat Tausende darin unterrichtet, mithilfe des Gesetzes der Anziehung das Leben zu erschaffen, das sie sich wünschen.

Sie blickt auf mehr als zwanzig Jahre zurück, in denen sie mit den Top-Unternehmen des Landes an den Themen Finanzen, Betriebsabläufe und Marketingstrategien gearbeitet hat, unter anderem als *Marketing Executive* bei einer Softwarefirma und als *Chief Fun Officer* bei *Leading Edge Coaching & Training*. Ihre populärsten Programme sind das *Bigger Impact Law of Attraction Certification Program* für Coaches und die Mitgliederseite ihres *Leading Edge Success Club*.

Eva Gregory arbeitet als Referentin, sie hält Workshops und Seminare sowie nationale und internationale Telekonferenzen ab. Weitere Informationen erhalten Sie über die folgende Adresse:
Leading Edge Coaching & Training
P.O. Box 99656
Emeryville, CA 94662
Tel.: 001-510-597-0687, Fax: 001-510-588-5477
www.EvaGregory.com

Die Autoren der abgedruckten Geschichten

Licia Berry ist Lehrerin, Künstlerin und Schriftstellerin. In ihrem aktuellen Buch *Road Trip to the Heart*, einer Liebes- und Familiengeschichte, beschreibt sie die Reise, die sie mit ihrer vierköpfigen Familie unternommen hat und die das Ziel hatte, die verloren gegangene Verbindung zueinander und zu sich selbst wieder herzustellen. Sie können unter licia@liciaberry.com oder über ihre Website unter www.berrytrip.org Kontakt mit ihr aufnehmen.

Christine Brooks schloss ihre Ausbildung am *Western New England College* als *Bachelor of Arts* mit Auszeichnung ab. Sie reist gerne und schreibt darüber; sie ist außerdem eine begeisterte Surferin. Ihr erstes Buch *Signs from the Road* ist bereits erschienen. Schreiben Sie Ihr unter chris@fourleafclover.us.

Jim Bunch ist anerkannter Coach, Referent und Unternehmer, der seine Aufgabe darin sieht, den Menschen mithilfe seiner transformierenden Coachingprogramme, seiner Seminare und anderer Produkte zu Glück, Gesundheit und Wohlstand zu verhelfen. Aktuelle Informationen finden Sie auf seiner Website unter www.JimBunch.com.

Kathleen Carroll hat verschiedene CDs mit Liedern und Geschichten herausgegeben. Sie ist außerdem Autorin mehrerer Bücher zu den Themen Erziehung, Bildung und Ausbildung und hält sowohl in den USA wie auch im internationalen Ausland Seminare zu den Themen Steigerung der Lerngeschwindigkeit, authentische Selbsteinschätzung, Bildung und Unterrichten des ganzen Menschen.

Sonia Choquette ist eine bekannte intuitive Heilerin und spirituelle Lehrerin. Ziel ihrer Arbeit ist es, mithilfe ihres visionären Geistes bei jedem Menschen das höchste Schwingungs- und Intuitionspotenzial zu aktivieren. Sie ist außerdem Autorin mehrerer Bücher und Hörbücher. Sie können per E-Mail unter sonia@soniachoquette.com Kontakt mit ihr aufnehmen.

Idelisa Cintron studierte an der Chapman University und gründete ein Internetforum, in dem sich Menschen treffen können, die an das Gesetz der Anziehung glauben. Sie malt, schreibt und setzt das Gesetz der Anziehung in ihrem Leben aktiv um.

Patricia Daniels ist eine anerkannte Autorität auf dem Gebiet der Selbstheilung und Selbstfindung, sie ist eine inspirierende Referentin, Schriftstellerin, Coachin und Heilerin. Sie arbeitet mit Geschäftsleuten, Künstlern und Menschen aus vier Nationen. Ihre Fähigkeit, einzigartige Improvisationsspiele zu kreieren, die die Bedürfnisse ihrer Klienten und Seminarteilnehmer genau treffen, ist berühmt. Besuchen Sie sie auf ihrer Homepage unter www.mission-empowerment.com.

Dr. John F. Demartini ist ein inspirierender Referent, Bestsellerautor und Berater. Er ist Gründer der *Demartini Human Research Foundation* und der *Concourse of Wisdom School*, Schöpfer der *Breakthrough Experience* und hat die Demartini-Methode entwickelt. Weitere Informationen finden Sie auf seiner Website unter www.drdemartini.com.

Terry Elders (ursprünglich Sozialarbeiterin im klinischen Bereich) arbeitet als freie Schriftstellerin und Herausgeberin. Sie können über telders@hotmail.com Kontakt mit ihr aufnehmen.

David B. Ellis ist ein in den USA sehr populärer Autor, Lebensberater und Philantrop; er hält auch Workshops ab. Mit seiner Arbeit hat er bereits mehr als vier Millionen Menschen erreicht und ihnen dabei geholfen, sich ein besseres Leben zu erschaffen. Er ist Autor von sieben Büchern, zu denen das am häufigsten verkaufte Schulbuch der Vereinigten Staaten gehört.

Hayley Foster war ursprünglich Hauswirtschaftsleiterin; heute ist sie Referentin, Autorin, Trainerin und Beraterin. Sie können unter hayley@hayleyfoster.com Kontakt mit ihr aufnehmen oder sie auf ihrer Homepage unter www.hayleyfoster.com besuchen.

Barb Gau ist Psychotherapeutin im Ruhestand und Fakultätsmitglied der *Duke University*. Sie lebt mit ihrem Mann Larry und einem Alaska Malamute namens Teka in Chapel Hill, North Carolina. Besuchen Sie sie auf unter www.VibrantLivingCenter.com.

Rene Godefroy ist Experte für Veränderung und Auftreten. Er ist Autor von *Kick Your Excuses Good-Bye*. Rene motiviert seine Zuhörerschaft dazu, bei allem ein wenig mehr zu geben und sich etwas mehr für Veränderungen zu öffnen. Weitere Informationen darüber, wie Sie Rene als Referent für einen Motivationsvortrag in Ihrem Unternehmen engagieren können, finden Sie unter www.GoAnExtraMile.com.

Ruben Gonazalez nahm in drei verschiedenen Jahrzehnten an drei Olympischen Spielen teil. Er ist ein gefragter, mehrfach ausgezeichneter Referent und der Autor von *The Courage to Succeed* sowie einer der Stars in dem Film *Pass It On*. Unter www.OlympicMotivation.com finden Sie sämtliche Informationen zu seinem kostenlosen Erfolgskurs.

Amy Scott Grant zog bereits im Alter von dreizehn Jahren Zuhörer jeden Alters mit ihrem scharfen Verstand, ihrem ansteckenden Enthusiasmus und ihrer einmaligen Authentizität in ihren Bann. Sie ist eine begabte Visionärin, Coachin, Autorin, Referentin und Begründerin von *NewSuccess.org*, der ultimativen Quelle für Erfolg.

Catherine Ripley Greene ist Inhaberin und Leiterin des *Ripley Greene Chiropractic Wellness Center* in Walpole, Massachusetts. Sie kombiniert ihre Erfahrung als praktische Ärztin mit ihrer Gabe der Intuition und kann ihren Patienten damit eine einmalige Heilerfahrung vermitteln.

Über die Autoren

Betty Healey ist Beraterin für die Strategie der Anziehung und Ihre Reiseführerin auf der Reise zu sich selbst. Sie hat zwei Bücher publiziert und wurde dafür mehrfach ausgezeichnet. Mehr Informationen zu ihrer Person und ihren Büchern finden Sie unter www.roadSIGNS.ca.

Jan Henrikson praktiziert Fülle jeder Art in Tucson, Arizona. Ihre nächste kreative Koproduktion ist ein Buch mit Tryshe Dhevney über Heilen mit dem Klang der Stimme (www.soundshifting.com). Kontakt unter jan@o-c-e-a-n.com.

Kristy Iris ist Gründerin von *Fizom*, das dazu beitragen soll, dass Sie sich ein Umfeld erschaffen können, das Erfolg unterstützt. Entdecken Sie, wie Sie das Gesetz der Anziehung in Ihrem Heim oder Ihrem Geschäft anwenden können. Besuchen Sie dazu www.fizom.com .

Charles M. Marcus ist Präsident der *Empowerment International Group Inc.*, in Toronto, Kanada. Er ist ein gefragter Referent zu Motivationsthemen, Erfolgsstratege und Bestsellerautor. Weitere Informationen finden Sie auf seiner Homepage unter www.cmarcus.com.

Jeannette Maw lebt in Salt Lake City, Utah, mit drei Hunden. Sie arbeitet ehrenamtlich im Tierschutz und ist Begründerin von *Good Vibe Coaching*, wo sie ihre Leidenschaft für gezieltes Erschaffen eigener Ziele mit anderen Menschen teilt. Informationen finden Sie unter www.goodvibecoach.com oder unter jmaw@goodvibecoach.com.

Noelle C. Nelson ist eine international anerkannte Psychologin, Autorin und Referentin; sie befasst sich hauptsächlich damit, wie wir durch Anwendung der Kraft der Wertschätzung im Beruf, daheim und in der Liebe große Dinge zustande bringen können. Sie ist Autorin von bisher zehn Büchern. Website: www.noellenelson.com.

Maureen O'Shaughnessy ist Autorin, Referentin und Seminarleiterin und lebt seit mehr als fünfundzwanzig Jahren auf Hawaii. Sie ist häufig auf Vortragsreisen, tritt in zahlreichen Radio- und Fernsehsendungen auf und hält in ganz Nordamerika Seminare ab. Besuchen Sie sie auf ihrer Homepage www.Reiki-Hawaii.com

Holleay T. Parcker ist Immobilienmaklerin und Inhaberin einer Immobilienfirma. Sie schreibt an einem vergnüglichen und inspirierenden Buch, das als Wegweiser für eine erfolgreiche Maklerkarriere dienen soll. Schreiben Sie ihr unter holleay@OuterBanksRealEstateTips.com.

Wanda Peyton ist Geschäftsführerin von einer großen Immobilienfirma in Fontana, Kalifornien, und Gründerin von *Peyton Motivational Seminars*. Sie ist Beraterin für das Management emotionaler Energien und Referentin zum Thema Motivation; hier teilt sie ihre persönlichen Erfahrungen darüber, wie das Gesetz der Anziehung im Leben Anwendung finden kann, mit ihren Zuhörern. Kontaktieren Sie sie unter www.shewhowhispers.com.

Patrick Snow ist Bestsellerautor von *Creating Your Own Destiny*, das sich weltweit mehr als 100.000 Mal verkauft hat. Er ist außerdem Referent und Publikationsberater. Sie können ihn erreichen unter www.CreateYourOwnDestiny.com.

Allison Sodha ist Inhaberin eines Reisebüros, das auf Reisen nach Indien spezialisiert ist. Sie studierte Religionswissenschaften mit Schwerpunkt Hinduismus und arbeitet als freie Autorin für die Zeitschrift *Little India*. Besuchen Sie sich auf Ihrer Homepage unter www.sodhatravel.com.

Janet H. Stringer lebt in Santa Fe, New Mexico. Ihre Methode zur Schaffung von Vermögen mit dem Titel *Strategic Attraction* wird weltweit unterrichtet. Sie ist Autorin des Bestsellers *Attracting Perfect Customers* und plant eine Buchserie mit dem Titel *Attracting Perfect: Wealth, Health, Coaches, Teams, Bodies and More*. Besuchen Sie sie auf ihrer Homepage unter www.perfectcustomers.com.

Carol Tuttle ist eine anerkannte alternative Psychotherapeutin. Sie ist führend auf den Gebieten der *Energy Psychology* und der *Energy Medicine*. Mehr über ihre Arbeit erfahren Sie unter www.caroltuttle.com.

Dr. Joe Vitale ist Autor unzähliger Bücher, zu denen Bestseller wie *The Attractor Factor* zählen. Mehr Informationen finden Sie unter www.MrFire.com.

Jillian Coleman Wheeler ist Autorin. Mehr über Jillian und ihre Arbeit erfahren Sie unter www.Dr.Jillian.com, www.GrantMeRich.com, www.YourInternetCashMachine.com und www.NewAmericanLandRush.com.

Sharon Wilson ist Gründerin und „Hauptinspiratorin" der Beratungsfirma *Coaching from Spirit Institute*. Ihre Programme helfen Einzelpersonen, Firmen, Großunternehmen und Lebensberatern, ihr volles Potenzial zu entfalten. Sie ist zertifizierte spirituelle Beraterin und Koautorin dreier Bücher. Weitere Informationen finden Sie unter www.coachingfromspirit.com .

Jack Canfield & D. D. Watkins:
Jack Canfields Schlüssel zum Gesetz der Anziehung
So machen Sie Ihre Lebensträume wahr

Wünsch dir was – und bleib am Ball! Dieses Motto unterscheidet Jack Canfields handlichen Alltagsbegleiter von anderen „Wunsch-Büchern". Amerikas Erfolgscoach Nummer 1 verspricht Ihnen nicht das Blaue vom Himmel, sondern er sagt Ihnen hier, wie Sie Schritt für Schritt Ihre Ziele und Träume verwirklichen können. Dieser tägliche Begleiter zeigt Ihnen ganz konkret, wie Sie sich von störenden Denkmustern lösen und das Leben führen, von dem Sie bislang nur träumen konnten.

160 Seiten, illustriert, Hardcover (13,8 x 21,5 cm)
ISBN 978-3-86731-026-0

Lynne McTaggart:
Intention
Mit Gedankenkraft die Welt verändern

Gedanken können die Welt verändern! Nach vielen Jahren Recherchearbeit bei Koryphäen der Bewusstseinsforschung hat Lynne McTaggart hier ihr Wissen für jeden zugänglich gemacht. Sie zeigt, wie man seine Gedanken fokussieren und nutzen kann, um sein Leben zu verändern – oder gar die ganze Welt? Sie ist überzeugt: Jeder kann den Gang der Dinge mitbestimmen; und lädt ein, sich an den weltweiten Intentions-Experimenten zu beteiligen, die sie und ihr Team von Wissenschaftlern nach standardisierten Bedingungen auswerten und überprüfen. Jeder Leser kann mitmachen!

368 Seiten, Hardcover (15 x 21,5 cm)
ISBN 978-3-86731-009-3

Alexandra Bruce:
Die Secret-Story
Autorenporträts, Hintergründe und mehr ...

Der spannende Hintergrund-Report für *Secret*-Fans und Neugierige: Wie kam es zu dem großen Erfolg von *The Secret – Das Geheimnis*? Wie entstanden der Film und das Buch? Wer sind die zitierten Autoren und „Lehrmeister", wie kamen sie zu ihren faszinierenden Ideen und wie wurden sie, was sie sind?
Alexandra Bruce hat alles recherchiert, was *Secret*-Leser interessiert. Damit jeder das Erfolgsgeheimnis noch besser in seinem Leben umsetzen kann! Außerdem enthält das Buch **Bonusmaterial: „Die Wissenschaft des Reichwerdens" von W. Wattles** war bereits Ausgangspunkt für *The Secret* von Rhonda Byrne. Eine neue Übersetzung des nach wie vor aktuellen Titels – kostenlos!

232 Seiten, Paperback (13 x 20,5 cm)
ISBN 978-3-86731-025-3

Abbonnieren Sie unseren kostenlosen Newsletter: www.vakverlag.de

William Arntz, Betsy Chase, Mark Vicente:
Bleep
An der Schnittstelle von Spiritualität und Wissenschaft
Verblüffende Erkenntnisse und Anstöße zum Weiterdenken

Dieses offizielle Begleitbuch zum preisgekrönten Kinoerfolg *What the Bleep Do We (K)Now?!* liefert Ihnen wichtige Denkanstöße zu den Grundfragen des Lebens. Auch wenn Sie den Film nicht kennen, bietet Ihnen das Buch inspirierende Anregungen und Sie können mitreden: Wie wirklich ist unsere Wirklichkeit? Warum kehren Krisen und Leid immer wieder? Haben wir Einfluss auf das, was passiert, oder sind wir Opfer der Umstände? Basierend auf Aktuellem aus Quantenphysik und Gehirnforschung macht *Bleep* Lust, die Realität in Frage zu stellen.

284 Seiten, vierfarbig, Hardcover (18,5 x 24,5 cm)
ISBN 978-3-935767-84-2

Hale Dwoskin:
Die Sedona-Methode
Wie Sie sich von emotionalem Ballast befreien und Ihre Wünsche verwirklichen

Bei der Suche nach Glück und Erfolg stehen wir uns meist selbst im Weg – mit negativen Denk- und Verhaltensmustern. Der Grund: Emotionen verzerren unsere Wahrnehmung. Die Sedona-Methode weist einen Weg aus dem Irrgarten der Gefühle: elegant in ihrer Einfachheit und unbegrenzt in den Anwendungsmöglichkeiten zeigt sie, wie wir Emotionen ganz einfach loslassen können. Wer sich darauf einlässt, fühlt sich befreit, erlebt erfülltere Beziehungen und navigiert mit Klarheit und Gelassenheit durchs Leben. Hunderttausende von Anwendern bezeugen die Wirksamkeit dieser leicht erlernbaren Selbsthilfemethode.

336 Seiten, 22 Abbildungen, Paperback (16,5 x 24 cm)
ISBN 978-3-935767-78-1

Jonathan Haidt:
Die Glückshypothese
Was uns wirklich glücklich macht
Die Quintessenz aus altem Wissen und moderner Glücksforschung

Sinn und Glück im Leben zu finden ist keine Glückssache – Sie können etwas dafür tun! Jonathan Haidt zeigt Ihnen, worauf es dabei ankommt und wie Sie Ihr Denken, Ihre Beziehungen und Ihre Arbeit als Quellen für Ihr persönliches Lebensglück nutzen können. Er schöpft aus einem riesigen Wissensschatz und kennt die Weisheitslehren der Antike ebenso gut wie die Studien der modernen Glücksforschung. Hier zieht er das Fazit – so spannend und manchmal so witzig, dass Sie das Buch am liebsten in einem Zug zu Ende lesen würden.

368 Seiten, Hardcover (15 x 21,5 cm)
ISBN 978-3-86731-005-5

Bestellen Sie unsere kostenlosen Kataloge: www.vakverlag.de